중국학 총서 **13**

중국의 언어정책

중국학 총서 13

종국에 대한 기본이해를 도와주는 기초적 안내서

중국의 언어정책

홍인표 지음

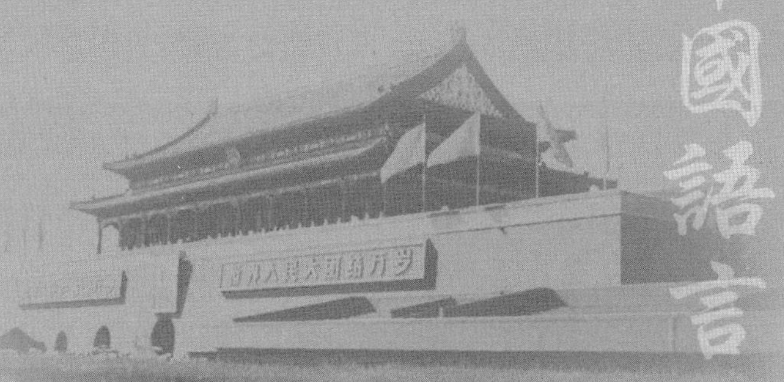

한국학술정보(주)

* 이 책은 한국 프레스 센터의 언론인 저술 활동 지원금으로 출간되었습니다.

저자의 말

갑자기 한자가 관심을 끌고 있다. 최근 현대그룹과 삼성그룹이 한자를 입사시험 과목에 집어넣었기 때문이다. 한자를 제대로 알아야 국제화 시대에 동양의 한자문화권을 이해할 수 있다는 취지인 모양이다.

수천 년의 역사를 걸어오는 동안 한국, 중국, 일본 등 동양 3국이 쓰는 한자가 반드시 같은 것은 아니다. 더욱이 한자의 번잡함을 덜기 위해 두루 쓰이고 있는 약자는 각기 나라마다 특성을 지니고 있다.

따라서 중국대륙에서 만나는 한자는 왠지 낯설다. 우리가 쓰고 있는 약자와는 다른 새로운 글자이기 때문이다. 그것은 바로 중국정부가 야심적으로 보급하고 있는 간체자이다.

89년 8월 처음 중국대륙에 갔던 필자는 그 후 다섯 번의 대륙출장 때마다 한자문제를 소개하는 글을 쓰고 싶었다. 한자는 아무래도 우리와의 인연을 깊게 하고 있는 존재일뿐더러 한자의 본고장인 중국이 어떻게 문제를 해결할 것인가 하는 생각에서 주의 깊게 중국의 언어정책을 지켜보았다.

중화인민공화국은 1949년부터 한자의 정리 및 간화로 일컬어지는 간체자 보급과 함께 표준말로 내세운 보통화 및 중국어의 발음을 나타내는 「한어병음방안」의 보급을 뼈대로 한 언어정책을 추진하고 있다.

그러나 우리는 정작 중국의 언어정책을 거의 모른다. 그들이 근대화의 걸림돌이라고 여겼던 한자의 멍에를 벗기 위해 얼마나 애를 썼으며 어째서 한자 대신 로마자를 도입하려고 하는지도 모르고 있다.

이 책은 중국 언어정책이 걸어온 길을 더듬어 보고 현재 개혁개방정책의 영향으로 겪고 있는 언어개혁의 좌절과 함께 앞으로 한자가 중국대륙에서 사라질 것인가 하는 문제를 진단하고자 한다.

이 책을 내기까지 많은 분들의 도움을 받았다. 은사이신 孔在錫 교수님은 추천사를 선뜻 써주셨을 뿐 아니라 많은 자료를 제공해 주셨다. 고려대 동양사학과 辛勝夏 교수님은 보잘것없는 원고를 중국학총서에 넣어 주셨고 책표지로 쓰인 갑골문의 아이디어를 주셨다. 한국프레스센터 李相河 이사장을 비롯한 사업부 관계자들께 감사드린다. 프레스센터의 도움이 이 책을 서둘러 낼 수 있었던 직접적인 동기였다.

그리고 곁에서 교정과 색인작업을 도와준 아내와 늘 아들 걱정인 부모님과 책 출간의 기쁨을 함께하고 싶다.

홍 인 표

차 례

제 4 장

중화인민공화국의 초기 언어정책　　　　　　　87

제 5 장

개혁개방(改革開放) 정책 이후 신시기(新時期) 언어정책

제 6 장

언어정책의 과제   215

제 1 장

머 리 말

1. 언어정책의 필요성

중국(中國)은 1949년 10월 1일 중화인민공화국(中華人民共和國) 성립 이후 40여 년 동안 국토통일이라는 지상과업을 위해 국방력 강화와 문자개혁 및 표준말 보급1) 등 언어정책 추진에 총력을 기울여왔다.2)

중국정부가 정권을 수립하자마자 관변단체인 중국문자개혁협회(中國文字改革協會)를 만들어 정부 차원에서 강력한 언어정책을 추진하려던 것은 그만큼 중국에서 언어의 통일이 어렵다는 사실을 상징적으로 나타내고 있다.

세계 최대의 12억 인구, 남한의 백 배가 넘는 9백60만㎢의 국토면적, 수를 헤아릴 수 없는 방언, 2억 이상의 문맹, 열악한 교육환경, 과학기술의 낙후는 여전히 중국대륙이 안고 있는 짐이다.

중국이 비록 아편전쟁(1839~1842) 이후 쓰라린 근대사의 아픔을 딛고 70년대 말 이후 눈부신 경제성장을 하고 있기는 하지만 적어도 언어문제만큼은 아직도 풀어나가야 할 숙제가 한둘이 아니다.

남방과 북방 사람이 의사소통을 할 수 없는 경우는 엄청나게 많고 심지어 같은 현(縣)에서도 강(江) 하나 사이로 단어의 발음이 다른 극단적인 경우도 있다. 한 민족이 같은 문자를 쓰면서도 발음이 다르다는 사실은 정치, 경제, 문화 등 여러 측면에서 국가발전의 장애물이 되고 있다.

중국의 해방군출판사(解放軍出版社)는 군인들이 방언으로 겪었던

---

1) 표준말은 바로 보통화(普通話)를 말한다. 漢民族共同語인 보통화는 중국의 표준말이다. 明淸 때 관화(官話)라는 용어에서 中華民國에 들어서 國語로 바뀌었다. 55년 이후 보통화라는 말이 자리 잡았다.
2) 許璧, 「중국의 대외중국어교육정책」, 『말』, 21쪽, 1992년.

많은 실제 경험담을 책으로 펴냈다.[3] 사례를 몇 가지 들어본다.

　　1979년 중월전쟁(中越戰爭) 때였다. 모 부대 5중대가 명령에 따라 적 배후를 비밀리에 차단하고자 했다. 행군 도중 일부 병사들이 휴대한 반합통(야외취사용)이 딸그락거리는 소리를 냈다. 사천(四川) 출신의 중대장은 적의 눈에 띌까 걱정스러워 명령을 내렸다. "뒤로 전달, 반합통을 버려라(向後傳, 把干糧桶桶扔掉)". 그러나 병사들은 중대장의 명령을 "식량을 모조리 버리라(把干糧統統扔掉)"고 잘못 알아들었다. 그들은 중대장의 명령대로 휴대했던 사흘치 식량을 모조리 버리고 말았다. 중대병력 전체는 끝내 굶주림에 지쳐 전멸하고 말았다.

　이러한 비극의 싹은 어디서 비롯됐을까. 사천 사람들은 음을 중첩하는 단어를 많이 쓰고 있다. 사천 출신의 중대장은 반합통(干糧桶)을 간량통통(干糧桶桶)으로 말한 것이다. 그런데 '桶桶'은 발음이 '통통'으로 '統統'(모조리라는 뜻)과 동음어여서 병사들이 잘못 알아들은 것이다. 중대장이 보통화(普通話)를 사용해 '반합통을 버려라'고 했다면 전 중대 병력이 전멸하는 일은 없었을 것이다.

　이런 일도 있었다.

　　어느 날 깊은 밤, 칠흑 같은 하늘이다. 손가락도 제대로 볼 수 없으리만큼 주위가 캄캄했다. 모 부대가 장거리 기습행군을 실시하고 있었다. 행군 도중 앞에서 구두로 명령이 전해졌다. "초병(哨兵) 2명을 남겨두라." 그러나 구두명령을 전달하는 과정에서 방언이 섞이는 통에 대열 후미에 이르러 명령은 "구운 빵(燒餅) 2개를 남겨두라"로 바뀌었다. 취사반장은 이 명령을 듣고 빵 2개를 남겨 누구를 배불리 먹게 하라는 애긴가 싶어 궁금했다. 그는 궁리 끝에 '구운 빵 2광주리를 남겨두라는 명

3) 盛沛林『常見語病辨析』. 北京, 解放軍出版社, 29쪽, 1989.

령인가 보다' 하고 나름대로 기발하게 생각했다. 그는 서둘러 취사반원을 불러 솥을 내걸고 밀가루반죽을 해서 빵을 구웠다. 부대가 휴식에 들어갔을 때 중대장이 후미로 와 검사를 하다가 취사반이 두 광주리의 빵을 구운 사실을 발견했다. 이게 어찌된 일인가 하고 이상하게 여긴 중대장이 상황을 알아본 결과 명령을 구두로 전달하는 과정에서 빚어진 오해였음을 알았다.

이것 역시 차오삥(哨兵)과 샤오삥(燒餅)의 발음이 비슷한 데서 비롯됐다. 이것뿐이 아니다.

모 창고근무 중대의 초병이 보초를 서고 있었다. 그림자가 초소를 접근하고 있는 것을 보고는 즉각 "암구호" 하고 외쳤다. 상대가 탄장(潭江) 하고 외쳤다. (이날 암구호는 잔강(站崗)이었다) 초병은 암구호가 틀리자 소총의 자물쇠를 풀고 "서라"고 소리쳤다. 그리고 다가가보니 부대의 반장이었다. 이리하여 방언이 빚을 뻔한 유혈사고는 가까스로 일어나지 않았다.

탄장(潭江)과 잔강(站崗)이 빚은 오해였다. 방언이 빚은 웃지 못 할 사례는 한둘이 아니다.

중국 국무원 직속기관인 국가언어문자공작위원회(國家語言文字工作委員會)가 펴내는 전문잡지 『어문건설(語文建設)』은 주용기(朱鎔基) 당시 상해시장(上海 市長)의 이름을 도대체 어떻게 쓰는 것이 옳으냐는 흥미로운 글을 실었다.

신임 상해시장의 이름은 주룽지(Zhu Rongji)라고 읽는다. 한자로 표기할 때 첫째, 셋째 글자는 문제가 되지 않는다. 주(朱), 기(基)라고 쓰면 된다. 문제는 둘째 글자인 룽(Rong)이다. 1988년 3월 14일 신문마다 중화인민공화국 제7기 전국인민대표대회대표명단(中華人民共和國第七期全國人民代表大會代表名單)을 실으면서 주룽지 대표 이름을 다르게 썼다. 인민일보(人民日報)는 용(熔)으로 광명일보(光明日報), 북경일보(北京日報)는 용(鎔)이라 했으며 상해 문휘보(上海 文匯報)는 용(鎔)으로 썼다. 전국인민대표대회 개최기간 주룽(Rong)지 동지는 기자회견장에 모습을 드러냈고 그 후 상해시인민대표대회(上海市人民代表大會)에서 상해시장으로 뽑혔다. 이때부터 그의 이름은 자주 신문에 등장하기 시작했다. 이러한 인물의 이름조차 정확하게 쓰지 못한다면(특히 전국인민대표대회 대표명단에서 말이다) 중국출판물에서 문자규범화, 표준화가 가야 할 길이 얼마나 험난한지 짐작할 수 있다.

1955년 문화부(文化部)와 중국문자개혁위원회(中國文字改革委員會)가 공포한 「제1차이체자정리표(第一批異體字整理表)」[4]는 '용(鎔)은 용(熔)의 이체자로 없애야 할 글자'로 규정했다. 다만 "사용을 중지한 이체자 중 성씨(姓氏)로 쓰이는 것은 신문잡지 도서 중 원래 글자를 가지고 있다면 바꾸지 않아도 무방하다. 다만 성(姓)에 한정하여 사용한다."고 단서조항을 달았다. 그러나 우리는 인명, 지명에 쓰이는 글자가 복잡한 것을 알고 있으므로 신중하게 처리해야 한다. 이러한 문제를 제기하는 것은 모든 사람의 주의를 불러 모으는 한편 중국인쇄출판물에서 문자규범화를 실현하려면 더욱 많은 노력을 기울여야 한다는 점을 설명해 주고 있다.

우여곡절 끝에 주용기 부총리의 이름은 朱鎔基로 확정돼 인민일보도 朱熔基 대신 쓰고 있다. 아무튼 주요인사의 한자표기가 언론매체마다 다르다는 것은 한자의 정리와 간화가 쉽지 않음을 단적으로 나타내고 있다.

---

4) 批는 우리말로 '비'라고 읽을 수 있지만 '차'라고 옮기는 것이 이해하기가 쉽다.

2. 언어정책의 성격

앞서 살펴본 방언과 이체자 문제는 바로 중화인민공화국 언어정책의 핵심을 이루고 있다. 말과 글의 개혁인 것이다. 물론 글의 개혁, 다시 말해 한자의 개혁은 이체자정리는 물론 필획의 감소 등이 포함된다. 일정한 기준(표준)을 세워 말과 글을 다듬는 어문규범화 운동과 맥을 같이 하고 있다. 일찍이 1955년 10월 현대한어규범학술회의(現代漢語學術會議)가 북경에서 열렸다. 과거 반세기 동안 이룩한 국어운동의 성과를 점검하고 실패가 주는 교훈을 되새기는 자리였다. 이 회의에서 당시 학계의 거물이던 곽말약(郭沫若)은 중국어 규범화 문제를 제기했다. 그는 회의개막사에서 "중국어 규범화 문제는 한민족 공동어를 이루는 성분에 일정한 기준을 마련하는 것"이라고 말했다. 공동어의 성분, 즉 어음, 어휘, 어법의 잘못을 줄여 통일성을 높이자는 설명이다. 곽말약의 발언은 중국어 규범화 노력에 관한한 아직도 유효하다. 중국정부는 그동안 보통화 보급, 어음의 통일 및 어휘, 어법의 규범화에 집중적인 노력을 기울여 왔다. 물론 여기서 집중적이라 함은 중국정부의 공식적인 입장을 말한다. 역사적으로 볼 때 나름대로 우여곡절도 많았고 결코 순탄한 길은 아니었다. 여기에다 규범화를 실현하는 수단으로서 한자의 정리 및 간화, 중국어표기법인 「한어병음방안」의 제정을 빼놓을 수 없다. 중국정부는 이 중에서 보통화 보급을 궁극적인 목표라고 내세우고 있다.

보통화 보급은 곧 말의 개혁이다. 중화인민공화국은 보통화의 기준을 정해 12억 인구가 서로 막힘없이 의사소통을 원활히 하겠다는 야심 찬 계획을 추진하고 있다. 보통화의 기준은 "북경어음을 표준으로 하며 북방어를 기초방언으로 하고 모범적인 현대백화문저작을 어법규범으로 삼는다"라고 규정했다. 1955년 현대한어규범학술회의에서 결정한 것이다. 보통화의 기준을 만들어 보급하는 것은 제2차 세계대전 이후 생겨난 신생 독립국가의 언어정책과 맥을 같이하는 것이다.

한자의 정리와 간화는 글의 개혁, 곧 한자의 개혁이다. 이체자를 없애는 한편으로 한자의 필획을 줄이는 노력을 계속하고 있다. 부수적으로 표준한자의 규정과 필획부수의 규범화 작업이 뒤따르게 되었다. 중국의 문자개혁은 "한자를 완전히 없애고 표음문자로 만든다"는 궁극적인 목표를 처음부터 설정했다. 이러한 이상을 실현하는 과정의 첫 단계로 한자간화가 이루어졌다. 이것은 공산주의 사회의 도래라는 이상향을 궁극적인 목표'로 세워놓고 공산주의 사회투쟁을 진행시켜 나아가는 것과 같은 패턴이라고 설명할 수도 있다. 목적을 이룰 수 있느냐는 별개의 문제이다.

한자의 정리와 간화는 문자의 규범화 또는 표준화라고 할 수 있다.[5) 중국인들은 복잡한 한자의 필획으로 효과적인 보통화 교육을 할 수 없으며 나날이 변화하는 현대과학의 발전을 뒤쫓을 수 없다고 판단했다. 중국은 수많은 국민의 문맹퇴치가 가장 시급한 과제였다. 문맹을 없애기 위해서는 국민교육을 빨리 보급해야 하고 그러기 위해서는 어문교육을 통해서만 낙후한 중국의 대중문화 수준을 높여 현대문명국가의 일원이 될 수 있다고 여긴 때문이다.

한자의 획수를 줄이는 간화 작업의 목적은 시대에 따라 변했다. 50년대 간화 작업의 주요목적은 한자를 알기 쉽고, 읽기 쉽고, 쓰기 쉽게 바꿈으로써 문화의 보급, 문맹의 퇴치, 인쇄의 편리를 추구하는 데 있었다. 그러나 70년대부터는 과학기술의 발전에 따라 한자를 이용한 정보처리의 문제를 해결하기 위한 것이다.

아울러 중국어의 발음을 표기하는 「한어병음방안」의 제정과 보급도

---

5) 許成道, 「중국의 국어정책에 대하여」, 『세계의 언어정책』, 49쪽. 1993.

표의문자에서 표음문자(중국에서는 병음문자라는 표현을 쓰고 있다)
로 나아가려는 문자개혁의 일환이다. 1958년 전국인민대표대회의 비준
을 거쳐 모습을 드러낸 「한어병음방안」은 라틴자모(로마자모라고도
한다)를 사용한 것이 특징이다. 그러나 라틴자모로 확정하는 데는 수
많은 절차를 거쳐야 했다. 중국어 병음화에 대한 각계의 의견이 쉽게
일치되지 않았기 때문이다.

모택동(毛澤東) 주석은 1950년 상반기, 문자개혁연구위원회 마서륜
(馬敍倫) 주임을 만나 "문자(한자)는 반드시 개혁해야 하며 세계문자
와 같이 병음방향으로 나아가야 한다"고 하면서도 민족형식을 주장했
다. 그는 한자의 필획과 초서체를 최대한 활용하도록 촉구했다.

이에 따라 중국문자개혁위원회 병음방안위원회가 1955년에 마련한
초안은 모 주석이 주창한 한자필획식 자모를 비롯하여 슬라브자모 및
라틴자모 등 6종이었다. 수많은 논의와 토론을 거친 끝에 중국문자개
혁위원회는 1956년 2월 라틴자모를 「한어병음방안」에 쓰기로 결정했
다. 라틴자모가 중국에서 비교적 오랜 기간 쓰였고 발음이 비교적 쉽
다는 근거에서였다.

국무원이 중국문자개혁위원회의 건의에 따라 라틴자모를 채택하자
학계는 좌, 우파로 나뉘어 열띤 논쟁을 벌였다. 당시 백화파는 한자필
획식 자모와 중화민국 초기 만들어진 주음자모의 사용을 주장한 데
반해 좌파는 슬라브자모를 채택하라고 맞섰다.

반대의견이 생각보다 드높자 중국정부는 「한어병음방안」이 병음자
모에 불과할 뿐 궁극적인 목표인 병음문자는 아니라고 강조하면서 무
마에 나섰다. 병음화 작업을 총괄 지휘한 오옥장(吳玉章) 중국문자개
혁위원회 주임은 "우리가 병음방안을 만들었다고 해서 병음문자를 가
진 것은 아니다"고 말했다. 한자를 병음문자로 개조하기에 앞서 병음

자모의 시행이 더욱 중요하다는 설명이다. 병음문자의 전 단계인 병음
자모를 채택해 한자를 표기하고 보통화 교육에 사용해 병음문자를 만
들기 위한 실험을 하고 있다고 그는 해명했다.

이와 같이 「한어병음방안」의 시작은 엄청난 반대 속에서 이루어졌
다. 초등학교의 보통화 교육에 쓴다고는 했으나 효과에 대해서는 대부
분의 교육자들이 회의적이었다.

그러나 중국정부의 끊임없는 노력으로 「한어병음방안」은 1979년 9
월 UN지명표준화회의에서 중국지명을 라틴자모로 표기할 때 국제적
인 표준으로서 인정받았다. 가장 결정적인 성과는 1982년 흑룡강성에
서 병음방안을 소학교학생들에게 먼저 가르친 뒤 한자를 익히는 실험
이 엄청난 교육효과를 가져온다는 사실을 입증함으로써 이루어졌다.
흑룡강성의 실험성공 이후 「한어병음방안」은 중국 전역에 걸쳐 소학
교의 보통화 교육에서 빼놓을 수 없는 교육수단으로 떠올랐다.

앞서도 언급했듯이 「한어병음방안」은 병음문자가 아니라 병음자모
에 그친다. 중국어의 음을 나타내는 보조수단에 불과하다. 한자는 띄
어쓰기가 문제되지 않는 한편 라틴자모 표기는 띄어쓰기에 대한 규정,
즉 중국어 병음정사법(正詞法) 규칙을 결정해야 하는 과제를 안고 있
다. 표음문자들이 흔히 그렇듯이 동음어를 어떻게 구별할 것인가, 자
모의 성조표기 방법을 어떻게 할 것인가 하는 것도 병음방안이 풀어
야 할 숙제라고 지적할 수 있다.

그러나 중국의 언어정책이 안고 있는 보다 근본적인 문제는 70년
대 중반 이후 중국사회의 새로운 분위기다. 문화대혁명(1966~1976)
혼란의 후유증에다 개혁개방 정책을 추진했기 때문이다. 중국공산당은
1978년 12월 중앙위원회 제11기 제3차 전체회의(3중전회)에서 대내개
혁, 대외개방을 천명했다. 당연한 결과로 배금주의, 개인주의가 판을

쳤다. 냉소주의와 전쟁혐오증도 널리 퍼졌다. 이러한 사회적인 분위기는 어문개혁운동에도 좋지 않은 영향을 미쳤다. 3란(三亂) 현상으로 대표되는 어문정책의 위기상황이 예고되었다. 필획을 줄인 간체자(簡體字) 대신 줄이기 이전 원래 글자인 번체자(繁體字)를 쓰는 사람들이 많아졌다. 음과 뜻은 같은 글자이면서도 형체가 다른 이체자의 사용도 잦아졌다. 간체자도 국가가 지정한 적법의 글자를 쓰는 것이 아니라 대중들이 임의로 글자의 필획을 줄여 사용하는 예가 많아졌다. 개방 이후 아시아 4마리 용의 하나인 대만과 홍콩, 우리나라가 번체자를 쓰고 있고 경제대국인 일본이 한자를 그대로 쓰고 있다는 점이 번체자복고풍을 불러일으키는 데 큰 영향을 미쳤다.

헌법이 규정한 보통화 보급도 광동성의 월(粤)방언, 복건성의 민(閩)방언 등 경제특구의 설치로 경제력이 앞선 남부지방의 방언이 활개를 치는 현상을 빚고 있다. 홍콩이 월방언을 대만이 민방언을 쓰는 것과 관계가 깊다. 이러한 일련의 움직임은 30년대 중국의 젊은이들이 연안지방에서 라틴화신문자 보급이 농민들에게 아주 중요한 교육수단이 될 것이라는 사명감으로 열심히 뛰던 것과는 너무나 대조를 이루고 있다. 특히 항일전쟁 전이나 전쟁 도중 수많은 젊은이들이 민중 개혁운동에 몸을 던진 것과 견주어 볼 때도 엄청난 차이를 느끼게 한다.

더욱이 현재 추진하고 있는 어문개혁의 결정적인 약점은 최고위층의 분명하고도 명확한 지지가 없다는 사실이다. 30년대와 40년대 초기 연안지방에서 있었던 라틴화신문자운동 등 일련의 어문운동에 중국공산당지도층이 보여주었던 확고한 지지가 요즘은 사라졌다는 말이다. 공산당이나 정부고위층의 분명한 지지가 없을 경우 왕력(王力)과 여숙상(呂叔湘) 같은 저명한 언어학자가 아무리 어문개혁을 앞장서서 추진한다 해도 대중의 지지와 이미 자리를 잡은 학계와 정부기관의 반대를 이겨낼 수 없다.

4인방 몰락 후 어문개혁의 움직임이 활발하게 이루어진 것은 사실이다. 그러나 고위층이 어문개혁의 지지입장을 문혁 이후 금세 나타낸 적은 없다. 그렇다고 그들이 똑 부러진 지시를 내린 적도 없다. 어쩌면 그들은 어문개혁 문제를 그다지 고려하지 않았을 수도 있다.

고위간부 중 호교목(胡喬木)은 공개적으로 병음에 대한 지지를 밝혔다. 박일파(薄一波) 부총리는 병음을 지지한다고 밝혔다. 다만 독일사회과학자대표단에게 이러한 견해를 비쳤다. 중국의 최고실력자 등소평(鄧小平)이 어문개혁에 대해서는 어떤 입장을 보이고 있는지 명확하게 드러난 것은 없다. 등소평은 1974년 중국전문가인 사이온지 킨카츠와 일본의 중국대륙 침략을 사죄하러 온 일본대표단과의 면담에서 이렇게 발언했다. "중국이 일본제국주의자의 침략으로 피해를 입었지만 수십년 동안의 일이다. 이에 비해 중국은 역사적으로 일본에 2가지 측면에서 어려움을 끼쳤다. 한자와 공맹(孔孟)의 철학이다. 공자의 철학은 1천 7백 년 동안 일본의 전통적인 사고방식에 영향을 끼쳤다. 이 점을 매우 유감스럽게 생각한다"(일본 아사히신문 1974년 6월 9일자 조간)

이 발언은 등소평이 한자에 대해 부정적인 견해를 가지고 있는 것처럼 보인다. 그러나 그는 어문개혁론자들이 바라는 수준의 강력한 지지를 보이지는 않았다. 더욱이 그의 발언은 중국언론에 보도되지 않았다.

문자개혁을 지지하는(소극적이더라도) 고위인사들의 발언이 중국국내에는 알려지지 않고 외국인사와의 면담에서만 나타나는 까닭은 무엇일까? 고위인사들이 문자개혁 그 자체에 그다지 큰 비중을 두지 않고 원칙론적인 선언을 하는 것이 아니냐고 드프란시스 교수는 풀이했다.[6] 그러나 어문개혁 문제가 근대화와 직결되는 핵심사안이라고 할

---

6) De Francis, 『The Chinese Language』, 257쪽, 1984, Hawai University Press.

때 고위인사들이 비중을 두지 않는 것이 아니라 워낙 민감한 사안이다 보니 분명한 입장표명을 꺼리는 것이라고 필자는 해석하고 싶다.

드프란시스 교수의 또 다른 해석은 흥미롭다. 지도자들의 입장표명이 외부로 알려지는 것은 권력층 내부에서 벌어지는 암투의 결과가 정책결정에 반영되는 점이라는 설명이다. 1956년 1월 라틴자모를 병음의 기초로 삼는 데 찬성한 모택동의 발언이 1981년까지 보도되지 않았다. 병음을 보급하겠다는 쪽이 다소나마 힘을 얻은 결과라고 드프란시스 교수는 풀이했다.

문혁 이후 몇 년 동안 어문개혁주의자들은 고위층의 개혁지지를 호소했지만 대부분 실패했다. 그들은 1966년 오옥장의 죽음 이후 고위지도자에게 직접적으로 충분히 얘기할 만한 지위에 있는 사람을 자기편에 끌어들이지 못했다.

필자는 중국의 언어정책을 크게 중화인민공화국 성립 이전과 성립 이후로 나누고 다시 한자와 중국어 병음화, 보통화 보급 등 글과 말의 개혁으로 구분했다. 명말 서양의 선교사로부터 한자개혁운동의 뿌리를 찾을 것이며 청말 신지식인들의 근대화 노력의 일환으로서의 문자개혁, 중화인민공화국 성립 이후 50년대 화려한 개혁의 서막, 그러나 기대했던 성과를 거두지 못한 이유를 살펴본 뒤 10년간의 문혁암흑기를 돌아본다. 70년대 중반 이후 자유스런 분위기 속에서 50년대의 부활이라는 표현을 쓸 정도의 어문개혁이 벌어지기는 하지만 어쩐지 미흡하다. 최고위층의 적극적인 지지가 없었고 그나마 1986년을 계기로 언어정책은 새로운 것을 펴기보다 내실을 다지자는 쪽으로 방향을 돌렸다. 과학기술의 발전도 언어정책과 밀접한 관련을 맺고 있다. 컴퓨터의 발전은 한자의 운명을 결정하는 결정적인 수단이 되어버렸다. 이제 중국의 언어개혁의 역사와 미래를 점쳐 보는 여행을 함께 떠나 보기로 하자.

제2장

언어정책과 사회현상

1. 세계 각국의 언어정책

1) 표준말 짓기

중국의 언어정책을 제대로 파악하려면 제2차 세계대전 이후 세계 각국의 상황을 살펴보는 것이 필요하다. 세계 각국은 당시 신생 독립 국을 중심으로 활발한 언어정책을 추진했다. 언어정책의 최우선 과제 는 바로 공통어, 즉 표준말 짓기였다. 각국의 민족구성, 언어 및 역사 적 배경에 따라 다르지만 대부분 공통어 짓기는 크게 3가지 유형으로 나눌 수 있다. 첫째, 주체적인 언어가 없을 때 새롭게 공통어를 골라 야 했다. 아프리카 국가들이 이 경우에 속한다. 둘째, 주체적인 언어가 있어 규범화를 해야 하는 경우이다. 말레이시아가 그렇다. 셋째, 중국, 일본과 같이 전통적인 공통어가 있어서 현대화를 해야 하는 경우이다.

먼저 중국, 일본, 인도의 예를 들어 보자. 전통적인 공통어가 있어 현대화해야 하는 경우이다.

중국고대에는 공통어가 있었다. 공자(孔子)는 아언(雅言)을 이용해 책을 가르쳤는데 이것이 가장 빠른 중국공통어였다. 명청(明淸)시대에 는 관화(官話)가 있었는데 주로 관리와 상인들이 사용했다. 현대공통 어(보통화)는 또다시 어음표준, 어휘규범과 어법규범을 정했다. 그것 은 고대에서 전해 온 것이면서도 현대에 새롭게 태어난 것이다.

일본은 단일민족, 단일언어의 국가이다. 일어는 중국어보다 방언이 단순하다. 수도가 경도(京都)에서 동경(東京)으로 옮긴 후 신속하게 동경말을 표준으로 삼았다. 일본은 명치유신(明治維新)(1868년) 이후 20년 만에 국어를 보급했다. 청말 학부상서(學部尙書)(현재의 교육부 장)가 일본의 문부대신(文部大臣)에게 "신교육을 어떻게 하느냐"고 물었다. 회답은 국어를 보급하라는 것이었다. 국어는 교육의 전제이며 교육은 건국의 전제이다. 이러한 이치를 일본이 먼저 깨닫고 꾸준히 실행해 온 것이다.

인도독립(1947년) 이후 헌법은 최대 민족인 힌두족의 힌두어를 전국공통어로 채택한다고 규정했다. 그러나 힌두어는 오랜 문화전통을 가지고 있으며 사용자는 2억 2천5백만 명으로 세계 대언어의 하나이다. 국내서는 전체인구의 3분의 1(근년 45%까지 증가했다)을 차지하고 있다. 힌두어를 사용하지 않은 남방 제 연방의 반대를 누그러뜨리기 위해 헌법은 14종 언어(물론 각기 문자가 있다)를 법정언어로 규정했으며 그중 11종을 관방언어로 삼았다. 영어는 14종 법정언어의 하나는 아니지만 실제로는 가장 널리 쓰이는 행정 및 교육용어이다.

둘째, 주체적인 언어가 있으면 규범화를 해야 한다. 예를 들면 동남아시아의 말레이시아는 인구 1천7백만 명으로 말레이인들이 60%를 차지한다. 말레이어를 전국공통어로 삼아 말레이시아어라고 부른다. 식민지 시기 영어를 행정 및 교육언어로 사용해서 말레이어의 발전에는 제한을 받는 바람에 지금은 풍부한 내용과 규범화를 필요로 한다. 말레이어는 말레이반도 남단 말라카 해협의 리아우—조호르방언을 기초로 하여 5백 년 동안 동남아 해상무역의 통용어였다. 동남아의 대국 인도네시아는 인구 1억 7천5백만 명이다. 최대민족인 자바인이 인구의 40%를 차지하지만 자바어가 전국공통어는 아니다. 전국공통어는 인도네시아어로 불리지만 실제는 말레이어다. 말레이어를 모국어로 삼은 인도네시아 사람은 전체 인구의 7%이다. 말레이어를 공통어로 채택한 이유는 어디에 있는가. 그것은 역사와 지리적으로 유구한 전통을 가지고 있기 때문이다. 말레이시아와 인도네시아 양국은 공동으로 하나의 전국공통어를 채택하고 있다. 이름은 다르지만 '광의의 국어'라는 새로운 개념을 만든 것이다.

셋째, 주체적인 언어가 없을 경우 공통어를 골라야 한다. 아프리카 독립국가들의 사정은 대부분 이와 같다. 예를 들면 동아프리카 탄자니아는 인구 2천4백만 명으로 최대민족인 수쿠바인이 인구의 13%를 차지하며 전국에는 120여 종의 언어가 있으나 그 어느 언어도 선택할 수 없었다. 따라서 역사적으로 전해 오던 해안의 통상(通商)에 쓰이던 언어, 즉 스와힐리어를 전국공통어로 채택했다. 동아프리카의 케냐는 인구 2천3백만 명이며 최대민족인 키쿠유 사람이 인구의 21%를 차지하고 있다. 그들의 언어는 일정하게 쓰일 만한 위치에 있었으나 다른 민족들이 공통어 채택에 반대해서 하는 수 없이 비교적 널리 쓰이던 제2언어인 스와힐리어가 전국공통어가 되었다.(1970년) 스와힐리어는 이 밖에 우간다, 루안다, 부룬디와 자이레에서 널리 쓰이고 있다. 스와힐리어를 모국어로 사용하던 사람은 1백만 명에 불과했고 제2국어로 쓰던 사람은 2천만 명이었다. 스와힐리라는 말은 해안이라는 뜻이다. 7세기 동아프리카 해안의 아라비아 상인의 말이었다. 같은 언어가 여러 나라에서 공동의 관방언어로 채택된 것은 바로 언어계획의 새로운 변모이다.

2) 어문규범화 제정

세계 각국은 문자에 관한 규범을 새로 만들어야 했다. 먼저, 문자가 없을 경우 자모를 선정해야 하며 문자가 있을 경우에는 문자를 골라야 했다. 또 오랜 문자는 현대화를 해야 했다.

중국의 언어정책은 흔히 아랍세계의 터키 및 베트남 등 다른 나라의 그것과 자주 비교되기도 한다.

아랍어를 쓰는 세계는 중국과 마찬가지로 고전적인 문어체가 이룩한 위대한 문학전통이 있다.1) 『아라비안나이트』 등 세계적으로 유명한 문학작품이 있다. 또 필기체를 예술로 감상하려는 전통이 있다. 어문불일치에 직면하면서 글자체에 대한 믿음, 과거의 문화와 단절될지 모른다는 두려움 등이 중국의 사정과 비슷하다. 결정적으로 두 세계가 비슷한 점은 궁극적인 개혁을 지향하면서 제한적인 진보를 이루었다는 것이다.

두 지역의 차이점도 있다. 아라비아 글은 바로 코란, 즉 종교언어를 글로 나타낸 것이다. 이에 비해 중국은 변화를 하는 데 종교적인 걸림돌이 없다. 중국은 또 정치적인 통일을 제대로 이루지 못한 아랍세계보다 정책결정을 쉽게 할 수 있다는 장점이 있다. 언어개혁에서 실제 경험을 두루 갖춘 일단의 어문개혁주의자들이 있다는 점도 나름대로 중국이 안고 있는 좋은 조건이다. 이러한 조건에서 볼 때 중국의 어문개혁이 훨씬 실현가능성이 높음을 알 수 있다.

그렇다고 해서 터키와 베트남에서 이미 거둔 성공적인 개혁을 보장받을 수 있는 것은 아니다. 터키의 문자개혁은 아라비아자모를 라틴자모로 바꾼 것이다. 비교적 수월하게 이루어졌다. 비종교적이며 반아랍적인 터키의 민족주의 덕분이었다. 따라서 불과 몇 개월 만에 이루어졌다. 그러나 터키에 뿌리내린 아랍전문용어를 없애는 데 애를 먹었다.

베트남의 개혁은 베트남어를 표기해 오던 한자를 라틴자모로 바꾼 것이다. 터키보다는 복잡한 변화였다. 반식민지운동으로 수십 년간에 걸쳐 이루어졌다.

---

1) 아랍어는 문어체와 구어체로 나눌 수 있다. 문어체 아랍어는 전체 아랍국가에서 통용되는 표준어로 오늘날까지 아랍 문학의 표현 매체가 되고 있다.

중국의 경우 이 두 나라보다 사정이 복잡하다. 중국의 어문개혁이 나아갈 방향은 오히려 유럽국가와 비교하는 것이 낫다. 유럽은 라틴어를 쓰다가 현지어로 바꾸었다. 이러한 과정은 글자체의 변화가 아니라 문어의 변화로 수 세기가 걸렸다. 유럽국가는 대부분 라틴어가 17세기까지 글로 통하는 의사전달 도구였다. 요컨대 라틴어와 현지어는 수 세기 동안 공존했다. 균형은 후자로 옮겨지기는 했지만 말이다. 마침내 라틴어는 학교에서만 쓰이는 죽은 글이 되었다가 전문가들이 쓰는 전문언어로 바뀌었다.

중국어문개혁의 과정은 고위층의 적극적인 지지를 얻는다 해도 제대로 자리를 잡으려면 다소 시일이 걸릴 가능성이 높다. 실제적인 어려움이 도처에 깔려 있다. 10억 인의 경제적 수준이 낮은 국민들이 첫 번째 요인이며 그들의 한자에 대한 질긴 애정도 큰 몫을 하고 있다. 라틴어보다 더 오래, 더 많은 문학작품을 자랑하고 있다. 라틴어는 물론이려니와 어느 시대, 어느 언어를 막론하고 중국어만큼 사용자가 많았던 언어는 없다. 결국 한자는 중국사회와 너무나 깊숙이 관계를 맺고 있어 선뜻 변화하기가 어렵다. 따라서 역할이 다른 글자와 함께 쓰이는 방법으로 문제를 해결할 가능성이 가장 높다.

현재로서 2가지 문자가 쓰이는 방법이 채택될지 일부 개혁가들이 바라는 대로 비공식적인 차원에서 조심스럽게 진행되면서 단계적으로 이루어질지 확신할 수 없다.

확실한 것은 어문개혁이라는 주제가 앞으로 더욱 첨예하고 광범한 논쟁을 불러일으킬 것이라는 점이다. 유럽보다 더욱 그럴 것이다. 기라성 같은 중국학자로부터 농부에 이르기까지 한자에 대한 집착과 정열은 강렬하다. 이 문제는 중국정부가 가구당 자녀를 한 명씩만 가지도록 허용하는 정책과 비슷하다. 이 정책은 일반적으로 받아들일 수 없는 것이지만 산아제한을 없앨 경우 경제와 다른 분야의 성공을 위협하기 때문에 필수적이다. 문자개혁은 오히려 산아제한보다 더 인기가 없을지 모른다. 물론 2중자모를 함께 쓴다면 그다지 필요한 것 같지는 않지만 말이다.

그러나 중국의 근대화는 한자에만 매달렸기 때문에 방해받고 있다고 단언할 수 있다. 한자는 대량의 문맹을 타파하지도 못했고 근대사회의 다른 수요를 충족하는 데 실패했기 때문이다.

전통적인 한자를 완벽하게 익힌 극소수와 대다수는 몇백 개의 글자를 익혀 개인적인 활동을 할 때 쓸 수 있을 정도로 최소한의 글자를 익히는 불균등사회가 이루어질 가능성도 확실히 있다. 이중구조의 문자해독은 관련인사 모두가 쉽게 받아들일 것이다. 소수는 이루기 힘든 목표를 달성했다는 만족감을 가지기 때문이다. 다수는 빈약한 문자해득 능력에도 불구하고 만족할 만한 조건을 갖추었다. 다만 모든 실질적인 필요에 부응할 뿐 아니라 보다 풍요로운 마음과 정신을 유지하는 데 필요한 보다 간단한 수단을 제공받지는 못한다. 이러한 상황에서 중국인의 사고방식과 느낌을 담고 있는 한자를 바꾼다는 것은 공상적이다.

지금 어려운 선택이 중국인 앞에 가로놓여 있다. 그들이 한자를 쓰기의 유일한 수단으로 유지한다면 대다수는 아닐망정 상당수가 문맹의 운명에 시달릴 것이다. 따라서 중국의 근대화는 심각하게 방해받으리라는 점을 알 수 있다. 그들이 2중자모 정책을 채택, 완벽한 병음자모를 근대사회의 요구를 받아들이기 위해 사용한다면 문화유산을 어떻게 보존하며 같은 국민으로서의 통일성을 유지하는 데 결정적인 어려움을 갖게 될 것이다.

이와 달리 전면적인 개혁으로 정책이 결정된다면 그리고 이러한 결정이 가능한 결과 중 최악의 결과를 빚어낸다면 후손들은 중국의 문화적, 정치적 단절을 용서하지 않을 것이다. 그러나 이러한 우려가 기우에 그친다면 완벽하게 글을 깨우친 수많은 사람들은 중국의 문자개혁을 위험천만한 허풍이 아니라 진정한 위대한 문화혁명으로 되돌아 볼 것이다.

일본은 중국문언과 한자를 채택해 5백 년 동안의 소화과정을 거쳐 한자에서 벗어난 일어 음절자모 카나를 만들었다. 명치유신(1868년) 이후 전국민의무교육을 실시하면서 카나를 충분히 이용했다. 2차대전 후 문자평민화(文字平民化)를 실행하고 「상용한자표(常用漢字表)」 1945자를 제정해 법률과 공문서에는 이 정도를 쓰게 하고 나머지는 카나를 쓰도록 했다. 일어는 이미 한자 중간의 소수 카나에서 카나 중간의 소수 한자로 바뀌었다. 동시에 일본은 일어로마자를 제정해 1937년 내각훈령으로 정사법을 공포해 훈령식(訓令式)으로 불렀다. 국제표준화기구가 일어의 국어표준으로 삼았다. 조선(朝鮮)은 1446년 훈민정음을 공포해 한글을 제정했다. 한글은 음소자모로 자모원리로 말하자면 카나음절자모보다 낫다. 그러나 한글은 카나와 같은 선의 배열이 없고 네모난 결합을 규정해서 음소자모의 음절자부(字符)가 되었다. 이리하여 조선문자는 2200~2400개의 네모난 한글을 사용해야 하며 부호수량이 방대한 문자의 하나가 되었다.

1948년 북한은 한자를 폐지하고 모두 한글을 사용하며 낱말은 한자와 한글 혼합형이지만 한자는 1800개로 줄였다. 한글의 제정은 카나보다 500년이 늦다. 중국은 1918년 주음자모를 공포했으나 조선의 한글보다 500년이 늦다. 한자의 본토에서 가장 먼 일본이 가장 빨리 바뀐 것이다. 한자본토에서 비교적 먼 조선이 비교적 늦게 바뀌었다. 한자본토인 중국이 가장 늦게 변했다. 멀어야 쉽게 바뀌고 가까우면 바꾸기 어렵다. 이것은 문화변화의 보편적인 규칙이다. 현재 한자를 전국적인 문자로 쓰는 국가는 중국 외에 일본과 한국뿐이다. 그들은 한자에다 자모를 섞어 이용하지 한자에도 자모를 전혀 혼합하지 않는 곳은 중국밖에 없다.

이상의 논의에서 알 수 있는 것은 2차 세계대전 이후 세계 각국은 나라의 사정에 따라 어문건설(語文建設)을 적극적으로 추진해 왔다. 일본, 터키의 예에서 볼 수 있듯이 강력한 지도력과 국민공감대의 형성이 언어정책의 핵심적인 요소임을 알 수 있다.

중국어문개혁의 역사를 살펴보면 중화인민공화국 성립 이후 초기 어문개혁이 '어느 정도' 성공을 거둔 것은 사회주의 체제라는 강력한 지도력, 2억 3천만 명의 방대한 문맹자의 존재가 정부의 언어정책을 한자를 없애려는 적극적인 방향으로 추진할 수 있었던 데다 자본주의를 무너뜨리고 새로운 체제로 접어드는 분위기가 크게 주효했음을 나타내고 있다. 중국의 어문개혁이 앞으로 일정한 성과를 거두려면 앞서 말한 이러한 요소들을 유의해야 한다.

특히 대중들이 더 이상의 어문개혁을 바라지 않고 홍콩이나 대만 등 외국 것을 선호하는 경향을 보이고 있으며 일종의 방언우월 의식을 가지고 보통화를 무시하는 태도까지 보이고 있어 이러한 사회분위기가 어문규범화(語文規範化)[2]에 엄청난 악영향을 미칠 것임을 예상할 수 있다.

여기에다 대중들이 손쉽게 과학기술의 성과를 활용할 수 있는 컴퓨

---

2) 어문개혁과 같은 뜻으로 쓰인다. 규범화는 일정한 기준이나 표준을 마련하는 일련의 정책이라고 풀이할 수 있다. 어문규범화는 바로 언어문자의 규범(표준)을 설정해 이를 이루려는 운동을 일컫는다.

터 등 사무용기기의 보급 또한 어문규범을 바라보고 있는 대중들을
움직이는 요소가 될 것이다.

결론적으로 말해서 언어는 사회현실을 반영하는 것이며 언어정책
또한 이러한 것에 기초를 두어야 한다. 따라서 사회언어학적인 방법으
로 한자간화와 한어병음과 그리고 어문개혁의 궁극적인 목표인 보통
화 보급을 역사적으로 살펴본다.

결국 1979년 이전의 폐쇄형 사회에서는 규범이 하나의 주요 추세였
으나 1979년 이후의 오늘날은 언어현상 변이가 주요 추세가 되었다.
중국사회가 겪고 있는 급작스런 변화는 이제 어문정책 연구의 중점도
변이의 연구로 바뀌어야 함을 나타내고 있다.

언어정책은 언어의 문제인 동시에 시대라는 틀을 결코 벗어날 수가
없다. 언어가 통시성과 함께 공시성을 지니고 있기 때문이다. 그러므
로 언어정책은 시대 특유의 성격이 그 안에 스며들어가 있게 마련이
다. 따라서 우리가 언어정책 문제를 논의하기 위해서는 어떤 곳이냐
하는 문제와 함께 어느 시대의 문제이냐 하는 역사적 전제도 마찬가
지로 중요하다고 하겠다.

언어정책은 사회적 의미를 지닌 시간의 마디 내부에서 검토되어야
만 합리적인 논의가 가능하다. 그러한 점에서 특정한 언어정책에 관한
관심을 일으킨 '언어문제'가 해당 시대와 무슨 관계에 놓여 있느냐 하
는 물음이 당연히 앞서 나와야 한다고 하겠다.

2. 언어와 사회현상

언어는 사회현상과 밀접한 관계가 있다. 언어는 사회현상의 산물인

것은 말할 것도 없고 정치, 경제, 문화, 심리 등 여러 요인의 영향을
받고 있다.

따라서 중국의 언어정책, 특히 어문개혁을 제대로 살피려면 중국사
회가 현재 안고 있는 문제점, 이를테면 중국이 경제성장의 대가로 치
르는 여러 가지 부작용을 당연히 살펴야 한다. 문화대혁명(文化大革
命)의 10년을 거치는 동안 겪어야 했던 극좌(極左)의 후유증과 1978
년 이후 중국이 개혁개방 정책을 펴면서 개혁이 바로 복고(復古)라는
분위기가 중국대중들의 생활을 지배한 것도 무시할 수 없는 것이다.

물론 어문개혁 문제를 이론적인 측면에서 접근할 수도 있다. 그러나
세계적인 사회언어학자인 조수아 피시먼 교수가 갈파한 바와 같이 어
문개혁 과정과 결과를 함께 살피는 것이 가장 좋은 방법이다.

지난날 언어학계는 언어의 내부구조에 대한 연구에만 몰두했다. 이
러한 연구방법은 언어의 사회적 특성과 사회에서 실제 쓰이고 있는
언어의 구체적인 현상을 무시하는 것이었다. 언어는 끊임없이 변화하
며 이러한 변화가 언어 자체의 내부규칙은 물론 사회와 밀접한 관계
를 갖고 있음을 충분히 인식하지 못했다.

이제 중국의 어문개혁 문제로 논점을 좁혀 본다. 한자개혁과 중국어
병음화의 역사는 불과 백 년에 지나지 않는다. 한자의 오랜 역사와는
비교가 되지 않을 정도로 짧다. 이 기간 어문개혁에 결정적으로 영향
을 미친 것은 바로 사람과 사회라는 요소이다.

장육천(張育泉)은 『어문건설』 1991년 11월호에서 이렇게 밝혔다.

　　한자개혁과 병음문자 만들자는 분위기가 백 년 전에 갑자기 두드러진
까닭은 무엇인가. 사회가 발전하고 사람들의 인식이 높아졌기 때문이다.

중국이 굳게 닫힌 대문을 어쩔 수 없이 열게 된 후 중국인은 한자와 병음문자를 비교하면서 한자가 배우기 어렵고 쓰기 어렵다는 점을 발견했다. 그래서 병음문자를 만들어 한자와 함께 쓸뿐더러 한자를 신성시했던 생각을 바꾸고 문자가 문화의 도구라는 생각을 굳혔다.

사회는 끊임없이 바뀌고 사람들의 의식 또한 시대에 따라 높아지고 있음을 알 수 있다. 당연히 언어문자에 대한 인식도 달라진다. 한자에 대한 인식도 날이 갈수록 바뀌고 있다. 언어의 변화는 언어 자체의 변화를 반영할 뿐만 아니라 언어 내부의 사회발전 속도와 함께 이루어진다.3)

1949년 이후 성인들 사이에 남녀를 막론하고 '동지(同志)'라는 호칭이 유행했다. 친숙한 사이에서는 성(姓)앞에 '老'나 '小'를 붙여 '老張' '小張'이라고 불렀다. 그러던 것이 문화대혁명 중에는 노동자계급이 부상함에 따라 '사부(師傅)'라는 호칭이 크게 유행했다. 60년대 70년대에도 성인들 간에는 남녀를 막론하고 '동지(同志)'와 같이 '사부(師傅)'라는 호칭이 쓰였다. 1978년 개방정책에 따라 외국인과의 교제가 잦아지자 '선생(先生)'이나 '소저(小姐)' 유의 호칭이 점차 유행하기 시작하였다. 이런 호칭은 50년대에는 좀체 볼 수 없었던 것이다. 간혹 사용되었어도 빈정대거나 나쁜 데 쓰였다. 그러나 지금은 자본주의의 물결을 타고 존칭의 의미까지 지니게 되었다.

가장 먼저 일어나는 언어의 변이(變異)는 단어이다. 새로운 단어가 생기는가 하면 오래된 것은 사전에서 사라진다. 단어 뜻이 바뀌기도 한다. 일부 글자는 발음이 달라진다. 예를 들면 說客, 遊說의 說은 수이[shui]로 읽는다. 시대상황에 따라 특수한 수요를 위해 특수한 문법

---

3) 陳章太, 「語言變異與社會及社會心理」, 『語文建設』, 88년 제3기, 64쪽.

형식이 생기기도 한다. 예를 들어 문혁기간 중 표어에는 '~이 아니면 ~이다(不是~就是~)' '차라리 ~일지언정 ~말라(寧要~不要~)' 등이 주로 나타났다.

중국은 개혁개방 정책의 실시로 사회가 봉건형에서 개방형으로 바뀌었다. 개방형 사회는 대외교제를 강화할 수밖에 없다. 이와 같이 사회의 급속한 변화는 교제수단인 언어에 대해서도 새로운 요구를 많이 제기했다. 사회가 발전할수록 언어의 규범화는 강화되는 것이다.

계급의 대립, 계층이나 집단, 사회단체 등의 존재는 언어의 변이를 일으킨다. 특정계층의 습관어나 은어 등이 전형적인 사례이다. 오늘날 관료적인 말투도 이에 속한다.

관념이나 풍속습관이 바뀌는 것도 언어변이에 영향을 미칠 수 있다. 예를 들면 이데올로기를 높이 표방하던 사회주의 시대에는 사람들이 완곡하고도 비유적인 어투로 자신의 뜻을 나타낸다. 이에 비해 개혁개방 정책 시대에는 솔직하고 심지어 격렬한 말투로 자신들의 요구를 주장한다.

구체적으로 새로 생겨난 낱말의 변이현상을 살펴보자.4)

1979년 이래 중국어에는 새로 유행하는 어휘들이 많이 나타났다. 대부분 외래어나 홍콩에서 온 역어(譯語)이다. 예를 들면 기관으로는 酒樓, 中心(貿易中心, 服務中心 등), 公司 등이 있다. 식품이나 용품으로는 ××可樂(可口可樂, 百事可樂 등), 熱狗(hot dog), 軟罐頭, 軟飮料(soft drink), 唇膏(lipstick), 組合家具, 組合音響櫃, 旅游鞋 등이 있다. 상업용어로는 公關小姐, 倒爺, 炒龍魚, 炒買炒賣, 賣大號, 水貨 등이 있다. 그 외에 沙龍(文化沙龍, 學術沙龍 등), 硏究會(workshop), 酒會(cocktail party) 등이 있다.

---

4) 趙世開, 「當前漢語中的變異現象」, 『語文建設』, 88년 1기, 22~24쪽.

公司, 酒會, 可口可樂 등 본래 있었으나 최근 새롭게 쓰이는 일부 어휘를 제외하고 예로 든 어휘 대부분이 새로 만들어졌다. 1949년 중화인민공화국 성립 이후 30년 동안 자본주의(資本主義)나 자산계급 생활방식(資産階級 生活方式)의 성격을 띠었다는 이유로 여태껏 금기시되던 용어들이다. 따라서 그동안 입에 오르내리지 못했다.

상품경제의 발전에 따라 상업광고가 거리나 신문, TV에 등장한다. 상업광고의 언어도 언어의 변이현상에 따라 같은 경향을 나타낸다. 사람들의 시선을 끌기 위해 어떤 광고에서는 방언이나 외래어가 등장한다.

방언을 쓴 예를 살펴보면 '한 아가씨가 냉장고를 보고는 깜짝 놀람을 나타내기 위해 哇라고 함성을 지른다.(當一位姑娘看見了一臺氷箱時, 为了表示驚奇, 喊了一聲哇)'에서 쓴 감탄사는 보통화의 喲가 아닌 홍콩과 광주(廣州)의 방언 哇이다.

외래어를 쓴 예를 살펴보면 '어린아이들이 차 안에서 엄지손가락을 세우고 어떤 상품을 바라보며 크게 OK라고 외친다.(一群兒童在汽車上, 個個竪起大拇指, 對着某一産品, 高喊OK!)'에서 眞棒!이나 好極了 대신 OK를 쓴 것이다.

이 중 외래어의 대량 사용은 사회의 보편적인 현상이다. 再見 대신 bye-bye(拜拜), 出租汽車(計程車) 대신 taxi(的士), 六弦琴 대신 guitar(吉他)가 쓰인다. 이는 1949년부터 1979년 사이에는 상상조차 할 수 없는 현상이다. 1949년 전에 bye-bye나 good-bye는 소수의 영어를 배운 지식인층에 제한되어 있었다. 대학생도 좀처럼 사용하지 않았다. 지금은 유치원생들도 일상적으로 bye-bye를 쓰는 이런 현상에는 사회심리 등 여러 요소와 관련이 있다. 언어의 변이현상은 호칭에도 나타난다.

소위 중국어의 혼란이나 불규범에 어긋난 현상은 착별자(錯別字)를 쓰는 것, 간화자를 마구 만드는 것, 번체자를 사용하는 것, 낱말을 새로 만드는 것, 방언, 속어, 비속어를 남용하는 것 등이다.

이러한 불규범현상은 단순히 지나칠 수 없다는 데 문제가 있다. 앞서 언급한 바와 같이 언어문자 생활은 사회현상의 반영이다. 사회언어에 나타난 불규범현상은 흔히 모든 언어에 나타날 수 있는 수준의 것이 결코 아니다. 중국사회가 안고 있는 근본적인 문제점에다 오늘날 눈부신 과학기술의 발전이 맞물렸기 때문이다. 이러한 불규범현상이 빚어지는 원인을 먼저 규명해 보자.

첫째 원인은 문화대혁명이 사회와 사람들에 대해 미친 후유증을 꼽을 수 있다. 서가정(徐家禎)은 「한어규범화의 사회배경, 표준 및 정책시론(試論漢語規範化的社會背景, 標準以及政策)」에서 이렇게 주장했다.5)

> 지금 20여 세에서 30여 세에 이르는 이들은 문화대혁명 때 중학교에 다니던 청소년들이었다. 지금 이들 대부분의 문화수준은 매우 낮다. 현재 중학교, 초등학교의 교사들의 수준이 낮은 것도 이 때문이다. 문화대혁명은 언어문자의 무정부주의를 만들었다. 언어문자에 생겨난 결과는 어떤 규칙을 따르지 않고 마음대로 원하는 바를 하는 것이다. 문화대혁명이 현대 중국사회에 미친 것은 제2차 세계대전의 영향 못지않다. 당연히 그것은 중국사회와 전통에 일대 충격을 안겨주었다.
>
> 개방정책이 실행된 후 선진과학기술이 물밀듯이 중국에 들어왔다. 신문지상에서조차 큰소리로 '과학문맹을 타파하자'라고 주장하지 문맹퇴치를 목표로 삼고 있지 않다. TV 광고, 비디오, 녹음기와 같은 매개체의 보편적인 사용도 전통적인 문어체(文語體)가 중국인의 머릿속에 차지하고 있던 중요성을 무너뜨렸다. 구어, 속어, 비속어가 문어체를 대신한 것이 이러한 사회현상을 반영하고 있는 것이다.

---

5) 徐家禎 『語文建設』, 88년 3기, 58쪽 재인용.

근년 들어 중국어의 혼란상이 나타나는 두 번째 원인은 중국사회가 문화대혁명 이후 정치적인 혼란으로 사상의 혼란을 가져왔다는 데 있다.

1976년 문화대혁명이 끝났다. 4인방이 10년 동안 추진하던 정책은 점차 바로잡혔다. 이것은 좋은 현상이다. 그러나 잘못을 바로잡는다는 사실이 일부 사람들 특히 문화교육 수준이 그다지 높지 않은 사람들에게 일종의 복고(復古)라는 착각을 일으킨 것이다. 문화대혁명 중 4인방은 폭력수단을 써서 종교를 소멸시켰으며 중화민족의 역사문화를 말살했다. 문화대혁명 후 종교의 자유를 부르짖고 예배당, 사찰을 복구하는 것은 종교의 자유를 제창하는 것이라고 믿는 사람들이 많아졌다. 문화대혁명 후 과거 숙청되었던 간부들이 권위와 관직을 도로 찾았고 원래 압류했던 재산을 자본가에게 도로 내주었으며 어떤 경우에는 국민당 시대의 관리들도 등용이 되어 통일전선의 대상이 되기도 했다. 이러한 신정책의 집행은 현재 일반사람들에게 복고로 되돌아가고 있다는 착각을 불러일으켰다.

그래서 '개혁은 복고'라는 공식을 쉽게 떠올리게 되었다. 이러한 사상적인 착각이 문자에 반영된 것이 번체자의 범람현상이다. 번체자는 바로 옛것을 대표하기 때문이다. 대외개방, 외국선진 개발습득도 외국것이면 무엇이든 배워야 한다는 착각을 불러일으켰다. 외래어를 남발하고 광동(廣東) 방언의 홍콩노래를 부르고 홍콩에서 사용하는 단어를 쓰기 시작했다. 이러한 현상은 시대의 첨단을 걷거나 현대화된 것으로 남에게 보이기 때문에 더욱 확산됐다. 결국 번체자도 홍콩, 대만 바람과 함께 들어온 것이다.

이상의 착각이 사람들의 머릿속에서 바로 잡히지 않는다면 번체자의 남용을 바로잡을 수 없으며 당연하게도 방언을 남용한다는 잘못을 바꾸려는 어떠한 노력도 효과는 미미할 수밖에 없다.

　근년 들어 언어문자 혼란에 나타난 제3의 원인으로 언어문자 정책의 모호성과 보수성을 들 수 있다. 이러한 결과는 일반대중에게 사상적인 혼란을 불러일으키고 있다.

　문자개혁은 실질적으로 1949년 중화인민공화국 성립 후에 파죽지세로 이루어졌다. 바로 간화자의 추진은 인심의 호응을 얻고 세계언어의 발전추세에 부합하는 것이었다. 그러나 문화대혁명 중 4인방은 정권다툼에 바빠 문자개혁 정책을 계속적으로 수행할 수 없었다. 4인방이 물러난 후 문자개혁 정책이 문화대혁명 이전의 추진력을 회복하면서 원래의 방향대로 계속해서 발전하지 못한 채 적지 않은 사람에게 모호하거나 보수회귀의 느낌을 주는 것이 사실이다.

　1977년 4인방이 타도된 지 1년이 되지 않아 국무원은 「제2차한자간화방안(초안)」을 공포했다. 그러나 몇 개월이 되지 않아 일부 인사, 특히 상층부의 지도자들이 완강히 반대하는 바람에 철회되었다. 게다가 네모난 한자가 좋다, 배우기 쉽고 알기 쉽다, 공간을 줄인다라는 신문잡지 기사를 적지 않게 볼 수 있다. 서로 다른 관점의 쟁론은 정상적인 현상이다. 마냥 천편일률적인 것이 좋은 것은 아니다. 그러나 언어정책이 방향을 잡지 못하고 우왕좌왕한다면 대중들은 혼란을 일으킬 수 있다.

　1976년 이후 누구도 문자개혁을 다시 할 필요가 없다거나 문자개혁이 잘못되었다라고 공개적으로 말하지 않았다. 1986년 1월 소집된 전국언어문자공작회의(全國語言文字工作會議)도 계속해서 문자개혁 사업을 추진해 나가기로 결의했다. 그러나 실질적으로 이 말은 구체적인 조치를 취해 진일보한 결과를 얻는 것이 아닌 공허한 빈말이라는 인상을 준다. 이미 기정사실로 굳어진 것은 그대로 유지하고 간화한자

(簡化漢字)를 진일보한다거나 병음화를 촉진하는 것은 장래의 일이므로 현재로서는 잠시 중단할 수밖에 없다는 입장을 보였기 때문이다.

중국정부의 정책은 이미 변했다고 볼 수 있다. 현재 '번체자를 사용해야 한다', '컴퓨터가 한자를 구할 수 있다'라며 학술계에서는 새삼 한자 고유의 우수성을 인정하자는 분위기가 일고 있다. 일반대중은 개방정책의 물결을 타고 번체자, 외래어를 쓰고 방언을 선호하는 것과 함께 중국정부의 언어정책마저 개혁으로 나아가는 일관성을 잃고 있다는 데 앞으로의 위기상황을 예고하고 있다.

제 3

장
중화인민공화국 성립 이전의 어문정책

중화인민공화국 성립 이전의 어문개혁은 크게 한자의 정리와 간화, 중국어 병음화의 노력 등 2가지로 나눌 수 있다. 한자간화는 한자가 생겨난 이래 수천 년 동안 제기되어 온 오랜 문제인 반면 중국어 병음화의 노력은 청말(淸末) 노당장(盧戇章)의 절음자(切音字)를 최초의 시도로 본다면 단지 백 년의 짧은 역사에 지나지 않는다. 한자간화는 형체의 변화에 그쳤을 뿐 한자의 근본적인 성격을 뜯어고친 것은 아니었다. 말과 문자라는 차이점은 있으나 당시의 어문개혁은 근대화에 뒤떨어진 조국을 구하자는 젊은 지식인들이 안고 있었던 하나의 커다란 숙제요 과업이었다.

따라서 이들 소장파 지식인들이 추구하고 추진했던 어문개혁은 단순히 말과 글의 바로잡음이 아니라 근대화를 이룩하려는 개혁운동의 일환이었다.

중국어 병음화의 역사는 1892년 청말의 지식인 노당장의 절음신자(切音新字)를 시초로 꼽을 수 있다. 물론 명말(明末)의 마테오리치 등 서양의 선교사들이 중국어의 병음을 시도했으며 영국 외교관 토마스 웨이드는 1867년 유명한 웨이드식표기법을 창안하기도 했다. 그러나 이런 노력은 외국인들이 중국어를 보다 쉽게 배우거나 중국에 선교를 할 목적으로 만든 것이지 진정한 병음화의 노력으로 볼 수 없었다.

먼저 중국 어문개혁의 핵심인 한자간화와 중국어 병음화의 역사를 주로 살펴본다. 특히 중국어 병음화는 명말 선교사의 교회로마자로부터 노당장의 절음신자와 절음자모(切音字母) 및 왕조(王照)의 관화자모(官話字母), 중화민국 성립 이후 제정된 주음자모(注音字母), 5·4 운동 전후 지식인들을 중심으로 한 국어로마자운동, 구소련 극동지방에서 싹튼 라틴화신문자운동에 이르기까지 개괄적으로 살핀다. 당시 중국어 병음화운동이 성과를 제대로 거두지 못한 원인이 어디에 있는지도 함께 알아본다.

1. 한자간화 운동의 역사

1) 문자학의 관점에서 본 한자간화

한자의 존재는 중국에서 하나의 신화였다. 역사적으로 커다란 공적을 쌓아 왔기 때문에 절대 없어서는 안 되는 존재로서 중국인들의 마음속에 자리잡아 왔다. 중국문화의 정수(精髓)를 담고 있다는 한자는 적어도 19세기 중반 아편전쟁 이후 지식인들의 자각이 있기 전까지는 그 누구도 건드리지 못할 존재였다. 뛰어난 표의성(表意性)에다 세계최고(最古) 문자로서 6천 년의 역사를 자랑하고 있다. 한자는 중화민족의 유구하고 찬란한 문화유산과 일찍부터 떨어질 수 없는 관계를 맺어 왔던 것이다.

그러나 근대화의 물결이 밀려오고 서구열강의 침략에 청조(淸朝)가 속수무책으로 제대로 대응하지 못하는 상황이 잇따르자 신지식인들의 자각이 한자의 신성불가침한 영역을 문제 삼기에 이르렀다. 1919년 5·4 운동 시기 일부지식인들은 한자폐지론까지 들고 나왔다.

그러면 한자를 완전히 없앨 것인가, 아니면 필획을 줄인 간화자를 채택할 것인가 하는 선택의 문제가 나온다. 간화자의 역사는 일찍이 한자가 생길 때부터 시작된 오랜 문제이다. 이미 갑골문(甲骨文)에 간화자가 나타날 정도였다.[1]

더욱이 문자는 끊임없이 변화하면서 번잡한 것이 간단한 것으로 바뀌

---

[1] 한자의 역사는 일찍이 은주고문(殷周古文)에 동자이체(同字異體)의 현상이 나타날 정도이다. 이체자(異體字)와 정체자(正體字)와의 구별은 단지 간단함과 번잡함의 차이에 지나지 않았다. 필획이 간단한 것은 번잡한 것에 대해 오늘날의 간체자(簡體字)로 표현할 수 있다. 그러므로 한자간화의 문제는 한자가 나온 시대부터 존재해 왔다. 바꾸어 말하자면 한자의 변천은 한자간화의 과정이며 한자의 역사는 한자간화의 역사라고 말할 수 있다.

는 규칙을 가지고 있어 간화(簡化)는 필연적인 추세라고 할 수 있다.2)

갑골문 시기부터 현재까지 한자에는 끊임없이 이체자(異體字)가 생겨났다.3)

이체자는 한자의 큰 골칫거리로 사용 중 혼란을 일으켜 시간, 인력, 물자를 낭비하기 일쑤였다. 이체자가 반드시 간체자는 아니지만 필획의 간화는 이체자가 생겨난 하나의 요인이라고 할 수 있다. 간화된 이체자는 빨리 쓰고자 하는 목적에서 생겨난 초서체(草書體)에서 온 것도 있지만 다른 한편으로는 필획의 생략의 요구에서 생겨난 통속체(通俗體)로부터 온 것도 있다.

한자의 통속체가 반드시 간화체(簡化體)라고는 할 수 없지만 대부분 간화체라고 말할 수 있다. 필획을 줄인 속체자(俗體字)의 생명력은 강하다. 역대의 속체자는 현재 남겨진 석비문(石碑文), 목각서판(木刻書版), 목찰(木擦), 죽찰(竹札), 경문(經文), 문서(文書), 편지 등에 보인다. 이 중요한 자료는 한대(漢代)의 석비(石碑)에 새겨진 속체자, 육조(六朝)의 석비 속체자, 당대(庸代)의 석비와 경(經)을 쓴 속체자, 송, 원, 명, 청대(宋, 元, 明, 淸代)의 목각인쇄의 속체자 등을 들 수 있다.4)

한자의 정체(正體, 즉 楷書)와 초서체의 분열은 진대(奏代)에 시작

---

2) 간속자(簡俗字)의 출현은 역사상 정지한 적이 없다. 주유광(周有光)은 『한 자개혁개론(漢字改革槪論)』에서 "속체(俗體)가 반드시 간체는 아니다. 그 러나 대부분은 간체이다. 간필(簡筆)한 속자의 생명력은 가장 강하다. 속체 자는 역사적으로 끊임없이 생겨났다. 속체자는 비교적 간편한 경우에 응용 될 뿐만 아니라 엄격한 문자훈련을 받은 사람들도 쓴다. 각종의 자체마다 속체자가 있다. 한말(漢末) 이래 각 시대는 많거나 적게 일부 군중들 사이 에서 보편적으로 통행되는 간체자를 승인하지 않을 수 없었다."라고 지적 했다. 周有光 『漢字改革槪論』, 319쪽, 北京 文字改革出版社, 1964년 9월.

3) 李中昊, 『文字歷史觀與革命』, 159쪽.

4) 周有光 앞의 책, 318~319쪽.

되었다. 정체는 공식적인 경우에 쓰였다. 예를 들면 중요문건, 조각된 석비문, 목각서판 등이다. 초서체는 중요하지 않은 문헌, 통신, 장부의 기입 등 비교적 비공식적인 곳에 쓰였다. 초서체는 보통 정체와 분리되면서 함께 쓰인 것으로 서로 배척하는 것은 아니다. 정체와 초서체의 분열은 기본적으로 형체의 변화이다.

이상에서 알 수 있듯이 몇천 년 이래 한자의 형체는 여러 차례의 변화를 거쳤지만 쓰는 방식의 변화에만 그쳤을 뿐 한자의 근본적인 성격이 바뀐 것은 아니었다. 갑골문, 금문(金文)으로부터 대전(大篆), 소전(小篆)까지는 곡선적인 원형화 방향으로 발전했지만 예서(隷書), 해서(楷書)에서 목각판의 송체(宋體), 명체(明體)와 납으로 만든 인쇄본까지는 직선적인 네모난 한자, 즉 방괴자(方塊字)로 발전해 왔다. 사각형모양의 자체는 한자 최후의 형태였다. 외형이 고정된 상태에서 한자에 일어나는 주요한 현상은 구조적인 간화였다.5)

간화자(簡化字)는 처음 민간에서 만들고 사용했다. 세월이 흐르면서 한 글자가 여러 형체를 가지면서 혼란해질 때 역사적으로 2가지 처리 방법이 있었다. 하나는 민간에서 만든 글자를 완전히 버리는 것이다. 이른바 간속별체(簡俗別體)를 일괄적으로 없애고 귀족들이 사용하거나 지식인들이 과거에 쓰던 문자만을 정체자(正體字)로 삼았다. 예를 들면 당대 장삼(張參)의 『오경문자(五經文字)』, 당현탁(唐玄度)의 『구경자양(九經字樣)』, 안사고(顔師古)의 『광류정속(匡謬正俗)』, 송대 장유(張有)의 『복고편(復古篇)』, 청대 용계서(龍啓瑞)의 『자학거우(字學擧隅)』 등은 당시의 간속파체(簡俗破體)를 바로잡는다는 명목으로 만들어진 책들이다.6)

---

5) 주유광, 앞의 책. 315~316쪽.
6) 黃約齊, 『漢字字體變遷史』, 35쪽.

그러나 이러한 노력은 자체(字體)의 정돈을 가져오기는 했지만 민간의 유행을 막을 길이 없었다.

문자를 처리하는 또 다른 방법은 번간정속(繁簡正俗)을 막론하고 민간에서 쓰는 것을 취사선택해서 고르거나 약간 손질을 해서 받아들이는 것이다. 이사(李斯), 허신(許愼), 채옹(蔡邕) 등이 대표적인 인물로 문자를 바로잡을 때 약정속성(約定俗成)의 원칙에 따라 추진했다. 만들어져(約) 쓰이다(定) 오랫동안 뜻이 통해진(俗成) 과정을 거쳐 이루어진 것이다. 역대 민간에서 널리 쓰이고 후대에까지 전해진 간화자는 대부분 약정속성의 글자이다.

한자는 자연스런 변화를 거치면서 늘 간속(簡俗), 착별(錯別)의 이체자가 생겨났다. 이 문제에 대해 역대 뜻있는 인사들이 골머리를 앓고 개인의 노력이나 관주도로 문자정리 작업을 진행했다.

2) 한자의 간화운동

한자의 개혁문제가 나타난 것은 바로 엄청난 글자 수에서 비롯된 곤혹스러움 때문이다. 한자 숫자를 정확히 파악하기는 쉽지 않다. 사회발전에 따라 한자는 항상 증가해 왔다. 수천 년간 누적돼 온 결과 글자 수가 늘어난 때문이다. 1716년에 발행된 『강희자전(康熙字典)』은 47,035자의 한자를 수록하고 있다. 1915년에 출판된 『중화대자전(中華大字典)』은 4만 8천여 자를 수록하고 있다. 이 두 책은 오늘날까지 중국에서 나온 자전 중 가장 많은 한자를 담고 있다.

현재의 상황으로는 한자의 수는 대체적으로 6만 자(그중 이체자는 약 2만) 정도로 대다수는 현재 사용하지 않는 고자(古字)와 고이체자(古異體字)이다.[7]

---

7) 張周, 「簡化漢字的好處」, 語文彙編 14집.

1971년에 수정된 『신화자전(新華字典)』은 약 8천5백 자를 수록하고 있다. 그 가운데 일부 이체자가 포함되어 있다. 『신화자전』은 현대중국에서 주로 쓰이는 한자를 싣고 있어 일반 통용 한자는 7, 8천으로 추정할 수 있다. 『모택동선집(毛澤東選集)』 4권에 사용된 한자는 약 3천 자이며 초등학교를 졸업할 때까지 약 3천 자를 알아야 한다. 인쇄공장에서 상용자반(常用字盤)의 글자는 보통 3천 자를 넘지 않는다. 이상 3가지의 실정에 일부 전문적인 상용자를 더한다면 상용자는 3천5백 자 안팎이라고 볼 수 있다.[8]

옛날이나 지금이나 보통사람으로 이렇게 방대한 글자 수를 아는 일은 힘들다. 더욱이 초학자에게는 무척 어려운 일이다. 일상생활을 하는 데 필요한 최소한의 글자 수의 제한, 기본자 또는 상용자의 선정 등은 예전부터 있었다.[9]

삼국시대(三國時代) 위(魏)나라의 종요(鍾繇, 151~230), 남북조시대(南北朝時代) 양(梁)나라의 주흥사(周興嗣, ?~521) 두 사람도 고대의 상용자를 실은 교과서 『천자문(千字文)』을 편집하면서 1천 자 전후를 실었다.

이에 따라 이체자의 혼란현상을 정리하기 위해 역사적으로 보면 왕조마다 몇백 년 간격으로 정자(正字)사업을 시행해 왔다. 시대마다 항상 법령으로 정자사업을 시행했으며 진시황제(秦始皇帝)가 문자를 통일한 것은 하나의 중요한 정자사업이다.

조정 법령의 영향은 그러나 늘 민간의 정자사업에는 미치지 못한다.

---

8) 이지(李智)가 연구한 표로부터 본다면, 최상용자(最常用字) 1,000개 보통 독서물의 89% 1,500개 94% 2,000개 97% 2500개 98% 3,000개 99% 4,000개 99.8%이다. 이 자료를 통해 상용자 4,000자를 안다면 신문이나 잡지 일반서적을 읽고 문장도 쓸 수 있다.

9) 吳玉章, 『文字改革文集』, 91쪽.

민간의 정자사업은 개인의 저작으로 문자의 정체(正體)와 속체(俗體, 또는 異體)를 평론하는 방법이다. 최초의 방법으로 출판된 저서는 동한(東漢) 허신의 『설문해자(說文解字)』이다. 그가 책을 쓴 주요목적은 당시 일반 학자나 지식인들에게 잘못된 자형(字形)을 정확하게 이해시키기 위해서였다.10)

한자의 큰 어려움은 인식하기 어려운 점도 있지만 글자의 필획 수가 지나치게 많아 쓰기 힘들고 쓰는 속도가 더디다는 것도 이에 못지 않다. 한자의 필획 수가 지나치게 많은 것은 다음의 〈필획 수와 자수의 대조표〉11)에서 알 수 있다.

필획 수	자 수	필획 수	자 수
1	5	18	292
2	27	19	268
3	53	20	197
4	106	21	150
5	143	22	111
6	197	23	85
7	449	24	55
8	497	25	36
9	524	26	17
10	627	27	20
11	665	28	4
12	704	29	4
13	675	30	3
14	525	31	1
15	597	32	1
16	481	33	1
17	371		

10) 黃約齊, 『漢字字體變遷史』, 34～38쪽.
11) 중국어문잡지편, 『中國文字拼音化問題』, 34쪽.

위의 도표에서 보면 글자의 필획 수가 가장 많은 것은 33획이다. 12
획의 글자가 704개로 가장 많다. 대다수 글자의 필획 수는 7획에서 19
획 사이이다. 그 글자 수는 6675개로 총 자수(7261자)의 92%이다. 한
글자당 평균 12.5획꼴로 1초에 4획을 쓴다고 가정하고 계산해 보면 1
시간에 1200자를 쓰고, 1초에 2획을 쓴다고 가정하고 계산해 보면 1시
간에 600자밖에 쓰지 못한다.[12]

이와 같이 한자를 쓰는 속도가 대단히 느리기 때문에 옛날부터 많
은 학자들이 한자개혁을 주창했다. 송대의 정숙(鄭肅)은 간관(諫官)의
신분으로 신성불가침한 한자의 문제점을 지적했다.[13]

"금인(金人)이 호시탐탐 노려 송실(宋室)이 위험에 처한 상황에서
분초를 다투어 효율을 높여야 할 사세(事勢)에 한자도 예외가 될 수
있겠는가." 한자개혁의 강한 의지를 느낄 수 있다. 이러한 정숙의 말
은 분초를 다투어 국가의 위태로움을 구제해야 하는 상황에서 한자개
혁을 주장하는 학자들이 자주 인용했다.[14]

명, 청대에 학자들은 의식적으로 간체자를 사용했다. 그 대표적 인

---

12) 中國語文雜誌社 編, 앞의 책, 33쪽.

13) 夷狄之巧在文書簡, 簡故速, 中國之患在文書煩, 煩故遲, 今日事勢豈可遲也
  통상 한자개혁을 가장 먼저 주장한 사람으로 명말 청초(明末 淸初)의
  방이지(方以智)를 꼽는다. 그러나 주유광(周有光)이 『문자개혁개론(文字
  改革槪論)』에서 정숙(鄭肅)을 한자의 결점을 제일 먼저 인식한 것으로
  지적한 뒤로 이 생각은 바뀌었다. 여숙상(呂叔湘)은 『어문상담(語文常
  談)』에서 정숙을 한자개혁을 가장 먼저 주장한 사람으로 꼽았다.

14) 청초(淸初)의 고염무(顧炎武)는 『일지록(日知錄)』, 「외국풍속(外國風俗)」
  에서 이적(夷狄) 대신 외국(外國), 번(煩) 대신 번(繁)으로 바꿔 정숙의
  말을 인용하고 있다. "外國之巧文書簡, 簡故速, 中國之患在文書繁, 繁故
  遲" 이 밖에 청말(淸末)의 탕금명(湯金銘) 「전음쾌자서후(傳音快字書
  後)」에도 정숙의 말이 인용되고 있다.

물이 명말 청초의 황종희(黃宗羲)이다.15)

　그는 편지를 쓰거나 책을 필사할 적에 의식적으로 간체자를 썼다. 그래서 오경항(吳敬恒)은 "예전 대사상가 대학문가는 글자를 쓸 때 경제성을 고려해야 했다. 그의 탁월한 식견은 이른바 정체자(正體字)의 팔고문(八股文)이나 추구하는 썩은 선비(腐儒)들은 꿈에서도 생각할 수 없는 것이었다."16)며 황종희의 탁견을 높이 평가했다. 청말 민국 초의 장병린(章炳麟)도 이렇게 말한 적이 있다.

　　대저 일(事)에는 완급이 있고 물(物)에는 질문(質文)이 있고 문자는 3품으로 나누어야 한다. 제서비판(題署碑版)은 소전(小篆)을 쓰고 서적을 조각할 적에는 금예(今隸)를 쓴다. 경황이 없이 바쁠 적에는 바로 초서를 쓰는 것이 낫다.17)

　여기서 말한 초서체(草書體)는 종종 간체자에 가깝다. 장병린도 바쁠 때는 의식적으로 간체자를 써야 한다고 제창했다.

　한자간화 문제는 5·4 시기 호적(胡適), 전현동(錢玄同) 등 지식인들이 한자간화를 부르짖으면서 새로운 국면으로 접어들었다. 호적은 『국어월간(國語月刊)』에서 이렇게 지적했다.

　　2천 년 동안 중국백성은 사람을 놀라게 할 문법혁신을 했다. 바로 한자형체의 대개혁으로 파체자(破體字)의 창조요, 제창이다. 예를 들면 錢

---

15) 그는 남에게 보내는 편지에 의론의 議자를 (訟)로 썼다. 難易의 難은 又로 썼다. 應當의 當을 간략히 当으로 썼다. 그의 친구 여유량(呂留良)이 그에게 보내는 편지에서 그의 이러한 행동을 "俗字抄書從省筆"라고 묘사하고 있다. 또 小注에 "喜用俗字抄書云可省功夫一半"이라고 덧붙이고 있다.

16) 吳敬恒 「本會爲審核陳光垚的簡字偏旁復敎育部文」, 『國語周刊』 171쪽, 1935.

17) 章炳麟, 「駁中國用萬國新語說」, 『淸末文字改革文集』, 95~96쪽.

은 16획으로 백성들은 너무 쓰기가 어렵다고 판단해서 4획의 ㄠ로 바꾸었다. 심지어 2획의 ￡로 줄이기도 했다. 萬을 万으로, 壽를 苩로 바꾸기도 했다. 이러한 대개혁은 경제적이라는 대원칙에도 부합했다.18)

민간의 간속자를 채용하자는 호적의 주장은 5 · 4 시기 간화한자 운동의 이론적 근거를 제공했다.

적지 않은 학자들은 의식적으로 간체자를 사용하였지만 그들은 간체자를 개혁교육과 교육보급의 도구로 삼는 데는 별 뜻이 없어 하나의 운동으로 발전하지 못했다. 한자간화가 본격적으로 운동의 단계로 접어든 것은 신지식인 육비규(陸費逵)부터라고 할 수 있다.

그는 1909년에 창간된 『교육잡지(教育雜誌)』에 논문을 실어 보통교육은 간속자를 채택해야 한다(普通教育應當採用簡俗字)19)는 주장을 제시했다. 1921년 그는 「한자정리의 의견(整理漢字的意見)」20)을 발표해 한자를 다듬는 방법을 제시했다.

① 통속자(通俗字)의 범위를 한정한다. 대개 2천 자 정도.
② 필획을 감소시킨다. 제1단계로는 이미 사회적인 기초를 가지고 있는 필획을 줄인 자를 채택한다. 제2단계로는 기타 필획이 많은 자의 자형을 바꾸어 필획을 줄인다.

그는 한자간화 운동을 자수의 제한, 필획의 감소에다 두고 구체적인 방법을 제안했다. 그의 이러한 주장은 오늘날의 시각에서도 진보적인 의의를 지니고 있다고 할 만큼 방향을 제대로 잡았다.

---

18) 胡適, 『國語月刊』 제7기, 漢字改革號 3~4쪽. 上海商務印書館, 1923.
19) 陸費逵, 『教育雜誌』, 제1권 제1기 2쪽, 1909년.
20) 陸費逵, 『國語月刊』, 제1권 제1기, 1921년.

전현동은 5·4 신문화운동의 저명한 기수였다.[21] 1935년 국어추행위원회(國語推行委員會)[22]의 상임위원을 맡아 그는 국어통일과 한자개혁을 위해 20개의 의안(議案)과 수십 편의 글을 발표했다.

전현동은 한자간화 운동의 제창자이면서 한자간화의 적극적인 실천가였다. 그는 "아주 기쁘게 이 일을 했다."[23]고 밝혔다. 일찍이 1908년 일본 유학시절 한자개혁 사상을 품게 되었다. 전현동은 문자라는 것은 '일종의 기호에 지나지 않는다.' '일종의 성음(聲音)의 부호'[24] '일종의 도구'[25]로 보았다. 또 '기호는 간단할수록, 통일될수록 사용자가 편리하다.', '부호가 통일될수록 머리 쓸 일이 줄어든다.'[26], '현행 한자 필획은 너무 많아 쓰는 데 시간이 든다는 것은 결국 적용력이 떨어지는 부호라는 셈이다. 학술상 교육상 큰 장애이다.'[27]라고 생각했다. 그는 「한자혁명(漢字革命)」이라는 글에서 '한자혁명'이란 구호를 내걸었다. "한자를 혁명하지 않는다면 교육은 결코 보급될 수 없고 국어(國語)도 통일될 수 없다. 국어의 문학도 충분히 발전될 수 없다. 전세계인들이 공유한 새로운 진리, 새로운 학문, 새로운 지식도 편리하게 자유롭게 국어로 표현될 수 없다."고 주장하고 나선 것이다.

21) 그는 국어운동(國語運動)에 적극 투신했다. 1917년 국어연구회(國語硏究會)에 가입, 1919년 4월 국어통일주비회(國語統一籌備會)가 성립하자 회원이 되어 상주간사(常駐幹事)를 맡아 했다. 1925년부터 여금희(黎錦熙)와 국어운동(國語運動)의 주요 간행물인 『국어주간(國語周刊)』을 만들어 이 일에 매달렸다.

22) 1928년 국어통일주비회가 주비위원회(籌備委員會)로 개칭되었고 1935년 국어추행위원회(國語推行委員會)로 다시 개칭되었다.

23) 錢玄同, 「減省漢字筆劃的提議」, 『新靑年』 7권 3호.

24) 錢玄同, 「給陶孟和先生的信」, 『新靑年』 4권 2기.

25) 錢玄同, 「減省現行漢字的筆劃案」, 『新靑年』 7권 3기, 『國語月刊』 1권 7기.

26) 錢玄同 「給陶孟和先生的信」, 『新靑年』 4권 2기.

27) 錢玄同, 「減省現行漢字的筆劃案」, 『新靑年』 7권 3기, 『國語月刊』 1권 7기.

전현동은 '현행 한자를 없애고 병음문자로 바꾸어야 한다'[28]고 보았다. 그러나 그는 바로 한자를 없애고 병음문자를 채택하자고 주장하지는 않았다. 당시 여건으로는 한자의 필획을 줄이는 일이 급선무라고 보았다.

> 한자를 병음으로 바꾸는 것은 치본(治本)(근본을 치유한다)의 방법이고 현행한자 필획을 줄이는 것은 치표(治標)의 방법이다. 치본의 사업은 관계가 중대하여 하루아침에 목적을 달성할 수 있는 것이 아니다. 그러나 현행한자는 학술적으로, 교육적으로 이미 절박한 처지에 와 있다. 보완할 방법을 모색하지 않으면 안 된다. 우리는 결코 병음의 새로운 한자가 성공하기를 기다려서야 개혁할 수는 없으니 치표의 방법이 현재로서는 절실하다.[29]

전현동은 한자는 간화의 필요성을 지니고 있을 뿐만 아니라 간화의 필연성이 있다고 여겼다. 그는 「현행 한자의 필획을 줄이는 안(減省現行漢字的筆劃案)」의 글에서 '한자 자체 발전의 역사는 번(繁)에서 간(簡)으로 끊임없이 변혁하는 역사이다. 번에서 간으로 나아가는 것이 문자 자체 발전의 자연법칙이다. 한자의 간화를 개혁하는 것은 이 규율에 순응하는 것'이라고 이해했다.

전현동은 체계적인 한자간화 방법을 제출한 최초의 사람이다. 그는 「현행 한자의 필획을 줄이는 안」에서 간체자의 구성방법을 이렇게 제시했다.

① 필획이 많은 글자는 전체를 줄이고 대강의 윤곽을 남긴다.[30]
② 고유의 초서(草書)를 채택한다.[31]

---

28) 錢玄同, 「漢字改造論」, 『敎育雜誌』 14권 3호.
29) 錢玄同, 「減省現行漢字的筆劃案」, 『新靑年』 7권 3기, 『國語月刊』 1권 7기.
30) 예로 壽는 寿로, 關은 関로 간화시킨다.

③ 필획이 많은 글자는 일부분만을 쓴다.32)

④ 필획이 많은 편방(偏旁)을 간단한 필획으로 대체한다.33)

⑤ 고체(古體)를 채용한다.34)

⑥ 음부(音符)는 필획이 적은 글자로 대체한다.35)

⑦ 간체자(簡體字)를 따로 만든다.36)

⑧ 다른 글자를 가차(假借)로 쓴다.37)

그의 제안은 사회 각계에 큰 반향을 일으켰다. 간체자운동은 실제 교육계 전체의 일치된 주장이 되어버렸다.38)

이때부터 많은 사람들이 간체자 연구와 추진 작업에 종사하게 되어 중국현대 어문발전사상 간체자운동이 시작된 셈이다. 1934년 그는 국어통일주비위원회(國語統一籌備委員會) 제29차 상임위원회에 「고유하면서도 적용하기 쉬운 간체자를 찾자는 안(搜采固有而較適用的簡體字案)」을 제출했다. 그는 「간체자표(簡體字表)」의 기초작업도 꾸준히 했다. 1935년 그는 고혈압이 더욱 심해지고 오른쪽 눈에 각막염을 앓아 글자를 쓰는 것이 무척 힘든 상태가 되었다. 그런 상태에서도 「제1차 간체자표(第一批簡體字表)」 2천3백여 자를 기초했다. 1935년 8월 국민당 정부 교육부는 대중의 압력에 밀려 그중 324자를 공포했다.39)

---

31) 예로 爲를 为로 實은 实로 간화시킨다.

32) 예로 聲을 声으로 雖를 虽로 간화시킨다.

33) 예로 劉를 刘로 邊을 边으로 간화시킨다.

34) 예로 從을 从으로 雲을 云으로 간화시킨다.

35) 예로 遠은 远으로 遷은 迁으로 간화시킨다.

36) 예로 竈는 灶로 響은 响으로 간화시킨다.

37) 예로 薑은 姜으로 幾는 几로 假借한다.

38) 黎錦熙「簡體字論」, 北平, 世界日報 1936년 6월 20일, 『語文建設』 89년 3기 11쪽.

3) 간체자운동의 좌절

간체자운동의 거센 물결 속에 중화민국 정부의 교육부도 1935년 8월 「제1차간체자표」(324자)를 공포하기에 이르렀다. 그러나 1936년 2월 공포된 지 반 년 만에 "보급할 필요 없다(不必推行)"는 명령이 내려 실제로는 추진되지 않았다. 「제1차간체자표」의 공포에 대해 전통 문화를 파괴하는 행위라는 반발이 제기되는 등 간체자의 보급을 둘러싸고 일대 격론이 벌어졌다.

이제 「제1차간체자표」의 제정원칙과 취소에 이르기까지 과정을 살펴보고자 한다. 중화인민공화국 성립 이전 어문개혁에서 「제1차간체자표」는 한자간화의 마지막 노력이었고 그것의 취소는 한자간화의 개혁이 중화인민공화국 이후로 넘어가게 됨을 상징하고 있다.

1935년 6월 20일 교육부 간체자심의위원회는 여금희(黎錦熙), 왕이(汪怡), 조원임(趙元任), 반존행(潘尊行), 장형(張炯), 종령수(鐘靈秀), 오연인(吳硏因), 고량걸(顧良杰) 등이 모여, 전현동이 고른 2천4백여 간체자 원고를 심사하기 시작했다. 그 결과 2천3백여 자를 골랐으나 교육계와 출판계의 의견을 받아들여[40] 2천3백여 자의 구리거푸집을 주조하려면 번거롭다는 문제점이 드러나 재심사에 들어갔다.[41]

심의 끝에 교육부장(교육부장관) 왕세걸(王世杰)은 1935년 8월 24일 정식으로 324자가 수록된 「제1차간체자표」를 공포했다.

이것은 청말에서 1935년까지의 간체자운동이 성과를 거두고 일단락 됐음을 뜻한다. 이는 중국교육사상 중대한 의의를 지니는 것으로 전

---

39) 「第一批簡體字表」는 이하 3) 간체자운동의 좌절에서 상세히 설명하겠다.

40) 黎錦熙, 「關于簡體字的各方意見的報告」, 『國語周刊』 제205기, 1935.

41) 자체(字體)가 일반적으로 줄어든 것을 위주로 했고 조금도 편방계통을 고려할 필요가 없었다. 단지 1, 2획이 줄어든 것은 선택할 필요가 없었다.

국민의 현대적인 교육을 위해 그동안 군주시대 과거제도의 남은 위세를 말끔히 씻는 것이기도 했었다.

교육부는 「제1차간체자표」의 글자 선정 원칙으로 술이부작(述而不作)의 원칙에 의거한다. 사회에서 비교적 통행되는 간체자를 가려 가장 먼저 채택한다. 원 글자의 필획이 매우 간략한 것은 더 이상 줄이지 않는다는 3가지를 삼았다.[42]

「제1차간체자표」는 자체(字體)를 선정할 때 상당히 엄격한 기준을 적용하였다.[43]

① 쉽게 알아볼 수 있고 간행에 쉬운 송·원대에서부터 지금까지 전해진 속체를 많이 골랐다.[44]

② 세상에 익히 사용되던 고자(古字)를 선택했다.[45]

③ 초서(草書)는 글자거푸집 주조에는 부적당하기 때문에 필세(筆勢)가 각 지게 꺾여 점을 찍는 것이 분명한 해서(楷書)에 가까운 것을 채택했다.[46]

④ 동음가차자(同音假借字)는 오랫동안 통용되었고 극히 보편적이며 오해를 일으킬 여지가 없는 것이어야 채택했다.[47]

⑤ 지방성이 강한 가차자(假借字)들도 고르지 않았다.[48]

---

42) 「第一批簡體表」說明부분.

43) 옛글자(古字)는 반드시 의거하는 것이 있어야만 했다. 기타 자체(字體)는 반드시 송원(宋元) 이래의 옛것을 잇는 것이었고 근대 속체(俗體)는 반드시 전국에서 오랫동안 전해진 것이어야 했다. 단지 어느 한 곳이나 특정 직업에서 쓰인 것은 채택하지 않았다.

44) 예를 들면 义, 宝, 号 등이다.

45) 예를 들면 气, 无, 处, 个 등이다.

46) 예를 들면 时, 实, 为, 当, 发, 乐 등이다.

47) 예를 들면 昇, 旧, 庄 등이다.

⑥ 장부나 약 처방에서 부호로 대체되는 것[49]

⑦ 한 가지 글자체가 여러 가지 글자체로 통용 대체되는 것[50]

⑧ 우연히 볼 수는 있지만 아직 약정속성(約定俗成) 단계에 이르지는 않은 것[51]

⑨ 편방이 '言, 鳥, 馬, 糸, 辶, 走' 등은 편방을 줄이면 바뀌는 것이 너무 많고 구리거푸집을 주조하는 데도 많은 시간이 들어 추진을 위해 이런 유의 편방은 전혀 바꾸지 않았다.

「제1차간체자표」의 글자 선정원칙은 아주 엄격하고 신중했다. 채택한 글자는 역사성이 있으면서 관용성(慣用性)이 있거나 아주 널리 쓰이고 알아보기 쉬운 글자들이 대부분이었다. 따라서 간체자심핵위원회(簡體字審核委員會) 고량걸(顧良杰)은 「제1차간체자표」가 정체자를 소멸시키거나 우려가 없고 고서(古書)를 읽을 수 없거나 자체(字體) 불일치의 문제나 사용하기에 충분하지 않으리라는 우려를 할 필요가 없다고 여겼다.[52]

324개 번체자가 간체자로 간화된 후 평균 글자마다 필획이 거의 절

---

48) 예를 들면 북경(北京) 말에서는 '代'를 '帯'로 여기고 광동(廣東) 말에서는 '什'을 '雜'으로 여기고 강소·절강(蘇折) 말에서는 '叶'을 '葉'으로 여기고 약 처방에서는 '姜'을 '薑'으로 여기고 장부에는 '旦'을 '蛋'으로 여기는 것들은 모두 쓰지 않는다.

49) 예를 들면 '初'를 '刀'로 쓰고 '月'을 'Ⅰ'로 쓰고 '兩'을 '刃'으로 쓰고 '斤'을 'Ⅰ'으로 쓰고 '分'을 '卜'으로 쓰는 것 등이다.

50) 예를 들면 'ㅜ'으로 '廣'과 '庵', '慶'으로 대체된다든지 'ㄱ"'로 '爺'와 '部'로 대체되는 것이다.

51) 예를 들면 '漢'을 '汉'으로 쓴다거나 '僅'을 '仅'으로 쓰는 것들이 그 경우이다.

52) 顧良杰, 「吾人對于簡體字表應有的認識」, 『教育雜誌』 제25권 제11호 1935년, 1~6쪽.

반 가까이 줄었다. 당연히 쓰는 시간을 크게 줄인 것이 되며 간체자의 목적은 어느 정도 달성되었다고 할 수 있다.53)

필획이 줄어든 글자는 번잡하고 복잡한 글자에 비해 배우기 쉽고 특히 쓰기가 쉬워졌다. 심리학자 애위(艾偉)는 "간체자를 실시한 뒤 일반 초등학생은 쓸데없이 많은 글자를 익혀야 하는 어려움을 덜게 될 것이다. 그래서 초등학교 교육을 위해 간체자표를 공포하는 것은 교육부가 베푼 하나의 덕정(德政)에 해당한다."54)고 말했다.

그러나 「제1차간체자표」는 나름대로 문제점을 안고 있었다.

첫째, 같은 번체자 편방이 간화된 후 달라졌다. 「제1차 간체자표」에 수록된 간체자는 민간에서 이미 유행된 것을 위주로 했고 새로운 자체를 억지로 만들어 낸 것이 아니었다. 이는 당연히 간체자를 추진하는 데 따라야 하는 원칙이다. 그러나 민간 간체자라는 것이 전혀 체계가 없다. 남북지방의 간화법이 같지 않고 직업별로 간화법이 다르다. 따라서 많은 간체자를 동일한 표에 옮겨놓았을 때 체계가 없음을 쉽게 알아볼 수 있다.

예를 들면 濟를 済로 간화시켰는 데 반하여 儕는 㑳로 간화시켰다. 齋는 㤑로 간화시켰는데 韲는 㒼로 간화시켰다. 卒은 卆로 간화시켰는데 雜은 杂로 간화시켰다. 興은 兴로 간화시켰는데 釁은 衅으로 간화시켰다.

둘째, 같지 않은 번체자 편방이 간화되어 같은 편방이 되었다.

예를 들면 凍은 冻으로 간화되었고 煉은 炼으로 간화되었다. 결국 東과 柬은 모두 东으로 간화되었다. 또 檀은 杬으로 간화되었고 風은 凬로 간화되었다. 亶旁과 虫旁을 다 云으로 간화시켰다.

---

53) 艾偉, 『漢字問題』, 149쪽, 1949년 1월 上海 中華書局 출판.
54) 艾偉, 위의 책, 152쪽.

셋째, 어떤 초서(草書)에서 간화된 자체(字體)는 여전히 초서의 형식이 남아 있어 인쇄체와 맞지 않다.

예를 들면 錢은 钅로 간화시켰다. 懲은 徎으로 간화시켰다. 甚은 七로 간화시켰다. 勘은 切로 간화시켰다. 長은 长로 간화시켰다. 張은 去로 간화시켰다.

넷째, 어떤 부수 편방의 간화는 혼란스러워 육서(六書)의 원칙을 깨뜨린다. 동작빈(董作賓)은 '又' 부호로 간체 편방을 삼은 모순된 현상을 열거했다.

又＝雚	觀＝观	灌≠汉
	歡＝欢	歡≠欢
	權＝权	
	勸＝劝	
又＝英	艱＝艰	
	難＝难	漢≠汉
	攤＝摊	嘆≠叹
	灘＝滩	
	癱＝瘫	
又＝奚	鷄＝难＝鸡	媛≠奴
又＝肖	趙＝赵	奚≠又
又＝鳥	鳳＝凤	消≠汉
又＝𡵀	對＝对	肖≠又
		嗚≠叹
又＝品	區＝区	品≠又
又＝隻	雙＝双	又＝隻
又＝耴	聖＝圣	堅≠圣
又＝臤	賢＝贤	

그러나 교육부가 공포한 「제1차간체자표」가 반드시 이상적이라고는
할 수 없지만 의식 있는 사람들은 앞으로 교육보급 면에 있어 하나의
이기(利器)를 더한 것이어서 더욱 많은 효과를 발휘할 수 있으리라
여겼다. 그들은 각자 다른 위치에서 학술강연이나 잡지 기고문 등을
통해 간체자 추진을 지지하는 내용을 발표했다.

뇌진(雷震)은 중앙(中央) TV에서 「식자운동에서 간체자의 의의(簡
體字在識字運動上之意義)」를 방송했고 여금희(黎錦熙)는 북평대학여
자문리학원(北平大學女子文理學院)에서 「최근 공포한 간체자와 주음한
자(最近公布的簡體字及注音漢字)」를 강연했다. 고량걸(顧良杰)은 「민
중교육에서 간체자의 가치(簡體字在民衆教育上的價值)」를 발표했고 장
영(章榮)은 「간자의 가치와 응용의 실험연구(簡字的價值及應用之試驗
研究)」를 각각 발표했다. 천진(天津) 익세보(益世報)는 「간체자는 반
드시 추진해야 한다(簡體字勢在必行)」는 사론(社論)을 실었다.55)

그러나 간체자의 추진을 반대하는 사람도 많았다. 대표적인 사람이
하건(何健)이다. 그는 정부가 명령을 취소해 줄 것을 요청했고 서보
(徐寶)는 교육부장(教育部長)에게 간체자에 대한 난제(難題)를 제출
했으며 태원존문회(太原存文會)는 교육부에서 강제로 간체자를 추진
하지 말 것을 강조하기도 했다. 홍콩존문회(存文會)도 중앙기관에서
취소해 줄 것을 청했다. 그중 고시원 원장(考試院院長, 우리의 행정안
전부 장관에 해당함) 대계도(戴季陶)는 특히 분개했다. 그는 "국가의
역량으로 간속자를 추진하는 것은 스스로 근본을 무너뜨리는 것으로,
그 해는 망국보다 심하다."56)며 강력하게 간체자 취소를 촉구했다.57)

---

55) 謝世涯 『新中日簡體字研究』, 어문출판사, 178~179쪽, 1989.
56) 戴季陶, 『中國文字論集』 上冊 245쪽.
57) 謝世涯, 위의 책, 178~179쪽.

관련 전문가의 반대와 저지가 워낙 완강하자 교육부는 1936년 2월 5일 행정원(行政院, 우리의 내각에 해당함)의 명령에 따라 "간체자는 잠시 추진을 보류한다"고 포고, 간체자운동이 좌초하고 말았다.58)

교육부가 명령을 취소했음에도 불구하고 당시의 문화인과 출판계는 이 일의 중요성을 깊이 알고 있었다. 그들은 4백여 자의 간체자를 참고해 구리거푸집을 만들어 활자를 주조, 당시의 신문잡지에 실음으로써 조금도 위축되지 않았다.59)

그 후에도 민간에서는 간체자의 수집이 계속 이루어졌다. 1936년 10월 용경(容庚)은 『간체자전(簡體字典)』(4,445자)을 출판했으며 연경대학(燕京大學)에 간체자강좌를 개설했다. 같은 해 11월 진광요(陳光垚)는 『상용한자표(常用漢字表)』(3,150자)를 출판했다.60)

1937년 5월 자체연구회(字體硏究會)가 「간체자제1표(簡體字第一表)」(약 1,700자)를 발표했다. 이는 151종의 서적을 참고하고 각 글자와 연원을 설명했다. 항일전쟁 중에는 해방구에서 해방자(解放字)로 일컬어지는 간화자를 만들어 전단 등 출판물에 사용했다. 이 해방자는 1956년 「한자간화방안(漢字簡化方案)」에도 채택되었다.

중화인민공화국 성립 후에 간화자운동은 정부가 본격적으로 추진했다. 그 결과 1956년 「한자간화방안」이 나온 것이다. 오랜 기간 민중이 요구해 온 한자간화의 바람은 결국 초보적으로 실현된 셈이다. 한자의 단점에 대한 인식은 이미 고대부터 가지고 있었지만 이상에서 고찰해 본 바와 같이 근대적인 의미의 문자개혁운동 이론은 금세기 들어 근대화의 바람이 밀어닥치면서 본격화하였다.

---

58) 洪炎秋, 『語文雜誌』 207쪽.

59) 洪炎秋, 앞의 책, 207쪽.

60) 陳光垚는 1955년 『상용간자보(常用簡字譜)』를 출판했다.

그러나 1935년 「제1차간체자표(第一批簡體字表)」의 취소에서 보는 바와 같이 한자간화의 움직임은 나름대로 한계를 지니고 있었다. 그들 스스로가 지적해 온 한자의 결점은 한자가 이룩해 온 찬란한 중화(中華)문화와 비교할 때 호소력이 약해진다고 볼 수 있다. 게다가 중국어의 특성에 맞는 대체문자를 제시하지 못한 것도 중국역사상 한자개혁이 단지 개혁론에 그친 이유 중의 하나이다.

그러나 한자의 간화와 함께 끊임없는 노력을 기울여 온 중국어 병음화의 노력으로 중화인민공화국 성립 이후 병음자모인 「한어병음방안」이 공포되었다. 중화인민공화국 성립 이전 한자 대신 중국어의 음을 표기하려는 여러 가지 병음방법을 알아보기로 한다.

2. 중국어 병음화의 역사

한자의 음을 표기하는 방법은 역사적으로 비황법, 독약법(讀若法), 직음법(直音法), 반절법(反切法) 등이 있었다. 최초에 고안된 비황법(譬況法)은 입을 여닫는 방법, 혀의 위치, 치아의 여닫는 방법, 숨의 장단 등을 설명하여 한자의 발음을 나타낸 것이다. 그러나 부정확하다는 결점이 있다. 그 뒤 음이 비슷한 자를 들어서 한자의 읽는 법을 나타내는 독약법이 만들어졌다. 그러나 비황법보다 읽는 법이 정확하지만 정확한 음을 알기는 곤란하다.

다음으로 같은 음의 글자로 음을 나타내는 직음법이 고안되었다. 직음법은 음이 정확해도 같은 음의 글자가 주음(注音)을 필요로 하는 글자보다도 더욱 어렵게 읽히는 경우도 있다. 예를 들자면 자전 '上'의 주음에 '尙'을 쓰고 '海'의 주음에 '醢'라고 해 놓았다. '上'과 '海'의 주음(注音)을 알기 위해 오히려 '尙'과 '醓'의 주음을 알아야 한다.

한대말기(漢代末期)에 발명된 반절법(反切法)이 있다. 이것은 주음을 필요로 하는 음을 성(聲)과 운(韻)으로 나누어 각각 하나의 글자로 대표시켜 두 글자가 나타내는 대로 주음을 한다. 이 방법 역시 앞뒤 글자에서 취해야 할 부분과 버려야 할 부분을 구분하기가 쉬운 일이 아니고, 반절을 사용하려면 1천여 자의 발음을 알고 있어야 하며, 시대와 지역에 따라 이들 한자 자체의 발음이 변해 일정한 발음을 유지하기가 어렵다는 결점이 있다.61)

이와 같은 결점이 있음에도 불구하고 앞선 비황법, 독약법, 직음법보다는 뛰어나 한대에서부터 근대에 이르기까지 줄곧 중국의 정통 주음법(注音法)으로 사용되었다.

1) 청말 중국어 병음화운동

한자의 주음방식에 의심을 품고 중국인으로서 처음으로 개혁을 시도한 사람은 복건성(福建省) 하문(廈門) 출신인 노당장이다. 그는 18세 때 과거에 실패한 뒤 21세에 싱가포르에 가서 영어를 배웠다. 25세에 하문으로 돌아와 영국 선교사를 도와『영한자전(英漢字典)』을 편찬하는 동안 복건성에서 쓰이던 교회로마자를 익혔다. 이것에서 힌트를 얻어 십수 년간의 고심 끝에 55개의 기호를 골라 로마자식 자모로 삼아 이것을「중국제일쾌절음신자(中國第一快切音新字)」라 이름 지었다. 1892년이었다. 이는 중국 사람의 손으로 만들어진 최초의 병음문자 시안이었다.

그가「중국제일쾌절음신자」를 55개 자모로 만든 것은 하문어(廈門

---

61) 倪海曙,「漢語拼音史話」,『倪海曙語文論集』, 上海敎育出版社, 70~71쪽.

語)로는 36개면 충분하지만 같은 계통의 장주어(漳州語)에서 2개, 천주어(泉州語)에서 7개를 더해 모두 45개를 만들었으며 계통이 다른 지방을 위해 10개를 보탰기 때문이다. 이 55개의 자모로 만든 하문어(廈門語) 독본(讀本)으로 『일목요연초계(一目了然初階)』를 만들었으며 반년이면 글을 배울 수 있다고 하여 중국인은 물론 복건지방에 거주하고 있는 서양 사람들도 이것으로 공부했다.[62]

당시 정무(政務) 감찰기관이었던 도찰원(都察院)은 1898년 상부에 "복건 하문에서 최근 노당장의 절음신법(切音新法)을 이용해 손쉽게 말하고자 하는 바를 쓸 수 있다"[63]고 보고했다. 노당장의 책이 나온 지 얼마 되지 않아 복건에서 역첩삼(力捷三), 상해 심학(沈學), 홍콩 왕병요(王炳耀) 등이 각각 노당장의 견해에 동의하고 나섰다.

노당장이 「중국제일쾌절음신자」의 교본을 간행한 지 6년 뒤인 1898년 노당장과 동향인 공부낭중(工部郎中) 임낙존(林輅存)은 평소 한자가 지나치게 복잡해 음표문자를 쓰지 않고는 도저히 교육보급이 이루어지지 않는다고 생각해 왔다. 그는 노당장을 비롯하여 심학, 왕병요 등의 저술을 들어 천자에게 "한자는 배우기가 번잡하고 어려우니 절음자(切音字)를 써서 학문의 편의를 도모하자"며 음표문자 만들기를 주청했다. 그러나 강유위(康有爲), 양계초(梁啓超) 등을 등용해 새로운 정치를 펼치려던 젊은 광서제(光緖帝)가 1898년 백일천하를 끝으로 서 태후(西太后)에 의해 유폐 생활을 하면서 임낙존의 상소는 별다른 성과를 거두지 못했다.

중국은 1900년 의화단(義和團)의 난이 배외폭동으로 번져서 북경의

---

62) 周有光, 『漢字改革概論』, 北京, 文字改革出版社, 1964년, 38쪽.
63) "福建廈門近時用盧戇章切音新法, 祗須半載, 便能持筆抒寫其所欲言." "旅西人亦多傳其字, 稱爲簡易."

각국 공사관구역을 포위했기 때문에 영국, 미국 등 8개 연합군이 북경
으로 쳐들어갔다. 서 태후와 광서제는 멀리 섬서성(陝西省)의 서안(西
安)으로 도망갔다. 뒤처리가 다 되기 전에 1904년 러일전쟁이 중국영
토에서 일어났다. 이 전쟁에서 일본이 승리한 것은 청일전쟁(淸日戰
爭) 이상으로 중국인에게 큰 자극을 주었다. 새로운 정치적인 움직임
이 일어난 것이다.

노당장은 그동안 자신이 만든 「중국제일쾌절음신자」의 보급에 한계
를 느낀 끝에 이번에는 로마자가 아닌 한자의 편방을 간단하게 고쳐
서 『중국절음자모(中國切音字母)』라는 책을 만들었다. 일본의 카타카
나와 비슷했다. 노당장은 지난 3년 동안 일본의 대만총독 코다마 겐타
로(兒玉源太郞)의 초청으로 일본 대만총독부 학무과에서 일했다. 그러
면서 그는 음표문자에 대한 의견을 바꾸어 로마자보다는 카나식, 곧
한자의 일부분을 뜯어서 만든 모양의 글자가 보급하기 쉬우리라 판단
했다. 따라서 북경 이외에 천주, 장주, 복주, 광동, 하문 등 5종류의 자
모(字母)를 더하였다. 노당장은 북경으로 와 학부에 그의 저술을 제출
하고 의견을 물었다.

학부는 이러한 노당장의 새로운 저술을 역학관에 회부, 심사하도록
했다. 역학관(북경대학의 전신) 교수인 음운학자 왕영보(汪榮寶)가 심
사를 마쳤다. 심사내용은 이렇다.

음표문자(音標文字)가 쉽고 상형문자(象形文字)의 어려움은 인정하나
한자는 중국국수의 원천으로 폐지할 수 없다. 차라리 한자 외에 음표문자
를 한자와 나란히 써야 할 것이다. 그 음표로서는 일본의 카타카나의 예
를 따르거나 로마자를 빌 수밖에 없다. 그것을 먼저 결정한 뒤 전국에 통
용해야 한다. 그런 점에서 노당장의 저술은 성모(聲母)가 불완전하고, 성
조가 부족하고, 쓰는 법도 이상해 전국통용의 표준음표로 삼을 수 없다.

이 심사서는 학부를 거쳐 본인에게 전해졌다. 1906년의 일이다. 노당장은 지난 30년간 문자개혁에 몰두했으나 결말은 덧없이 끝났다.

이와 거의 같은 시기에 또 다른 형태의 절음자가 발명되었다. 바로 하북성(河北省) 영하(寧河) 여대(蘆臺) 출신인 왕조(王照)(1859~1933)의 「관화합성자모(官話合聲字母)」(1900년)이다. 왕조는 청일전쟁 중에 진사(進士)에 급제했으며 1897년 고향 여대(蘆臺)에 소학교를 세우는 등 초등교육에 일찍부터 관심이 많았다.

강유위, 양계초 등과 같이 1898년 무술변법운동(戊戌變法運動)에 가담한 그는 국사범으로 체포령이 떨어지자, 일본에 망명했다. 일본에서 카나에 힌트를 얻어 병음방안 만들기를 시도했다.

그는 2년 뒤 의화단사건 때 귀국해서 승복(僧服)으로 변장해 각지를 여행하다 천진(天津)에 숨어서 「관화합성자모」 창작에 전념했다. 이는 카타카나를 모방, 한자 필획의 일부분을 떼어 자모(字母)로 한 것이다. 반절법을 응용하여 성모를 나타내는 자모 50개와 운모를 나타내는 자모 12개를 조합하는 방식이다. 언어는 반드시 통일되어야 한다는 신념하에 북경음을 채용해서 국어의 보급에 애썼다.

1903년 왕조는 정치범으로 추방당했기 때문에 북경에 관화자모의숙(官話字母義塾)을 설립하고 문인 왕박(王璞)을 대리로 내세워 가르치게 해 보급에 힘쓰게 했다. 그는 결국 자수해 뒤에 사면되어 병음관화보(拼音官話報)나 각종 자모서(字母書)를 발행했다.

왕조의 관화자모는 당시 직예총독(直隷總督)인 원세개(袁世凱)의 지지를 얻었다. 관화자모의 훈련을 전담하는 간자학당이 전국 곳곳에 설립되는 등 보급률이 대단하였다. 게다가 동성파(桐城派)의 노장인 오여륜(吳汝綸)(1840~1903)이 국어통일을 주장하여 이 자모를 열렬히 선전했다. 관학대신(管學大臣) 장백희(張百熙)(1847~1907) 및 영경(榮慶), 장지동(張之洞) 등의 호응을 얻어 관화는 학부의 법령에 들어가게 되었다. 관화자모는 무형 중에 국정자모(國定字母)가 되어 한때 매우 유행하게 되었다.

그러나 정치적인 문제로 왕조가 피난하여 직접 보급운동에 참여할 수 없게 되자 그의 뒤를 이어 계속 관화자모의 보급에 힘을 쏟았던 사람이 절강성(浙江省) 동향인(桐鄕人) 노내선(勞乃宣)(1843~1921)이었다.

노내선은 '관화자모'에 약간의 수정을 더해 북경음을 나타낸 것, 남경음(南京音)을 나타낸 것, 월어(粤語)의 음을 나타낸 것, 민월(閩粤)음을 나타낸 것 등 모두 4종류의 자모를 만들었다. 이름도 '합성간자(合聲簡字)'로 바꾸었다. 그것은 우선 그 지방 방언의 병음문자를 가르친 뒤에 북경어음의 병음문자를 가르치는 방법이었다.

노내선의 '합성간자' 체제는 왕조의 '관화자모'에 기초를 둔 것이어서 자모 숫자상으로 약간의 증가가 있을 뿐 본질적으로는 다른 것이 없었다. 그러나 관화를 보급하는 방법에 대해서는 두 사람이 서로 다른 견해를 가지고 있었다. 왕조는 경음(京音)으로 직접 전국의 언어를 통일하자는 데 비해 노내선은 먼저 지방음을 익힌 후에 경음(京音)을 배워 통일을 기하자고 주장하였다.

그는 남경(南京)에 지방정부가 승인한 간자학당(簡字學堂)을 설치해서 가르쳤다. 그 뒤 천진(天津), 심양(瀋陽), 열하(熱河), 중경(重慶), 한구(漢口) 등에도 이런 종류의 학교가 세워져 10년간에 13성(省)에 보급되었다.

1908년 노내선은 서 태후에게 불려 간자의 용처에 대하여 설명한 뒤 서 태후로부터 제출하라는 명령을 받고 「간자음록(簡字音錄)」을 제출함과 동시에 전국에 공포할 것을 제의하였다.[64]

그러나 학부로부터 아무런 응답이 없자 그는 간자의 선전을 위하여 장병린(章炳麟), 왕영현(汪榮賢) 등과 함께 북경에 간자연구회(簡字研究會)를 조직하고(1910년), 선전에 전념하였다. 또 1910년 자정원(資政院)·(만청(滿淸)정부의 입헌을 위한 제1회 의회)의 의원으로 선발되어서도 계속 간자운동을 전개하였다. 청조(淸朝)에서 국어를 보급시킬 준비를 하고 있지만 학부가 끝내 간자에 대해 언급을 하지 않자 강겸(江謙), 방환(方還), 허정림(許鼎霖) 등 의원 32명이 서명하여 학부에 질문하는 내용의 청문서를 제출했다. 또 강남, 사천 등 각지의 학계와 관리들이 연합하여 '간화간자(簡化簡字)'를 공포하도록 요청하는 진정서를 자정원에 보냈다. 이에 자정원에서는 엄복(嚴復)을 심사위원장으로 하여 임명, 이 문제를 심사했다.

심사결과는 대다수의 찬성을 얻어 통과시켰으나 학부가 여전히 상부에 보고하지 않았다. 뒤에 의원 왕렴(王廉) 등이 다시 '국어통일방법안(國語統一方法案)'을 제의해 제16차 회의에서 가결, 통과되었다.(1911년). 그러나 이러한 결실도 1912년 손문(孫文) 등에 의한 신해혁명(辛亥革命)으로 청조(淸朝)가 무너지자 이전의 모든 법안이 무효가 되는 바람에 1900년 이래 10년간이나 계속해 온 '간자운동'도 중단되고 말았다.

앞에서 언급한 문자개혁안들은 한때 지배층의 지지와 후원도 받았었지만 모두 실패했다. 그 이유는 당시의 사회적 환경이나 시기로 보아 문자의 개혁을 받아들이기는 여러 가지 조건이 미숙했다는 점이

---

64) 그 제의내용을 보면 다음과 같다. ① 初等小學多加一年, 專門教[簡字], 一年畢業之後, 再教漢字 ② 全局人民凡合乎規定年齡的教須進簡字學堂, 學簡字. ③ 實行入憲後, 凡識[簡字]而不識漢字的, 一律可做公民. ④ 五年之後, 官府出告示, 批呈詞, 都應該參用[簡字]. 洪淳孝,「中國近代語文改革運動의 研究」, 37~38쪽.

다. 이러한 문자개혁은 이론이나 기술적인 문제만이 아니고 문화적, 사회적인 조건과 시의성을 무시할 수 없는 것이기 때문이다. 당시에는 5천 년을 두고 내려온 동양문화의 근간을 이루고 있는 문자를 개혁하기에는 충분한 여건이 조성되어 있질 못했었다.

청말(淸末)의 문자개혁운동은 민간에서 시작하여 별로 성과를 거두지 못하고 말았다. 그러나 청말 민간에서 촉진하던 중국어 병음화의 노력은 당장은 별다른 성과를 올리지 못했으나 훗날 「한어병음방안」의 밑거름이 되었다고 할 수 있다.

청말의 절음자운동(切音字運動)은 신해혁명 후 국어운동(國語運動)에도 지식인이 중심이 되었다. 그 성과로 1913년 교육부가 소집한 독음통일회(讀音統一會)가 1918년 '주음자모(注音字母)'를 공포한 것을 들 수 있다.

2) 주음자모(注音字母)의 탄생

청말 우후죽순의 기세를 보였던 중국어 병음화운동은 완전히 실패하고 말았다. 그러나 그것은 다음 성공을 약속해 주는 보람 있는 실패이기도 했다.

청조(淸朝)가 망하고 새로운 시대를 맞게 된 중국 사람들은 낡은 시대에 미진했던 모든 과업을 그대로 물려받았다. 그중에서도 민간에서 시작하고 민간에서 아무 결과 없이 끝을 맺게 된 중국어 병음화운동은 더욱 시급을 요하는 과업의 하나였다. 청조에서 민국(民國)으로 들어선 것이 역사적으로 하나의 신기원을 이룩한 것과 마찬가지로 새 시대의 중국어 병음화운동 역시 중국문자개혁사상 하나의 뚜렷한 선을 그은 셈이 되었다. 새 시대가 맡은 과업은 과거 청말의 운동이 유야무야 끝을 맺은 데 비해 보다 뚜렷한 이념하에 통일된 목표를 지향하는 조직적인 움직임으로 나타났다. 이 조직적인 움직임이란 우선 노내선의 건의에 의한 국정음(國定音)의 제정부터 시작했다.

중화민국이 성립한 다음해인 1912년 7월, 교육부는 중앙임시교육회의를 열고 국정음을 제정하기 위한 독음통일회(讀音統一會)를 조직했다. 독음통일회는 의장으로 오경항(吳敬恒), 부의장에 왕조를 뽑았다. 회원으로는 노당장 등 청말에 신문자를 고안한 사람들이 참가했다. 이 회는 교육부에서 선출한 회원과 각 성(省) 대표 2명씩으로 하여 총 80명으로 이루어졌다. 이 회의 사명은 한자발음을 통일하는 것이었다. 그들은 우선 6,500자의 상용(常用) 한자를 선정해 각 성 1표의 표결권으로 국정음을 선정하려 했지만 각성 대표들은 각기 자기 지방의 음을 고집하여 표준음이 아닌 표준음이 속출되어 한때 혼란이 빚어지기도 했다.

이 독음통일회의 실책은 국정음을 정하는 것만도 아니었다. 한자 주음(注音)을 위한 자모의 제정이었다. 자모 제정에 앞서 너무나 많은 자모안의 후보자들이 등장했다. 당시 제출되었던 자모안(字母案)은 여금희(黎錦熙)가 분류한 것을 보면 대체로 다음과 같이 세 부류로 나눌 수 있다. 첫째는 한자편방파(偏旁派)이다. 이 파는 한자의 일부 편방(偏旁)을 따서 자모로 만든 것인데 왕조, 왕영보(王榮寶)의 안(案) 등이다. 둘째는 부호파이다. 이 파는 '제멋대로' 부호를 만들어 자모로 삼았다. 노당장의 '신자'나 오경항의 '두아자모(豆芽字母)'가 그것이다. 셋째는 로마자파로 로마자식 자모안을 주장했다. 여기에는 오경항과 같은 변통론(變通論), 양회고(楊會誥)와 같은 순로마자식도 포함되었고 그 가운데는 로마자와 상형자(象形字)를 혼용 조립하여 자모로 만들자는 유계선(劉繼善)과 같은 혼용론자까지 망라되어 있었다.

이와 같은 자모를 만드는 데 음운학적인 것이나 중국의 고전적인 것, 혹은 국제음표 등 각양각색의 안들이 제출되어 마치 제각기 몇천 년의 창힐(倉頡)이나 된 양 각기 제 것이 좋다고 주장하여 조금도 양보하려 들지 않았다. 그러나 회의는 격론[65] 끝에 당시 독음을 정할 때 임시로 쓰던 '기음자모(記音字母)'를 정식으로 통과시켜 '주음자모(注音字母)'로 확정했다. '기음자모(記音字母)'란 본시 장병린의 고안으로 일종의 전문(篆文) 형태를 간단히 해서체(楷書體)로 고쳤다. 원래 글자와 혼동되는 것을 모양을 달리 만들어 자모로 만든 것이다.

母(24個)	(帮 p)	ㄅ	(滂 p)	ㄆ	(明 M)	ㄇ
	(敷 F)	ㄈ	(微 V)	万	(端 T)	ㄌ(ㄉ)
	(透 T)	ㄊ	(泥 N)	ㄋ	(來 L)	ㄌ
	(日 R)	ㄖ	(見 K)	ㄍ	(溪 K)	ㄎ
	(疑 NG)	ㄥ	(曉 H)	ㄏ	(見 HG)	ㄐ
	(照 CH)	ㄓ	(穿 CH)	ㄔ	(審 SH)	ㄕ
	(溪 HC)	ㄑ	(娘 GN)	ㄬ	(HS)	ㄒ
	(精 TS)	ㄗ	(清 TS)	ㄘ	(心 S)	ㄙ
韵(14개)	(i) ㄧ	(OO) ㄨ (U)		ㄩ (A)	ㄚ	
	(O) ㄛ (EH)	ㄝ (A)		ㄏ (HI)	ㄞ	
	(AU) ㄠ (OU)	ㄡ (AN)		ㄢ (ANG)	ㄤ	
	(EN) ㄣ		(ENG) ㄥ			

독음통일회는 1913년 3월 15일에 개최하여 5월 22일에 이르기까지 국정음과 주음자모를 각각 정하고 국음추진방법안 등 4항의 결정을 보았다.

---

65) 양회고(楊曾誥) 같은 국내 학자들은 로마자모만을 사용하자고 주장한 반면 오경항(吳敬恒)과 이탈리아 유학생회는 로마자모를 겸용하면서 다소 변화를 추구해 보자고 주장, 상호 의견을 달리하는 가운데 38개의 주음자모를 통과시켰다.

이어 같은 해 5월 20일 왕이(汪怡), 전현동, 마유조(馬裕藻) 등이 주동이 되어 앞서 공포된 38개의 주음자모에 대한 수정의견을 제출했다. 교육부는 이를 심의하여 같은 해 11월 23일에 새로운 '주음자모령(注音字母令)'을 공포하였다.

이리하여 개회 이래 시종 논쟁으로 일삼던 이 말썽 많던 회의는 이로써 막을 내렸던 것이다. 그 후 '주음자모'가 법적 자격을 갖춘 것은 탄생 후 다섯 돌이 지난 1918년 11월이었다.

그러나 독음통일회가 폐회한 이래 교육부는 정국의 변동으로 '주음자모'의 결의안을 1년 이상 방치해 둠으로써 북경 회원 왕박(王璞) 등 25명이 독음통일기성회(讀音統一期成會)를 조직하여 '주음자모'의 전국적인 추진을 교육부에 요구하였으나 아무 반응이 없었다. 그리하여 왕박은 북경에 주음부호전습소(注音符號傳習所)를 설치하고 자신이 소장이 되어 교육부에 다시 '주음부호'의 공포를 청원하였다.

이어 북경에서 조직된 국어연구회(國語硏究會)는 언문일치와 국어통일의 양대 구호를 내걸고 국어연구조사진행계획서를 논의 결정하였다. 1918년 회원이 1천5백여 명으로 증가하여 다시 교육부에 '주음자모'의 공포를 청원하였다. 같은 해에 회원들이 역점을 두어 선전한 것은 '주음부호'였으며 의외로 그해 11월 23일 교육부가 정식으로 공포했다.

난산에 난산을 거듭해서 '주음자모'란 표음문자가 중국에 처음 탄생되었다. 청말에 민간에서 활발히 진행되었던 중국어 병음화운동은 아무 결과도 없이 끝맺고 말았지만 새 시대를 맞이한 민국정부는 그런대로 조직적인 방법으로 중국어 병음화운동에서 하나의 성과를 거두었다. 이 '주음자모'의 탄생은 적어도 중국문자개혁사상 하나의 뚜렷한 이정표를 세웠다고 볼 수 있다. 한자의 주음을 극히 불완전한 방법인 반절에만 의존해 오던 중국 사람들에게는 다시 없이 귀한 것이었다.

이 '주음자모(1930년 주음부호로 개칭)'는 처음 정부가 채택한 표음문자라는 데 의의가 크다. 또한 실제적으로는 60여 년 동안에 걸쳐 중국의 발음통일과 표준어 보급에 막대한 역할을 했고 지금도 중화민국에서는 꾸준히 쓰이고 있다.

'주음자모'는 한자의 필획을 이용하여 만든 것으로서 이전의 반절보다는 훨씬 정확하고 편리했다. 그러나 한자의 필획을 이용함으로써 쓰기에 불편하고 경우에 따라서는 필순도 문제가 되었으며 이어 쓰기가 불편하다는 단점이 있었다. 더욱이 중국인이 알 수 있는 한자의 필획을 사용함으로써 국제적인 발음부호의 자격이 없다는 것은 적지 않은 문제점이 되었다.

결국 이것은 대체문자라고는 볼 수 없고 단지 한자음의 표기를 정확히 해줄 뿐이라는 결론에 이르렀다.

3) 국어(國語)로마자운동

로마자를 사용해서 중국어의 음을 표기하려는 움직임은 명말에 벌써 시작되었다. 17세기 초 이탈리아 선교사 마테오리치(중국 이름 利瑪竇, 1552~1610), 프랑스 선교사 니콜라 트리코(중국 이름 金尼閣) 등이 로마자로 중국의 음운조직을 표기해 기독교 전도목적에 사용한 것이 효시가 된다.

1581년 마테오리치는 중국에 왔다. 그때 그의 나이 29세, 처음에는 광동 단주(廣東 端州)에 거주했다. 그는 중국옷을 입고 중국식 예절에다 중국의 언어문자를 배웠다. 그는 중국의 언어문자를 배우기 위해 로마자로 한자의 음을 표기했다. 그는 로마자에 의한 최초의 중국어 병음방안을 만들어 낸 것이다.

마테오리치가 로마자로 한자 주음을 단 『정씨묵원(程氏墨苑)』66)과 니콜라 트리코의 『서유이목자(西儒耳目資)』67)는 중국음운학사에서 당말(唐末) 수온(守溫)이 범문(梵文)을 참조해서 36자모(字母(실제는 30)를 만든 것과 이후 이광지(李光地)가 「음운천미(音韻闡微)」에서 범문을 참조해 '합성(合聲)'된 반절을 만든 것과 같은 지위를 차지할 만큼 중요하다. 왜냐하면 로마자를 이용해서 한자의 음소(音素)를 분석해 지금까지 번잡 난해하게 보이는 반절을 간이한 것으로 변하게 했다는 점, 명말의 한자음을 로마자로 나타내 오늘날까지 당시 음을 대강이라도 알 수 있게 한 점, 당시의 음운학자 방이지(方以智), 양선기(楊選杞), 유헌정(劉獻廷) 등에 대단히 큰 영향을 주어 중국음운학 연구에 새로운 길을 열어주었기 때문이다.

그러나 이러한 선교사들의 중국어로마자표기운동은 옹정(雍正)원년인 1723년 황제의 미움을 사 서양선교사들이 추방되면서 중단됐다. 그러다가 1807년 선교사 로버트 모리슨(중국 이름 馬禮遜, 1782~1834)이 광주(廣州)에 도착해 신교(新敎)의 중국포교를 시작했다. 그는

---

66) 마테오리치는 『정씨묵원(程氏墨苑)』이라는 서양의 종교화(宗敎畵) 책을 통해 자신이 펜으로 쓴 로마자와 한자를 대조했다.

67) 1625년 프랑스인 천주교 선교사 니콜라 트리코가 펴낸 『서유이목자(西儒耳目資)』는 중국어 또는 한자를 로마자와 대조한 것이다. 그는 1625년 산서성 강현에서 이 마을 한운(韓雲)을 조수로 두고 이 책을 편찬했다. 이듬해인 1626년 서안(西安)에 가서 섬서성(陝西省) 왕징(王徵)의 검토를 받아 간행했다. 중국어의 음운조직을 분석해서 불과 25개의 기호로 한자의 발음을 적어 당시 진보적인 학자인 방이지나 웅사백을 경탄하게 했다. 방이지(方以智)는 서양처럼 음으로 글자를 구성하자는 주장을 내세웠으나 당시 중국은 자기네 문화를 반성하는 분위기가 아니었다. 『서유이목자』에는 3개의 보(譜)가 있다. 음운학과 관련 있는 것은 「열음운보(列音韻譜)」와 「역인수보(譯引首譜)」의 일부분이다. 그의 로마자표기법은 마테오리치의 것을 참조, 개선을 한 것이다. 성, 운, 조(聲, 韻, 調)의 분류에 80%가 마테오리치와 일치하고 있다.

1815~1823년에 중영대조(中英對照)의 『중문자전(中文字典)』을 펴내 자신이 고안한 「관화음방안(官話音方案)」으로 중국어를 표기했다. 이 자전부록에는 광주(廣州) 방언의 로마자음절표가 실려 있다. 이것은 방언교회로마자의 맹아기 상태를 보여주고 있다.

18세기 말엽부터 영국의 런던 전도회 등의 선교사들이 광동(廣東), 복건(福建), 상해(上海) 등지에 상륙하여 그 고장의 사투리를 연구하는 활동을 시작했다. 그들은 그 사투리를 로마자로 기록하면서 많은 방언사전을 만들었다. 모리슨의 『광동어사전(廣東語辭典)』(1828년), 메드하스트의 『복건화사전(福建話辭典)』(1832년) 그리고 에드킨즈의 『상해화문법(上海話文法)』(1853년) 등이 그것이다. 남방언어를 표기하는 로마자가 일반 기독교 신자들에게도 보급되어 일상생활에 이용되었다. 이것이 이른바 '교회로마자'이다. 성경의 구어번역에도 사용되었다. 교회로마자는 각 지의 교회에서 해당 지역의 문맹을 위해 각종 방언으로 기록한 것이어서 전국적으로 통용되기에는 어려움이 많았다.

그러나 지난 백여 년 동안 대만 전역, 남양(南洋) 각지의 하문계(廈門系) 방언을 하는 신자 사이에서는 편지, 교회에서의 문자로서 오늘날에도 사용되고 있다.

방언교회로마자는 20세기 초기에 쇠퇴했다. 그것은 방언교회로마자의 전파는 신도를 대상으로 했기 때문에 민중 깊숙이 파고들 수 없었으며 전파 시기도 국어운동(國語運動)의 발전과 같아 국어통일의 분위기와 맞지 않았기 때문이다. '주음자모' 공포로 결정적인 타격을 입었다. '주음자모' 공포 이후 방언교회로마자는 쇠퇴하고 관화(官話) 구역의 교회는 대신 '주음자모'를 이용하기에 이르렀다.

아편전쟁(阿片戰爭)이 끝난 뒤부터 외국인이 북경에서 외교활동을 시작하면서 북경어 역음(譯音)이 필요하게 되었다. 토머스 웨이드(중국 이름 威妥瑪, 1818~1895)[68]는 1867년 웨이드식 중국어로마자병음법을 만들었다. 그는 모리슨의 방안을 계승해 모리슨식의 일부를 간화시켰다.

현재도 영어권 신문에서 사용하고 있는 웨이드식 병음법은 나중에 중국 언어학자들에게 큰 계시를 주어 중국인의 한자 병음화를 촉진시켰다. 또 북경관화(北京官話)를 표준으로 북경음을 표기할 수 있는 영, 불, 독어의 제 요소를 한데 넣었기 때문에 오늘날까지 세계에서 가장 널리 알려져 있다. 그러나 이러한 것들은 어디까지나 외국인들을 위해 중국음을 정확하게 표기를 한 것이지 중국인을 위한 문자개혁은 아니었다.

5·4 운동 이후 중국사회에 백화문(白話文)이 일반대중의 환영을 받았다. 중국공업의 발전과 시민계급의 대두가 촉진되면서 반제(反帝), 반봉건(反封建) 사상이 널리 퍼졌다. 백화문의 사용으로 문장은 어느 정도 국어의 기본이 되었지만 한자는 여전히 어려웠다. 백화문 성장에 큰 장애가 되는 한자를 없애려는 문자개혁운동이 문학혁명운동과 함께 전개되었다.

'주음자모'의 제정으로 중국어 병음화운동이 끝을 맺지 못하고 또 하나의 새로운 방향으로 발전하여 나가게 된 데는 시대적 조류의 요구 때문이었다. 그것은 국어통일이 강조되면서 어문일치운동을 환기시키는 민족공동어 확립이었다. 5·4 운동이라는 거센 역사적인 물결이 중국사회에 던진 하나의 시대적 과업이었다. 낡은 모든 것을 지양하고 새로운 것을 받아들이려는 이 변혁기에 문자운동도 새로운 방향으로

---

68) 영국 런던에서 태어난 그는 1841년 육군중위로 아편전쟁에 종군했다. 43년부터 통역관, 상해부영사, 홍콩의 무역감독청의 한문비서관, 북경공사관 생활 등 40년간의 중국생활을 했다. 그는 『語言自邇集』을 저술했다.

움직였던 것이다. 이렇게 되자 당시 누구보다도 언어학이나 음운학에 전문지식을 가지고 있는 사람들이 문자개혁에 대해서 가장 발언권이 강하게 되었다. 국어로마자운동은 당시 정통한 지식을 가진 인사들이 추진했다. 이 운동은 매우 맹렬하게 진행되어 한때는 한자를 완전히 개혁하여 전적으로 로마자로 표기하자는 적극적인 주장까지 나오게 되었다.

5·4운동 이후 문자개혁에 관한 논의가 『신청년』 『국어월간』 등의 잡지에 한자표음화, 로마자표기의 논문이 발표되어 표음화운동이 성했다. 1918년 전현동이 『신청년』에 「앞으로 중국의 문자 문제(中國今後之文字問題)」라는 제목으로 논문을 발표하여 "공학(孔學)을 없애려면 먼저 한문(漢文)을 없애야 한다. 일반 국민의 유치하고 야만적인 고루한 사상을 제거하려면 한문을 없애야 한다."[69]고 했다. 그는 심지어 점진적으로 중국어까지 없애자고 하였다. 이에 진독수(陳獨秀)와 호적(胡適)도 한자를 없애는 데는 동의하였으나 중국어 폐지에는 반대하였다.

1923년에 국어연구회 회지인 『국어월간』은 『한자개혁호』와 『자모연구지(字母硏究誌)』를 출판하여 한자개혁에 관한 많은 문장을 연재하였다. 전현동은 「한자개혁」이라는 글에서 '주음자모'와 같이 한자의 편방으로 자모를 병음할 것이 아니라 세계의 자모인 로마자모를 채택하여 근본적으로 개혁하여야 한다고 역설했다. 채원배는 한자개혁은 라틴자모를 사용하는 이외에는 다른 방법이 없다고 주장하였으며 조원임은 「국어로마자연구」라는 제목으로 로마자의 장점을 역설하였다.

과감하게 중국 문자개혁의 당위성을 주장하고 나선 사람은 노신(魯迅)(1881~1936)이었다. 그는 「문외문담(門外文談)」이라는 글에서 중

69) 香港文學硏究社, 『中國新文學大系1 建設理論集』, 1962년, 169~173쪽.

국문자의 유래와 특성을 이야기하면서 한자가 특권층의 전유물이 되면서 존엄성(尊嚴性)과 신비성(神秘性)이 부여돼 더욱 어렵고 모호해졌다고 지적하였다. 즉 문자로 누릴 수 있는 특권을 일반대중에게 제한하기 위해서 고의로 만들어 낸 문턱이 어려움이라는 설명이다. 쉬운 라틴자모로 중국문자를 대체하여 어문의 대중화를 꾀하여야 한다는 자못 이데올로기 색채가 짙은 논조였다. 이러한 노신의 주장도 사실은 1917년 러시아 10월혁명 이후 레닌(1870~1924)이 문맹퇴치를 위해 제의한 '문자의 라틴화와 국제화'에서 영향을 받은 것이라고 볼 수 있다.

당시 제출된 로마자의 구체적인 안은 전현동(錢玄同) 갑을2종(甲乙2種), 조원임식(趙元任式), 임어당식(林語堂式), 허석오식(許錫五式) 등이 있었다. 이들의 자모안은 철자는 다소 달랐으나 단어를 한데 붙여서 쓴다는 원칙은 같았다. 국어로마자를 제정하기에 앞서 이들은 표의문자를 표음화할 경우 많은 동음이의어를 어떻게 처리할 것인가로 논란을 벌였다.

토론 끝에 결국 한자로 쓰면 2자가 되는 말도 문법상으로 보면 역시 하나의 단어에 불과하니 한데 붙여 쓰면 대체로 해결할 수 있다는 초보적인 결론을 얻었다. '국어로마자'의 탄생이 점점 가능해졌다.

이렇게 제반 조건이 갖추어지자 '국어로마자' 탄생을 위하여 1923년 제5차 국어통일주비회(國語統一籌備會)가 열렸고 「국어로마자위원회 조직요청안」을 제출하면서 위원회 조직을 결의했다. 국어로마자철자법 연구위원회가 조직되었다. 위원으로는 당대 음운학자로 명성이 높은 전현동, 조원임, 여금희, 왕이 등 11명이 총망라되었다. 이때 국어통일주비회가 정치적인 사정으로 임무를 수행할 수 없게 되자 유복(劉復)의 발기로 11명 중 북경에 있는 음운학자 유복, 조원임, 전현동, 여금희, 왕이로 수인회(數人會)를 조직하였다.

후에 '국어로마자'의 탄생을 실제로 가능하게 한 것도 바로 이 조직체였다. 1년 동안의 연구를 하여 '국어로마자병음방식'을 성안하여 '국어통일주비회'가 먼저 이를 공포하였다. 그 후 거의 2년이 지나서 국민정부 대학원에 '국어로마자'의 공포를 요청했다. '국어로마자'는 남경정부에 의해 1928년 9월 26일 마침내 '국음자모제2식(國音字母第二式)'으로 정식 공포하게 되었다. 이로써 중국은 표음문자의 맏아들 격인 '주음자모'의 탄생을 본 뒤 10년 만에 다시 표음문자의 둘째아들을 보게 된 셈이다. 서열에 있어서도 '주음자모'를 '국어자모제1식', '국어로마자'를 '국음자모제2식'으로 삼게 되었다.

이 안은 중국문자의 완전한 표음화를 전제로 한 대담한 시도였었다. 이 안은 4성의 표시를 철자법으로 만들어 시각적으로 동음이의(同音異義)의 단어를 쉽게 구분할 수 있었고 그 밖에 음의 기준도 순북경음만을 따르게 하고 철자방법도 여러 가지 학술적 이론적 논거가 있었다. 이러한 특색은 여태까지 있었던 신문자 가운데 국어로마자만이 가질 수 있었던 것이라고 할 수 있었다. 그러나 불행하게도 이 특색과 장점은 오히려 민중들에게 단점으로 간주되었다. 4성을 철자법으로 나타낸 것은 단어의 철자를 필요 이상으로 복잡하게 만들었다. 그래서 당시 국어로마자 반대론자들은 주로 이를 시비의 초점으로 삼았던 것이다.

이 안은 공포 후 일반 사회인에게 별로 보급되지 못하고 소수인의 실험용으로밖에 사용되지 못하였다. 사회적 여건의 미숙, 표준어의 미보급, 어문의 불일치 등을 들 수 있다. 이러한 이유로 해서 공포 후 여금희의 『국어로마자 과본』, 『국어로마자독음수책』, 조원임의 『최후5분(最後五分鐘)』 이외에는 로마자에 의한 책이 출판되지 못하였으며 민중에 별다른 영향을 주지 못하였다. 이리하여 1935년 이후 국어로마자운동은 완전히 정지상태에 들어갔다.

4) 라틴화신문자운동

　'주음자모'와 '국어로마자'가 법적인 자격을 얻은 뒤 또 하나의 중국어 병음화운동이 일어났다. 바로 라틴화신문자운동이었다. '주음자모'가 한자 반절의 명맥을 잇고 '국어로마자'가 서구 언어 특히 영어철자의 영향을 받은 것이라면 이 라틴화신문자운동은 소비에트의 영향을 받았다.

　라틴화신문자운동의 창시자는 북경에서 러시아어 전문학교를 나온 구추백(瞿秋白, 1899~1935)이었다. 여태까지 중국어 병음화운동들이 중국 국내에서 일어났는 데 비해 이 라틴화운동은 외국인 소련 영내에서 이루어진 것이 독특하다.

　1929년 2월 구추백은 중국어의 몇 개의 자음은 라틴자모에도 없는 것이 있기 때문에 복합자음을 사용해야 한다고 주장, 다음과 같이 '중국어라틴화자모'를 만들었다.

　　1. 자음표(26개)
　　　　b p m f w
　　　　d f n l r
　　　　g k n h
　　　　gi ki ni hi
　　　　zh ch sh jh
　　　　z c s j

　　2. 모음부(36개)
　　　　a o e i u y
　　　　ia io ie ua uo ue
　　　　ae ei ao iae iuo iao

au uae ye an en in

an en in un on iun

ien uan yon ion uon ion

1921년 소련에 가서 소련 라틴화운동의 영향을 받고 귀국했던 그는 1927년 남경사건 후 다시 소련으로 갔다. 그는 그곳에서 오옥장, 임백거 및 소련의 중국학자들과 공동으로 중국어의 라틴화신문자를 만들어 낸 것이다. 1931년 9월 26일 블라디보스토크에서 2천여 명의 대표가 모인 가운데 열린 중국신문자제1차대표자회의는 중국신문자의 방안, 쓰기법 등 제 원칙을 결의하는 한편 13항목의 '중국한자라틴화의 원칙과 규칙'을 제정해 보강하기에 이르렀다.

당초 라틴화신문자는 소련지역에 거주하는 화교들을 대상으로 추진된 것으로 명칭이 '중국어라틴화자모'이지만 자모가 생성된 배경은 소련 내의 화교의 대부분이 산동성, 강소성, 절강성의 동3성(東3省) 출신이라는 점에서 산동(山東) 사투리를 표준음으로 채택했다.[70]

특히 신문자대회는 한자폐지, 국어통일 반대의 원칙을 채택함으로써 중국고래의 문자인 한자를 완전 라틴화하게 한 점이 특색이다. 이 운동은 소련에 체류 중이던 구추백, 오옥장, 소삼, 임백거 등과 소련 언어학자인 드라고노프가 중심이 되었다. 이 라틴화운동은 당시 소련으

---

70) 설면음(舌面音) [ji] [qi] [xi]의 표기에 있어서도 [gi] [ki] [xi]로 하게 되었으니 이러한 음은 실제로 산동사람 외는 알아들을 수 없는 것이다. 그런가 하면 이 라틴화신문자는 근본적으로 4성을 무시하여 전혀 아무 표시도 하지 않았다. 중국어의 특성이라고 할 수 있는 이 4성을 전적으로 무시해 버렸다는 것은 한자를 표음화하는 것이 스스로 무리함을 드러내고 있는 것이다. 한자를 표음화하는 데는 무엇보다도 4성의 체계적인 처리가 필수적이다. 라틴화는 근본적으로 이것을 무시했으니 처음부터 실패의 요인을 갖고 있었던 것이다.

로 품팔이하러 온 10만 명의 산동 출신의 쿠리(苦力)(품팔이 온 중국
노동자)들을 대상으로 실험했다. 이 운동은 한때 제법 규모 있게 움직
였다.

이듬해인 1932년 역시 블라디보스토크에서 중국신문자제2차대표자
회의를 가졌다. 그 후 점차 실천단계로 발전해 당시 소련 영내에서 발
간되었던 공인지로(工人之路), 마두공인(碼頭工人) 같은 신문이 라틴
화판으로 나오게 되었다. 이 자모를 보급시키기 위한 강습소도 많이
생겼다. 이렇게 소련 내에서 활발했던 라틴화운동은 곧 중국본토에 영
향을 주었다. 1933년 8월 소삼이 「중국어 쓰기의 라틴화」를 지상에 소
개했다. 그해 10월에는 초풍(焦風)이 『언어과학』 창간호에 라틴화에
관한 글을 실어 이 운동이 반드시 성공하리라는 예언을 해서 여론을
환기시켰다.

이는 중국 국내로 즉각 유입되어 상해를 중심으로 좌익 문화인들은
토론과 실험을 벌였다. 이렇게 라틴화운동은 본토에 기세가 옮겨지면
서 한때 매우 왕성하게 진행되었다. 그러나 이 라틴화운동 역시 시대
의 시련에는 예외가 될 수 없었다. 당시 항일전쟁이 불리하게 되자 이
운동은 중국 공산당의 혁명근거지인 연안(延安)으로 축소되어 버렸다.
중국공산당은 신문자운동위원회, 신문자협의회 등을 조직하고 이 운동
에 적극 호응하기에 이르렀다. 뿐만 아니라 공산당은 라틴화신문자를
법률상의 한자와 동등한 효력이 있다고 선언하고 각종 공문서에 한자
와 라틴화신문자를 병용토록 지시한 이외에 신문자 간부학교를 설립,
문맹퇴치운동을 병용하기도 했다.

연안으로 국한된 이 라틴화운동의 대상은 농민들이었다. 비록 제한
된 지역에서 진행되었으나 한때 매우 성행했다. 당시 이 라틴화신문자
를 모르는 사람은 당국으로부터 '신문맹(新文盲)'이라고까지 조소를

받았다고 하니 당시 운동의 상황을 짐작할 수 있다.

　그런데 국한된 지역에서 진행되던 이 라틴화운동은 그나마 돌연 중지되었다. 이유는 첫째 이 운동이 방언을 설정(즉, 북경어의 표준성 부정)하고 4성의 부정을 전제로 한데다가 이 운동의 범위가 연안에 국한되고 농민들만을 대상으로 했으나 농민들이 배타적으로 나왔기 때문이다. 라틴화운동을 진행시키던 중국 공산당은 일반 농민들의 심리와 그들의 실제적인 염원이 무엇인가를 모르고 독선적으로 라틴화운동을 진행시켰던 것이다 중국 공산당은 당시 이 운동의 슬로건으로 '대중에 봉사하고 대중의 이익에서 출발하고 대중의 노선을 따라야 한다'는 것을 내세웠지만 실제로는 하나도 대중의 것이 된 것이 없었다. 농민들은 공산당에 대해 회의한 나머지 라틴화운동을 근본적으로 부정해 버리게 되었다.

　또한 당시의 일반 농민들은 라틴화자모보다는 한자를 동경하고 있었다. 그들은 한자를 배우지 못한 탓으로 관리, 지주, 토호들로부터 천대를 받아 왔고 오직 노동력에만 의지해 왔던 것이다. 그러한 처지에 놓였던 농민들이 글을 배울 기회가 왔다고 좋아하며 배우려 할 때 그것은 그들이 동경하던 한자가 아니고 난데없는 외국 글이고 보니 일반 농민들의 실망은 자못 컸을 것은 물론이다.

　한편 지식인들은 그들 나름대로 불만과 의심이 있었다. 그들은 이 라틴화신문자로 과연 중국의 모든 문헌들을 그대로 쓸 수 있을 것인가 하는 데 의문을 가졌다. 한자를 이미 배워 아는 사람은 이 라틴화신문자를 배우기가 불편하다는 것이 두 번째 불만이었다. 그리고 한자를 표음화하는 데는 무엇보다도 방언통일이 대전제인데 이 방언통일은 평시에도 몇십 년 걸릴지 모를 텐데 하물며 전시에는 거의 불가능할 것이 아니겠는가 하는 것이 셋째 의문이었다.

사실 농민이나 지식인들이 가진 이와 같은 의문과 불만은 중국 공산당의 라틴화운동에 하나의 큰 타격이 아닐 수 없었다. 바로 이러한 것이 중국 공산당으로 하여금 라틴화운동을 돌연 중지하게 만든 하나의 객관적인 원인이었지만 실상 그 밖에 라틴화신문자안 자체만 따져보더라도 일반 민중에게 통용시키기에는 적지 않은 무리와 결함이 내포되어 있었다.

이러한 여건들로 인해 중국공산당의 막강한 조직과 압력, 선전선동에도 불구, 이 운동은 추진된 지 10년 만에 실패를 자인하게 되었던 것이다. 실패를 자인하지 않을 수 없었던 중국 공산당은 신문자운동의 방향을 180도로 전환하여 여태껏 봉건유물이라고 매도해 오던 한자를 다시 내세워 농민들에게 약 1천 자의 해득을 목표로 하는 식자운동으로 들어가게 되었다.

그러나 이 식자운동(識字運動) 역시 순조롭지 않았다. 목표를 1천 자라고는 하였으나 실제로 농민들에게는 과중한 부담이었다. 매년 열리는 겨울철 야학에서 배우기는 했지만 그 이듬해 야학에서는 거의 까맣게 잊은 채였다. 이들의 식자교육(識字敎育)이란 바로 습득에서 망각, 망각에서 습득만을 되풀이하는 것에 불과했던 것이다. 당시 '해마다 겨울학교에 다니지만 한평생 까막눈이네(年年上冬學, 一輩子不識字)'라는 말까지 나오게 되었다. 이것은 바로 그 당시의 식자운동이 어느 정도로 진행되었는가를 그대로 반영해 주고 있다.

중국의 신문자운동의 역사를 돌이켜 보면 한쪽으로는 한자를 부정하고 신문자를 주장하는 혁명적인 운동의 흐름이 있었는가 하면 또한쪽으로는 한자의 역할을 중시하여 오히려 잠시나마 일반 민중들에게 보급시켜 보려는 보수적, 현실적인 운동의 흐름도 있었다. 그런가하면 '주음자모'와 같이 한자를 모체로 한 표음문자를 만들어 한자의 결함을 보충해 보려는 타협적인 운동의 흐름도 있었다. 이러한 여러 갈래의 흐름은 중국사회의 그때그때의 모든 환경과 조건, 정세에 따라 혹은 주류가 되고 혹은 비주류가 되어 현재까지 흘러 내려오고 있는 것이다.

중국의 신문자운동은 라틴화에서 실패했고 한자교육은 식자운동에서 실패했다. 중국은 라틴화운동에서 아직 한자교육이 얼마 동안은 필요한 것을 통감한 나머지 실제로 착수해 보았으나 다시 한번 한자의 보급이 어렵다는 것을 실감하게 되었다. 그러나 이 식자운동의 실패가 여태까지 계속해 내려온 신문자운동을 전부 부정해 버린 것은 아니었다. 이 식자교육은 새로운 방법과 방향이 필요하게 되었다. 아무래도 재래식의 방법으로는 한자 보급이 불가능했다. 어문개혁(語文改革)이라는 오래된 현안은 이제 중화인민공화국(中華人民共和國) 성립 후로 넘어갔다.

제 4 장

중화인민공화국의 초기 언어정책

1. 문자개혁의 목적

중국의 어문개혁의 궁극적인 목표는 보통화의 보급에 있다. 중국은 1949년 중화인민공화국 성립 이후 어문규범화의 목표로 한자의 정리와 간화, 「한어병음방안」 제정, 보통화의 보급 등 3가지를 내걸었다. 이중 어문개혁의 궁극적인 목표는 보통화의 보급이다. 보통화가 바로 한민족 공동어(漢民族共同語)로 자리 잡은 것으로 한자간화와 「한어병음방안」은 보통화 보급에 이르는 수단의 하나로 이해할 수 있다.

현대 한민족 공동어의 형성발전은 관화(官話) 단계를 거치면서 7백여 년 동안 각 왕조 통치계급과 많은 지식인들의 주창과 보급으로 우여곡절 끝에 20세기 초 국어(國語) 단계로 접어들었다.

1949년 중화인민공화국 건국 후 보통화 보급사업이 널리 전개되면서 교육의 보급, 현대 한민족 공동어의 발전은 새로운 단계로 접어들었다. 보통화는 전국에서 쓰이는 한민족 공통어로 현대적인 규범을 갖추고 있으며 어문일치의 성격을 지니고 있다.

보통화 보급의 목적은 제1단계로 대중의 단결을 위해서이다. 청조 말기는 이미 반봉건반식민지사회라고 할 수 있다. 제국주의 열강의 침략을 받아 나라가 망할 위기까지 몰렸다. 애국인사들은 나라를 존망의 위기에서 구해내 망국노가 되지 않으려면 먼저 인민들이 단결, 제국주의 침략에 맞서야 한다고 여겼다. 인민의 단결을 위해서는 공동의 언어가 필요했다. 방언이 많은 것은 단결에 불리했고 이것이 보통화 보급의 필요성을 인식하게 된 최초의 계기였다. 물론 당시는 보통화라고 하지 않고 국어(國語)라고 불렀다. 보통화는 중화인민공화국 성립 이후 한족주의(漢族主義) 사상을 바로잡고 민족정책을 다시 펴면서 생겨났다.

제2단계는 국가의 통일을 확고히 하고 교육보급을 위해서이다.

제3단계는 사회주의의 정치, 경제, 문화, 군사건설을 가속화하기 위해서이며 새로운 기술혁명과 발맞추기 위해서이다.

중국의 공산당 정권 성립 후 전면적인 문자개혁이 실현됐다. 당시 중국의 공업·농업생산과 과학기술은 매우 낙후돼 국가경제력을 발전시키려면 문화보급을 널리 하는 것이 긴박한 임무였다. 한자의 번잡함은 당연히 교육에 엄청난 장애요인이 되었다. 한자는 구조적으로 너무 복잡하여 학습상 많은 어려움이 있어 교육 문화를 보급시키는 도구로서는 적합하지 못할 뿐만 아니라, 세계의 각종 문자를 보면 표상(表象)에서 표의(表意)로, 표의(表意)에서 표음(表音)으로 변하고 있으므로 한자도 세계문자와 같은 병음방안으로 가야 한다고 생각하고 정부가 이 운동을 선두에서 지휘하기에 이르렀다.

모택동은 1940년 연안에 있을 때 "문자는 반드시 일정한 조건하에서 개혁되어야 한다"고 부르짖는 데 이어 정권성립 이후인 1951년에는 "문자 개혁은 세계 각국의 문자와 같은 병음문자의 방향으로 나아가야 한다"고 강조했다. 모택동의 문자개혁 지시에 따라 1952년 2월 5일 중국문자개혁연구위원회가 정식 발족되어 본격적인 문자개혁 작업에 들어가게 되었던 것이다. 문자를 개혁하는 것이 신중국문화건설사업의 주요한 부문이 되었다.

그러면 먼저 중국이 추진하는 문자개혁운동의 목적이 무엇인지를 살펴보기로 하자. 두자경(杜子勁)은 1949년 12월 8일 「중국 문자개혁운동의 몇 가지 문제(中國文字改革運動中幾個問題)」라는 글에서 다음과 같이 말했다.

중국문자개혁의 방법은 크게 보수적인 성질과 창제적인 성질로 나눌 수 있다. 즉 간체자, 주음자모 등은 한자의 결점을 보완, 한자의 학습을 도우려는 것으로 보수적인 성질인 반면 라틴화신문자와 국어로마자는 완전히 새로운 문자를 만드는 것으로 창제적 성질이라고 할 수 있다. 한자는 반드시 없애야 하지만 지금 당장 그렇게 할 수는 없다. 그래서 오늘날 보수작업은 전혀 불필요한 것이 아니다. 다만 필요하기는 하지만 최선의 것이 아니라 차선의 것이다. 보수는 임시방편의 개량주의적인 것이며 창제만이 장구적이고 혁명적인 것이다. 한자의 결점은 보완될 수 없다. 한자는 결국은 없어져야 하며 그것이 갈 곳은 박물관이나 대학 연구소이다.[1]

1955년 2월 중국문자개혁위원회가 공포한 「한자간화방안초안」은 한자간화의 목적을 이렇게 설명하고 있다.

언어문자는 인민의 생활습관과 밀접한 관련을 가지고 있다. 병음이 아닌 한자는 이미 수천 년간 사용되어 절대로 짧은 시일에 완전히 병음문자로 바꿀 수는 없다. 또 설사 병음문자를 쓴다고 하더라도 신구문자를 병용하는 과도기가 있게 될 것이다. 다시 말해서 현재뿐 아니라 앞으로 일정한 기간 동안 한자는 여전히 우리가 사용해야 할 중요한 도구로 남게 될 것이다. 따라서 병음문자의 사용이 보편화되기 전에 한자를 적당히 간화하여 실용상의 불편을 줄이도록 해야 할 것이다.

한자는 현재 통행되는 각종 문자와 비교해 보면 결점이 많다. 주요한 결점은 한자는 문자와 언어가 분리되어 있어 글자만 가지고서는 음을 읽을 수 없다는 점이다. 인민들의 말을 글로 쓰기가 곤란하며 한 글자에 음이 많으며, 동자이체(同字異體) 등의 결점들은 한자를 배우거나 사용하는 사람들에게 많은 곤란을 준다. 한자 자수가 번잡하고 구조가 복잡하기 때문에 타자나 인쇄, 전보에 곤란하여 현대과학기술의 최신성과를 이용할 방도가 없게 된다.[2]

---

1) 杜子勁 편, 『중국문학개혁논문집(中國文學改革論文集)』, 상해 대중서점(大衆書店)(1950년 재판), 175~176쪽.

1955년 10월 26일자 인민일보 사설은 "한자간화 사업의 주요목적은 한자의 필획을 간화하고 자수를 줄여 점진적으로 한자를 정형화(定形化), 정수화(定數化)하여 한자의 학습과 사용에 편리하게 하기 위한 것이다. 그러나 한자를 간화하는 것은 문자의 기본적인 개혁을 의미하는 것은 아니다. 한 걸음 더 나아가서 문자의 병음화를 추진하려면 계통적인 조사, 연구와 기타 각종 준비를 해야 한다."3)고 지적하였다.

이상에서 볼때 한자간화 작업은 근본적인 문자개혁이 아니라 과도기적인 조치이며 그 목적은 병음문자를 만들기 위한 한 단계에 불과한 것이다. 모택동의 지시에 따라 중국의 문자개혁은 '한자를 완전히 폐지하고 병음문자화한다'는 궁극적인 목표를 처음부터 설정해 놓고 그 이상의 실현과정 속에서의 첫 단계로서 한자간화 작업을 시작했던 것이다. 이것은 공산주의 사회의 도래라는 이상향을 궁극적 목표로 세워놓고 공산주의 사회투쟁을 진행시켜 나아가는 것과 꼭 같은 패턴이라고 설명하기도 한다. 물론 궁극적인 목표를 달성하느냐 않느냐는 별개의 문제이다.4)

미국 하와이대 드프란시스 명예교수는 그의 저서 『중국어문』에서 최근 공개된 자료를 인용, 중국공산당 초기 언어정책은 당초 병음문자 도입 등 과감한 개혁안이 현실적인 여건에 따라 「한어병음방안」 등 온건한 개혁으로 바뀌었다고 밝히고 있어 중화인민공화국 초기 어문

2) 『간화한자문제(簡化漢字問題)』, 93쪽, 중국어문잡지사(中國語文雜誌社) 편, 상해 중화서국(上海 中華書局), 1956년 3월.

3) 「제1차전국문자개혁회의문건휘편(第一次全國文字改革會議文件匯編)」, 문자개혁회의비서처(文字改革會議秘書處) 편, 북경, 문자개혁출판사(文字改革出版社), 1957년 10월.

4) 중화인민공화국 어문개혁(中華人民共和國 語文改革)의 위기에 대해서는 제5장 2에서 구체적으로 언급한다.

개혁의 전말을 엿볼 수 있다.

최근 공개된 자료에 따르면 1949년 8월 25일 중화인민공화국 성립 2개월 전 오옥장은 모 주석에게 편지를 보냈다. 중국어 어문개혁을 추진하는 방법에 대해 지시를 내려달라는 내용이었다. 모 주석은 곽말약(郭沫若), 모순(茅盾)과 얼마 전 교육부장에 임명된 마서륜(馬敍倫)에게 오옥장의 편지를 동봉, 자필로 쓴 편지를 보내 이 문제를 고려하라고 했다.

그로부터 4일 후인 8월 29일 이들 3명이 모택동에게 보낸 답신의 요점은 다음과 같다. 그들은 라틴자모를 사용해, 중국 '병음문자'를 만들고 북방방언에 기초를 둔 국어(현재의 보통화)보급을 촉진하도록 건의했다. 이 답신의 '병음문자'라는 표현이 흥미롭다. 지금의 병음방안과는 분명 다르다. 후자는 음을 표기하는(병음) 계획을 뜻한다. 그러나 병음문자는 단순한 계획이 아니다. 한자와는 별개로 라틴자모의 표기처럼 중국어의 새로운 표기방법인 것으로 보인다.

1980년 2월 유소기(劉少奇)의 복권 이후 중국문자개혁위원회 부주임 엽뢰사(葉賴士)는 1950년 2월 유소기가 육정일(陸定一)과 호교목(胡喬木)에게 보낸 미공개 편지의 사본을 공개했다.

> 아직까지 중국문자개혁에 대해 어떤 결정도 내려지지 않았습니다. 그러나 우리의 이웃인 몽골, 조선과 베트남은 이미 문자개혁을 성공적으로 추진했습니다. 관점에 따라서 그들의 어문개혁은 우리보다 더 앞섰다고 볼 수 있겠습니다만 그들은 우리의 한자를 차용해서 사용해 왔던 것입니다. 물론 조선의 한글은 이미 오랫동안 쓰이긴 했습니다. 조선대사 이국원은 (한자 대신) 한글만을 사용해도 전혀 어려움이 없다고 말했습니다. 이 점을 우리가 유의해야 한다고 봅니다. 우리의 어문연구자들이 조선의 문자개혁 경험을 고찰해야 한다고 생각합니다. 이런 목적을 위해 우리는 학생들이나 학자들을 이들 나라에 보내 배우게 해야 합니다. 우리의 문자개혁을 위한 계획을 마련하기 위해서 말입니다. 이만 총총.

프란시스 교수가 82년 중국문자개혁위원회위원 주유광(周有光)을 만나 확인한 바에 따르면 중국 대표단은 당시(1950년 상반기) 북한과 베트남을 방문했었다. 그들은 두 나라의 문맹타파를 높이 평가했다. 이것이 두 나라 언어표기의 단순한 자모 덕분(북한은 한글, 베트남은 라틴자모를 가지고 있다)이라고 풀이한 그들은 중국도 문맹을 없애려면 이 같은 접근방법을 채택해야 한다고 건의했다.

이러한 사례에서 중화인민공화국 성립 초기 많은 지도층 인사들이 알파벳으로의 문자개혁에 흥미를 가졌다는 사실을 확인할 수 있다.

북경에서 민간기구인 중국문자개혁협회(中國文字改革協會)는 1949년 10월 10일 오옥장을 주석으로 조직됐다. 전국에 걸쳐 관련 잡지가 복간됐고 새로운 출판물이 보통화와 방언지역에 나타났다. 혁명초기와 비슷한 언어개혁 활동이 시작되면서 국가의 강력한 지지가 있을 것으로 기대를 모았다.

그러나 이러한 기대감은 여지없이 깨졌다. 모택동이 문자개혁을 위한 새로운 지침과 전제요건을 제시했기 때문이다. 정책의 변화는 오옥장이 1950년 7월 10일 중국문자개혁협회 간부회의에서 모 주석으로부터 한 달 전에 받은 지시사항을 공개함으로써 가시화됐다. 모택동은 개인의 의견이 아니라 정부에서 여러 지도자들이 합의를 거친 것이 확실한 지침을 제시하면서 곽말약, 모순과 마서륜이 제시한 건의를 무시했다. 문자개혁은 먼저 한자의 간화부터 시작하라고 지시하면서 문자개혁은 현실과 떨어져서도 안 되며 과거와 단절이 생겨서도 안 된다고 강조했다. 새로운 자모를 만들려는 노력도 과거의 라틴화신문자는 포기하되 한자에 기초를 둔 민족형식을 만드는 데 집중되어야 할 것이라고 말했다.

이것으로 미루어 중국공산당 정권은 50년 2월부터 6월 사이 5개월

동안 한자를 없애고 라틴자모를 도입하려던 급진적인 정책을 포기하고 전통적인 한자를 간화하는 데 기초를 둔 보다 보수적인 정책을 채택했다고 풀이할 수 있다. 유소기가 50년 2월 편지에서 아직껏 문자개혁 정책이 결정되지 않았다고 말하고 있고 모택동은 그해 6월 오옥장에게 위의 결정을 통고했던 것이다.

이러한 정책변화의 상세한 배경은 제대로 알려지지 않고 있다. 이 문제에 대한 공개적인 논의는 전혀 없었다. 특히 지도자들이 결정을 내리기 위해 논의를 했다는 기록도 없다. 중국에서 흔히 볼 수 있는 불투명성의 사례이다. 다만 우리가 추측할 수 있는 것은 최종적인 결정은 1950년 상반기에 이루어졌으리라는 점이다. 그러나 골격은 1944년 연안에서 라틴화신문자 사업이 중지됐을 때 즈음 일찌감치 만들었으리라고 추측할 수도 있다. 문헌에 알려진 대로 문자개혁 문제에 대해서는 거의 전적으로 모택동이 결정을 내렸다는 점에 비추어 본다면 과연 이러한 최종결정에 모택동이 영향력을 어느 정도 행사했는지도 후학들이 풀어가야 할 또 하나의 숙제이다.

가장 궁금한 질문은 이러한 정책변화를 가져온 까닭이 무엇일까 하는 점이다. 먼저 국민감정을 들 수 있다. 수십 년간의 전쟁 끝에 내전과 항일전쟁 및 미국의 지원을 받은 국민당정권을 물리치고 정권을 잡은 행복감에 취해 중국의 새 지도자들은 전통적인 한자를 의사전달의 진정한 매개체로 바꿀 수 있다는 자신감을 가졌으리라는 분석을 할 수 있다.

정책전환의 주요한 이유로 많은 사람의 반대, 특히 지식인들이 전통적인 문자에 어떠한 근본적인 변화가 있어서는 안 된다고 나선 점도 무시할 수 없다. 병음문자라는 이질적 요소를 채택하지 말도록 압력을 행사한 것으로 볼 수 있다. 주은래(周恩來)는 1973년 프랑스의 전직 교육부장관을 만나 이런 말을 한 적이 있다.

> 1950년대 우리는 한자를 로마자로 바꾸려고 애를 쓴 적이 있었습니다. 그러나 교육을 받은 계층의 반대가 완강했죠. 정부로서는 바로 그들의 지지가 필요한데도 말입니다. 그들은 숫자도 많았고요. 우리가 개혁을 밀어붙이자면 여간 할 일이 많이 남은 것이 아니었습니다. 그래서 하는 수 없이 개혁을 늦추어야만 했습니다.

물론 여기서 주은래의 말을 그대로 받아들이기는 어렵다. 사실 50년대 라틴화의 노력은 훨씬 여건이 어려웠던 30년대, 40년대보다 미약했기 때문이다. 다만 우리가 감지할 수 있는 것은 혁명지도자들이 새로운 중국을 건설하면서 한자개혁이라는 민감한 문제를 포기했을 수도 있다는 가능성이다. 1950년 6월 한국전쟁의 발발과 같이 불확실한 국제정세를 맞아 집안을 다독거리는 일이 가장 급한 마당에 한자를 없애자는 노신의 추종자들을 설득해서 온건한 방향으로 개혁을 추진하도록 하는 편이 차라리 낫다는 판단을 내렸을 수 있다는 분석이다.

2. 문자개혁의 추진상황

1) 「한자간화방안초안」 제정 경과

중국은 공산정권이 수립된 49년부터 당과 정부를 중심으로 곧바로 문자개혁을 위한 전국적인 기구를 조직하기 시작해, 본격적인 문자개혁운동에 돌입했다.

교육부는 모택동의 문자개혁 지시에 따라 중국문자개혁위원회(中國文字改革研究委員會)가 성립되기 전에 사회교육사(社會教育司)에 간체자연구조(簡體字研究組)를 세워 한자간화를 진행시키는 작업을 연

구하기 시작했으며 1950년 8월 9일 "간체자연구(簡體字研究)와 선정
공작좌담회(選定工作座談會)"를 열었다. 사회교육사는 이 좌담회에서
간체자 선정의 4가지 원칙을 확정했다.5)

교육부 사회교육사는 나름대로 정한 4가지 간화원칙에 따라 자료를
수집했다. 각 항목별로 이미 마련된 4천, 5천 개의 간체자 중에서 1천
5백여 개의 비교적 상용되는 것을 뽑아 1950년 9월 15일 「상용간체자
등기표(常用簡體字登記表)」를 편성했다. 1017개의 글자를 수록, 글자
마다 하나의 간체자를 선정했다. 선정된 간체자는 번체자의 평균 필획
에 비해 2/5가 감소되었다.

교육부 사회교육사는 같은 해 9월 말 관련 있는 각 방면과 어문관
계자에게 「상용간체자등기표」를 발송해서 간체자의 선정원칙에 대한
의견을 구했다.6) 후에 11개 단체와 52명의 어문전문가의 의견을 받
았다.7)

교육부 사회교육사는 1951년 간화의 대원칙을 '약정속성, 온보전진

---

5) ① 이미 널리 쓰이는 간체자를 정리·선정한다. 필요하면 그 간체자의 간
화규칙에 근거해서 적당하게 보충한다. ② 선정, 보충된 간체자는 해서를
위주로 하며 간혹 행서, 초서를 취한다. 그러나 쓰기에 쉽고 인쇄에 편해
야 한다는 점에 유의한다. ③ 간체자의 선정과 보충은 가장 상용하는 한
자로 한정하며 번잡하고 어려운 한자를 위해 간체를 만들 필요는 없다.
④ 간체자 선정 후 교육부는 중앙인민정부에 보고해 공포, 실행토록 한다.
易熙吾 「簡體字的幾個問題」, 『中國文字改革問題』 32쪽, 1955년 5월 上海
中華書局출판.

6) 앞의 註의 『中國文字改革問題』 33쪽.

7) 전문가들이 제시한 간체자 선정원칙은 다음 2가지이다. ① 간체자 선정은
'약정속성(約定俗成)'의 원칙에 따라야 한다. 「등기표(登記表)」 중 개인의
창작으로 군중을 기반으로 한 것이 아닌 글자는 실행될 수 없다. ② 초서,
해서의 간체자는 빨리 쓸 수 있기는 하나, 한자의 자형차별을 감소시키며
자체가 인쇄에 적합하지 않다. 소수의 해서된 초서만이 간체로 채용될 수
있다.

(約定俗成, 穩步前進)'으로 정했다. 새로 정한 간체자를 통용시키되 단번에 실시하지 않고 단계적으로 시행한다는 방침이다. 또한 '술이부작(述而不作)'의 정신에 근거해서 간체자를 선정키로 결정해 통용한자의 숫자를 적당히 줄이는 한편 이체자나 서로 통용되는 글자를 되도록이면 그곳에 포함시켰다. 1951년 중국문자개혁위원회주비위원회(中國文字改革委員會籌備委員會)는 관련자료에 대해 정리 연구 끝에「제1차 간체자표(第一批簡體字表)」를 편성해 555자를 수록했다.

1952년 2월 5일 중국문자개혁연구위원회(中國文字改革研究委員會)가 정식 발족되어 본격적인 문자개혁 작업에 들어갔다. 3월 25일 문자개혁위원회 산하에 한자정리조가 성립돼 엽공작(葉恭綽), 마서륜(馬敍倫), 위건공(魏建功), 계흠림(季羨林), 정서림(丁西林)이 성원이었다. 이들은 제1차 회의를 열어 '제1차 간체자표'를 기초로 한자필획을 간화하는 것과 자수를 정간(精簡)하는 방안초고를 작성했다. 간화자방안의 대략 정해진 원칙은 "보편적으로 통용되는 간체자 채택을 위주로 하며 초서(草書) 해화(楷化)의 방법으로 증보(增補)한다"는 것이다.

문자개혁연구위원회는 1952년 하반기「상용한자간화표초안(常用漢字簡化表草案)」제1고(稿)를 만들었는데 700자가 수록되었다. 모택동 주석은 이 원고를 본 뒤 다음과 같이 지적했다.

700개 간화자는 아직 충분히 간화가 되지 못했다. 간화규칙을 찾아내 기본형체를 만들고 규칙적으로 간화를 해야 한다. 한자의 숫자도 크게 줄여야 하고 한 개의 글자로 많은 글자를 대체할 수 있어야 한다. 형체와 숫자를 동시에 정간(精簡)해야 비로소 간화라고 할 수 있다.

한자정리조는 모택동 주석의 지시에 따라 전반적으로 통용되는 한자를 정리해서 형체와 숫자를 동시에 정간(精簡)하기로 결정했다. 700

개 간체자 중에서 우선 보편적으로 유행되어 이견이 없는 자를 뽑아 간체자표로 만들기로 결정했다.

한자정리조는 1953년 11월 338개 글자를 담은 「상용한자간화표초안」 제2고를 내놓았고 1954년 2월 「상용한자간화표초안」 제3고를 내놓았 다. 1634자가 수록되었다. 중국문자개혁연구위원회는 1954년 4월 제3 고를 북경의 출판, 교육, 신문 분야에 보내 의견을 수렴했다.8) 이후 1955년 「한자간화방안초안」이 나오기까지 여러 차례의 회의가 열려 초고가 마련됐다.9)

---

8) 수렴한 주요 의견은 다음과 같다. ① 단시간 내에 과다한 구리거푸집을 바꾸어야 한다는 것은 실현하기 어렵다. ② 초서 필획이 한자의 구조단위 를 증가시켜 원래 부수계통에 혼란을 주었다. ③ 송체자(宋體字)에 초체 (草體)가 끼어 형식상 매우 부조화를 이룬다. ④ 필획이 번잡한 일부 글 자가 제3고에는 수록되지 않았다.

9) 한자정리조는 제3고를 수정해서 인쇄본 간화자 600개, 필기체 간화자 1800개를 바꿔 수록한 「상용한자간화표초안」 제4고를 1954년 6월 펴냈다. 1954년 7월 15일 중국문자개혁연구위원회는 제4차전체위원회의를 열어 제 4고를 토론했다. 권위각(權葦慤), 엽공작(葉恭綽), 정서림(丁西林), 엽성도 (葉聖陶), 위건공(魏建功), 임한달(林漢達), 조백한(曹伯韓) 7명이 제4고 를 다듬었고 이어 엽공작, 정서림, 위건공 3명이 구체적인 작업에 들어갔 다. 정리범위를 상용자 2000개를 4120개로 확대시켜 3개 간화자표를 만들 었다. 같은 해 9월 「상용한자간화표초안」 제5고를 만들었다. 여기에 「인쇄 자체정리표(印刷字體整理表)」 「이체자통일사법표(異體字統一寫法表)」 「시 사서사자체편방류추표(試似書寫字體偏旁類推表)」가 포함 수록됐다. 1954 년 11월 30일 중국문자개혁위원회 제2차상무회의는 「상용한자간화표초안」 제5고의 기초하에 다시 필요한 수정작업을 하기로 결의했다. 한자정리조 는 제5고의 수정작업으로 「798개한자간화표초안」을 만들었고 「없애고자 하는(擬廢除的) 400개 이체자표초안」을 작성했다. 「한자간화방안초안」은 바로 이러한 초안을 바탕으로 구성된 것이다.

2) 「한자간화방안초안」 내용과 한계

「한자간화방안초안」은 1955년 2월 중국문자개혁위원회가 공포했다. 「한자간화방안초안」은 세 부분으로 나누어져 있다.

제1표 「798개한자간화표(초안)」는 필획의 간화를 담고 있다.10)

제2표 「없애고자 하는 400개 이체자표 초안(草案)」은 자수의 정간 (精簡)에 속한다.11)

제3표는 「한자편방필기간화표초안(草案)」은 편방쓰기법의 간화에 속한다.12)

따라서 「한자간화방안초안」은 위의 3가지 방법으로 한자를 간화했음을 알 수 있다. 「한자간화방안초안」의 앞에는 「한자간화의 목적과 방법(漢字簡化的目的和方法)」을 덧붙여 위에서 서술한 간화방법에 대해 풀이했다.

「한자간화방안초안」의 제1표 「798개한자간화표」를 살펴보면 대개 다음과 같다.

① 역대 오랜 기간 유전되어 오던 간속자를 채택했다.13)

---

10) 예를 들면 奪을 夺로 간화시켰다. 婦는 妇로 쓴다.
11) 예를 들면 喫을 없애고 대신 吃을 선택했고 盃를 없애고 대신 杯를 선택했다.
12) 예를 들면 東을 东으로 쓴다. 韋를 韦로 쓴다.
13) 예를 들면 '复'으로 復를 대체하고 '啚'로 鄙를 대체했는데 이런 것들은 은대갑골복사(殷代 甲骨卜辭)에 나타난다. 禮를 '礼'로 간화시키고 從을 从으로 간화시킨 것들은 상주(商周)의 동기관지(銅器款識)에 나타난다. 그래서 곽말약(郭沫若)에 따르면 은대(殷代)에 이미 문자의 간화가 진행되고 있었다. 예를 들면 堂을 坐로 麗를 丽로 간략히 쓴 것은 육국고문(六國古文)에 나타난다. 覆을 复으로 離를 离로 간략하게 쓴 것은 마왕퇴한묘백서(馬王堆漢墓帛書) 『노자(老子)』에 나타난다. 이 외에 萬을 万

② 예부터 쓰이던 고자(古字)나, 필획이 비교적 간단한 고자를 채택
했다.14)

③ 번체자와 간체자가 있는 동음자는 필획이 비교적 적은 글자로
대체한다.15)

④ 몇 개의 편방으로 구성된 글자는 그중의 일부분이나 대부분을
없애 간략하게 만든다.16)

⑤ 형방(形旁)이나 성방(聲旁)의 필획이 너무 많은 형성자(形聲字)
의 경우 간단한 형방이나 편방으로 바꾸고 어떤 경우에는 형성
을 전부 바꾸기도 한다.17)

⑥ 구조가 번잡한 형성자를 회의자(會意字)로 바꾸거나 회의자를
형성자로 바꾼다.18)

⑦ 역대 익히 알려진 초체자(草體字)를 그의 이어지는 필획을 끊어
초서의 형식으로 바꾸었다. 이를 초서해화자(草書楷化字)라고
한다.19)

으로 糧을 粮으로 간략하게 쓴 것은 한대비판(漢代碑版)에 나온다. 亂은
乱으로 筆은 笔로 간략하게 쓴 것은 육조 비판(六朝碑版)에 나타난다.
憐을 怜으로 榮을 荣으로 간략하게 쓴 것은 수당 비판(隋唐碑版)에 나타
난다. 獨을 独으로 쓴 것은 송대(宋代)의 속자(俗字)이다. 擺를 摆로 쓰
고 鷄를 鸡로 쓰는 것은 명청(明淸)의 속자이다. 擁을 拥으로 쓰고 幣를
币로 쓰고 衛를 卫로 쓰는 것은 근대 유전된 간속자이다. 謝世涯『新中
日簡體字硏究』, 189~190쪽, 語文出版社
14) 예를 들면 鬍 대신 胡를, 鬚 대신 须를 捲 대신 卷을, 雲 대신 云을 쓴다.
15) 예를 들면 醜 대신 丑를, 穀 대신 谷을, 隻 대신 只를, 裏 대신 里를 쓴다.
16) 예를 들면 雖를 虽로, 開를 开로 쓴다.
17) 예를 들면 骯을 肮으로, 優를 优로, 驚을 惊으로 쓴다.
18) 형성자(形聲字)를 회의자(會意字)로 바꾼 경우로는 塵을 尘으로, 竈를
灶로 바꾼 예를 들 수 있다. 회의자를 형성자로 바꾼 경우로는 竄을 窜
으로, 態를 态로 바꾼 예를 들 수 있다.

⑧ 어떤 글자는 한 부분이 지나치게 복잡해 이 부분을 간단한 부호
  로 바꾸었다.[20]

⑨ 어떤 글자는 간화편방이나 간화자를 적당하게 유추했다.[21]

그러나 「한자간화방안초안」은 많은 문제점을 갖고 있다. 이에 대해
살펴보고자 한다.

「한자간화방안초안」 798개 번체자는 평균 글자마다 16획이던 것이
평균 9획의 간체자로 평균 7획이 줄었다.[22] 당연히 학습의 부담을 감
소시켰다고 할 수 있고 글쓰기도 번체자보다 빨라졌다. 이것이 「한자
간화방안초안」의 장점이다.

그러나 「한자간화방안초안」은 상용자와 비상용자를 간화하는 비중
에 대해서는 좀더 생각해 보아야 할 것이다. 교육부가 공포한 1500개
상용자를 가지고 필획의 다소에 따라 이미 「한자간화방안초안」에 간
화된 것과 아직 간화되지 않은 상용자 수를 표로 나타내 보면 다음과
같다.[23]

---

19) 예를 들면 爲를 为로, 發을 发로 쓰는 경우이다.
20) 辦을 办으로, 風을 风으로, 鄧을 邓으로, 興을 兴으로, 變을 变으로, 棗를
    枣로 쓰는 경우이다.
21) 東을 东으로 바꾸었으니 凍, 棟, 陳은 冻, 栋, 陈으로 유추 간화할 수 있
    다. 會를 会로 간화했으니 繪와 劊는 绘와 刽로 바꿀 수 있다.
22) 韋慤, 「略談漢字簡化工作」, 『簡化漢字問題』 9쪽.
23) 金鳴盛, 「我對798個漢字簡化表草案的分析和意見」, 『簡化漢字問題』, 56쪽.

획 수	상용자자수	간화된 자수	간화되지 못한 자수
1~4획	94		94
5획	67		67
6획	79	2	77
7획	101	4	97
8획	133	8	125
9획	125	7	118
10획	143	14	129
11획	155	32	123
12획	137	26	111
13획	109	33	76
14획	70	30	40
15획	86	40	46
16획	54	29	25
17획	46	30	16
18획 이상	101	80	21
총 계	1500	335	1165

표의 통계를 보면 필획이 많은 상용자일수록 간화된 것이 많다. 14 획~16획까지의 글자는 거의 반이 간화돼 간화원칙에도 맞다. 그러 나 상용자의 총수로부터 본다면 1500개 상용자 중에 간화된 글자는 단지 335개이다. 간체자 총수의 22.33%만을 점유하고 있다. 「한자간화 방안초안」은 상용자와 비상용자 간화에 대한 비중이 이상적이지 못함 을 알 수 있다.

애위(艾偉)는 "한자를 간체자로 바꿀 때 상용자 중 필획이 10획 이 상인 자(약 1500자)만을 간화시키도록 주의해야 한다."[24]고 건의한 적이 있다. 표 중에 11획 이상의 상용자는 총 758개이다. 458개가 간 화되었고 아직 간화되지 않은 것은 300개이다. 이 점 유의해야 한다.

당연히 10획 이상 것을 전부 간화하는 것은 필요 없는 일이다. 이효

---

24) 艾偉, 『漢字問題』 154쪽.

정(李孝定)은 "경솔하게 한다면 문자학 지식을 조금 갖춘 사람이라면 누구나 하룻밤 사이에 110개의 간체자를 만들어 낼 수 있다. 그렇게 되면 문자의 구조를 크게 해치게 되어 문자사용의 혼란만을 가중시킬 뿐이다."25)고 말했다. 그러나 18획 이상의 아직 간화되지 않은 상용자 21자 중 警, 飜, 簡, 覇, 露 등의 글자는 대부분 애위 선생이 지적했다시피 보기에 곤란함을 느낀다.26) 구조가 복잡한 이러한 상용자는 확실히 간화해야 될 필요성을 지니고 있다.

이와는 반대로 상용자는 간화되지 않았고 드물게 쓰이는 글자들 예를 들면 瓊(琼), 瀏(浏), 齣(出), 鬪(斗), 癧(痈) 등의 글자는 오히려 간화되었다. 이러한 점에서 「한자간화방안초안」은 많은 문제점을 안고 있음을 알 수 있다.

중국문자개혁위원회 상무위원 엽공작(葉恭綽)은 전국문자개혁회의(全國文字改革會議)에서 한자간화의 추진방침은 '약정속성(約定俗成)'이라고 밝혔다. 그는 "사회습관의 기초하에 세리(勢利)로 결정되는 것이며, 이미 유행되는 간화자를 채용하는 것이지 현재의 한자를 철저히 새로운 자로 개조하는 것은 아니며 계통 있는 개변자체(改變字體)도 아니다."27)라고 말했다. 그러나 이러한 방침은 완전히 관철되지 못했다. 瞭解, 瞭然의 瞭는 이미 약정속성으로 了解로 쓰였다. 그러나 「한자간화방안초안」에서는 이를 무시하고 새로운 '盯'字를 억지로 만들어 냈다. 이 밖에도 幹事, 幹部의 幹은 이미 약정속성으로 干事, 干部로 쓰이고 있는데 「한자간화방안초안」은 干을 없애고 새로 𠆤을 따로 만

25) 李孝定, 「從中國文字的結構和演變過程泛論中國文字的整理」, 『新洲日報新年特刊』 1969년.

26) 艾偉, 『漢字問題』, 149쪽.

27) 葉恭綽, 「關于漢字簡化工作的報告」, 『第一次全國文字改革會議文件匯編』 25쪽, 北京文字改革出版社출판.

들었다. 이 외에도 釀을 酟으로, 搯을 抧로, 漿을 𣲘로, 蠔를 蚝로 쓰는 등 30여 개의 글자는 억지로 무리하게 만들어 낸 간체자이다.

간체자의 좋은 점은 비문맹자가 책을 보거나 신문에서 상용되지 않은 글자를 보더라도 틀림없이 추측해 낼 수 있다는 데에 있다. 그러나 만약 추측해야 하는 글자가 많다면 그것은 제대로 추측해 내지 못하거나 잘못 추측할 가능성도 자연 있게 된다는 말이 된다. 그렇다면 글을 아는 사람도 문맹으로 변할 가능성은 충분히 있게 되는 것이며 사상적으로도 지지와 협조를 얻기가 쉽지 않다. 새로운 글자를 많이 만들면 개혁에 방해가 될 수 있다. 무턱대고 글자를 만들거나 간체자를 만드는 것이 능사가 아니다. 문자개혁자들이 깊이 생각해 볼 문제이다.

3) 「한자간화방안」 공포

중국문자개혁위원회는 1955년 1월 「한자간화방안초안」을 공포한 뒤 널리 각 방면의 의견을 구했다. 1955년 1월 7일 중국문자개혁위원회, 교육부, 해방군총정치부, 전국총공회에서 연합 통지문을 발표했고 「한자간화방안초안」 30만 부를 인쇄해 각계에 보냈다. 같은 해 2월 주요 간행물에 「한자간화방안초안」을 발표했다. 정협전국위원회(政協全國委員會)는 주은래 총리의 지시에 따라 한자간화와 개혁문제에 관한 보고회를 거행했다. 문화부, 교육부, 우전부(郵電部), 신화사(新華社) 등에서는 군중들을 모아서 「한자간화방안초안」을 토론하도록 했다. 통계에 의하면 전국적으로 토론에 참가한 사람이 20만에 달했고 이 중 97%가 찬성했다. 각 방면에서 개인이나 단체에서 총 5,167건의 의견을 보냈으며 이러한 견해를 참조해서 중국문자개혁위원회는 「한자간화방안초안」을 수정했다.

1955년 6월 18일 오옥장(吳玉章)은 주은래 총리에게 다음과 같이 보고했다.

우리 모임에서 「한자간화방안초안」에 대해 대략의 수정을 했습니다. 간화된 한자는 두 부분으로 나뉩니다. 제1부분은 정식채택을 위해 준비된 것이며 제2부분은 계속해서 군중들의 토론과 시용(試用)을 거친 뒤 제2차로 공포해야 할 것들로 이와 같이 나누어 진행하다 보면 2, 3년 내에 대량의 한자를 간화할 수 있겠습니다.

1955년 7월 13일 국무원은 한자간화방안 심정위원회(方案審訂委員會)를 만들었다. 위원회 주임으로는 동필무(董必武)가, 위원회 부주임으로는 곽말약(郭沫若), 마서륜(馬敍倫), 호교목(胡喬木)이, 위원으로는 장해약(張奚若) 등 12인이 맡았다. 같은 해 9월 「한자간화방안수정초안」이 심정위원회에 제출, 심의되었다. 심정위원회는 512개 간화자와 56개 간화편방을 포함하는 「한자간화방안수정초안」을 통과시켰다. 간화자는 원래의 798자에서 512자로 줄었고 간화편방 56개를 더 수록했다. 「제1차이체자정리표초안」을 작성했다.

중국문자개혁위원회는 1955년 10월 15일 교육부와 공동으로 북경에서 중국문자개혁회의를 열어 이 「한자간화방안수정초안」을 토론에 넘겼다.[28] 회의에서 분임 토의를 거친 뒤 '중국문자개혁위원회'는 개별적으로 조정해서 간화자 수는 515개, 간화편방은 54개로 정한 수정의견을 제출했다. 515개 간화자와 54개 간화편방을 포함하는 「한자간화

---

28) 회의는 교육부와 중국문자개혁위원회가 연합해서 열었다. 회의에 참가한 사람들은 전국 28개 성, 시, 자치구와 중앙 각 기관, 부대, 인민단체의 대표 207인이었고 왕력(王力), 엽공작(葉恭綽), 엽성도(葉聖陶), 오옥장(吳玉章), 나상배(羅常培), 진망도(陳望道), 여금희(黎錦熙), 진학금(陳鶴琴) 등 28명이 대회주석단이었다.

방안」과 「제1차이체자정리표초안」을 만장일치로 통과시켰다.29)

이 「한자간화방안」은 1956년 1월 28일 국무원 전체회의 제23차 회의에서 통과되어 31일 인민일보에 공포되었다.

문자개혁위원회는 「한자간화방안」의 간화자를 4차례로 나누어 추진했다. 1956년 2월 1일 제1차간화자 260개를 공포, 시행에 들어갔다. 이때부터 전국의 출판 인쇄에 이 간체자를 일률적으로 통용하게 하고, 기존의 번체자는 고문헌을 영인하거나 특수사항을 제외하고는 일체 사용을 금지시켰다. 1956년 6월 1일 제2차 간화자 95개를 공포했다. 1958년 5월 10일 제3차 간화자 70개를 공포했다. 1959년 7월 15일 제4차 간화자 92개를 공포했다. 이상 4차례로 진행된 간화자는 총 517개이고 그중에는 「한자간화방안」에 들어가지 않은 30개 편방유추간화자가 포함되었다.

「한자간화방안」의 제1부분은 「한자간화표제1표」이다. 간화한자 230개가 들어 있고 주음자모의 음서(音序)로 배열되어 있으며 매 글자마다 괄호 안에 본래의 번체자를 기입하였다. 이 표는 245개 번체자를 230개의 간체자로 간화했다. 그중 2, 3개의 번체자를 하나의 간체자로 합성했기 때문이다. 그래서 간화 뒤의 자수는 간화 전보다 15개 줄었다.

「한자간화방안」의 제2부분은 「한자간화제2표」이다. 간화한자 285개가 들어 있으며 배열방식은 「한자간화제1표」와 같다. 이 표는 299개 번체자를 285개 간체자로 간화시켰다. 번체자를 합병 간화했기 때문에 간화 뒤의 자수는 간화 전보다 14개 줄었다.

이상 2개의 표는 원래 번체자 544개를 포함하고 있었는데 합병 간화 뒤에는 간체자 515개가 있게 되었다. 두 표는 다른 특징이 있다. 제1표에 수록된 간체자30)는 대부분 오랫동안 유전되어 오던 간속자

29) 韋慤, 「略談漢字簡化工作」, 『中國語文』 1955년 제1기 4쪽.

(簡俗字)로 이른바 약정속성자(約定俗成字)이다. 1935년 「제1차간체자표」 중의 간속자 대부분이 이 표에 수록되어 있다.

이에 비해 「한자간화방안」 제2표에 수록된 간체자는 이미 쓰이고 있는 간체자로는 응용에 충분치 않아 이 표는 민간에서 유전하고는 있으나 '俗成'까지는 이르지 않은 많은 간체자를 수록했다.31) 이 외에도 새로 만들어 낸 간체자를 채용했다.32) 이상 두 종류의 글자는 수록된 분량이 상당히 많다. 「한자간화방안」 총 간체자의 31%를 차지한다.33)

조태모(趙太侔)는 「한자간화 문제에 관하여(關于漢字簡化問題)」에서 다음과 같이 지적했다.

> 이러한 새로운 간체자는 모양새가 낯설다. 조자(造字)의 방법도 다양하다. 어떤 것들은 이렇다 할 규칙도 없다. 따라서 일시에 기억하기는 쉽지가 않다. 일선에서 가르치는 선생들도 이런 자들을 파악하기가 쉽지 않다고 생각하고 있다. 새로운 형체가 증가되었기 때문에 이미 혼란스러운 글씨체가 더욱 혼란스러워질 가능성이 크다. 특히 제2표의 새로 만들어 낸 글자들이 그렇다. 게다가 새로운 간체자가 나타나면서 자기 마음대로 글자를 만들어 내는 분위기가 생겼다. 결과적으로 사람들이 쓴 글자는 자기 자신만이 알게 되어 문자의 의사소통 기능을 잃는다. 이점 주의해야 할 것이다.34)

「방안」 제3부분은 「한자편방간화표」이다. 간화편방 54개가 포함되어

---

30) 예를 들어 宝, 灯, 断, 辟, 当, 会, 体, 虫, 袜 등이다.
31) 예를 들어 坝, 币, 坛, 仅, 穷, 艺, 毕, 乡, 疗 등이다.
32) 예를 들어 刁, 仓, 齿, 块, 伞, 泸 등이다.
33) 趙太侔, 「한자간화 문제에 관하여(關于漢字簡化問題)」, 『文字改革』 1958년 제5기 24쪽.
34) 『문자개혁(文字改革)』, 1958년 제5기 25쪽.

있다. 편방의 필획의 간번(簡繁)에 따라 배열되어 있으며 매 간화편방
뒤에 본래의 번체(繁體)편방이 기입되었다. 이 54개 편방은 4가지 유
형으로 나누어져 있다.

① 좌측편방에만 쓰이고 독립적으로 글자를 이룰 때에는 간화하지
   않는 것이 纟(糸), 讠(言), 钅(金), 饣(食) 등 4개이다.
② 일반적으로 혼자 쓰이지 않는 편방은 조(巠), 收(臤), 㑇(芻),
   㕤(咼), 丷(쓰), 只(戠), 睾(睪), 㓁(㒺), 忄(临), 亦(縊) 등
   10개이다.
③ 자체는 단자(單字)이나 편방에 쓰일 때에는 어느 부위를 막론하
   고 일괄적으로 간화하는 편방이 见(見), 车(車), 贝(貝), 门(門),
   仑(侖), 冈(岡), 戋(戔), 马(馬), 鱼(魚), 鸟(鳥), 页(頁), 佥(僉)
   등 12개이다. 이들은 독립해서 글자를 이룰 경우에는 간화할지
   여부는 「한자간화방안」에서 상세히 설명하지 않았다.
④ 편방이나 독립적으로 글자를 이룰 때를 막론하고 일률적으로 간화
   할 수 있는 편방이 长(長), 东(東), 韦(韋), 风(風), 刍(芻), 师(師),
   娄(婁), 区(區), 产(産), 专(專), 发(發), 单(單), 几(幾), 乔(喬), 尧
   (堯), 当(當), 会(會), 肃(肅), 义(義), 农(農), 宾(賓), 齐(齊), 寿
   (壽), 监(監), 齿(齒), 卖(賣), 龙(龍), 罗(羅) 등 28개이다.

이제 「한자간화방안」과 「한자간화방안초안」을 비교해 보자.
「한자간화방안」은 간체자 515개가 수록되어 있고 「한자간화방안초
안」은 798개가 수록되어 있었다. 「한자간화방안」과 「한자간화방안초
안」 간화가 서로 다른 것은 제1표에 15자, 제2표에 40자, 총 55자이
다.35) 「한자간화방안초안」에서는 간화하지 않았으나 「한자간화방안」

에서 보충된 간체자는 제1표는 16개, 제2표는 61개로 총 77개이다.36)

「한자간화방안초안」은 「한자편방글쓰기(手寫)간화표」를 덧붙여 간화편방 251개를 수록했다. 그러나 중국문자개혁위원회는 사람들의 글쓰기 형식을 엄격하게 제한하는 것이 어렵고 오히려 인쇄체가 문자에 대해 더욱 규범적인 작용을 하고 있다고 보았다. 「한자간화방안」은 「한자간화방안초안」의 251개 글쓰기 편방을 인쇄와 글쓰기에 편리한 54개의 간화편방으로 줄였다. 「한자간화방안」의 54개 간화편방을 「한자간화방안초안」과 비교하면 두 부류로 나눌 수 있다. 하나는 「한자간화방안초안」과 다른 것으로 모두 15개이다. 또 하나는 「한자간화방안초안」에서는 간화하지 않았으나 「방안」에서 간화한 편방은 7개이다.

「한자간화방안초안」에는 「없애려는 400개 이체자표(擬廢除的400個異體字表)」가 수록되어 있었다. 「한자간화방안」에서는 이체자 부분을 완전히 떼어 냈고 별도로 문화부와 문자개혁위원회가 1955년 12월 22일 공동으로 「제1차이체자정리표」를 발표했다. 이 표에는 이체자 810조를 수록했다. 글자마다 최소 2자, 최대 6자로 총 1865자이다. 정리를 거친 뒤 1055자를 줄였고37) 「한자간화방안」 중의 544개 번체자와 합치면 1599자를 없앤 셈이다.

---

35) 예를 들면 齣자는 「한자간화방안초안」에서는 䶨로 했는데 간화편방에서 齒類를 유추간화해서 만들어진 것이다. 「방안」에서는 出로 했다. 동음대체시킨 것이다. 儘, 囉는 「한자간화방안초안」에서는 侭, 啰라고 했는데 1935년 「제1차간체자표」의 간체자이다. 「한자간화방안」에서는 砼, 尽, 罗라고 했다. 또 兩, 肅, 顯은 「한자간화방안초안」에서는 両, 粛, 顕라고 했는데 일본 간체자이다. 「한자간화방안」에서는 兩, 肃, 显라고 했다.

36) 墮는 堕로, 來는 来로, 麥은 麦으로, 狀은 状이라 했다. 또 發은 发로, 臺는 台로, 無는 无로, 戰은 战으로 했는데 이는 1935년 「제1차간체자표」에서 온 것이다.

37) 「제1차이체자정리표」의 「설명」, 1956년 2월 북경인민교육출판사.

「제1차이체자정리표」는 1956년 2월 1일부터 중국 전역에서 출판되는 신문, 잡지, 도서 등에서 일률적으로 괄호 안의 이체자의 사용을 금했다. 예를 들면 冰(氷), 布(佈)에서 괄호안의 氷과 佈는 사용이 금지되었다.

그러나 고서(古書)를 인쇄하면서 원문, 원래 글자를 사용해야 할 경우에는 바꾸지 않았다. 「제1차이체자정리표」 중의 선용자(選用字)와 「한자간화방안」 중의 간체자는 서로 모순되는 부분이 있다.

예를 들면 「제1차이체자정리표」에서는 牆, 脅을 수록하고 墻, 脇을 없앴다. 그러나 「한자간화방안」에서는 이체자로 없어진 墻, 脇을 墙, 胁으로 간화시켰다. 두 표 사이에는 이러한 모순된 점을 볼 수 있다.

4) 「한자간화방안」 분석

「한자간화방안」은 번간(繁簡) 자체에 대한 필획획수, 간화편방과 간화자의 유추문제, 번체(繁體) 편방의 분화문제 등을 포함하고 있다. 나누어 살펴보고자 한다.

「한자간화방안」에는 번체자 544개가 515개 간체자로 간화되었다. 지금 「한자간화방안」 중의 번체자와 간체자의 필획 수의 통계를 보면 다음과 같다.38)

---

38) 陳光垚, 「漢字簡化方案中漢字簡化前後字數筆劃統計對照表」, 1956년 4월 11일 광명일보 「문자개혁」 雙周刊.

필획 수	번 체 자		간 체 자	
	자 수	필획 수	자 수	필획 수
2획			5	10
3획			15	45
4획			29	116
5획			39	195
6획			75	450
7획	3	21	70	490
8획	8	64	62	496
9획	7	63	59	531
10획	16	160	55	550
11획	35	385	35	385
12획	37	444	22	264
13획	40	520	28	364
14획	57	798	13	182
15획	64	960	3	45
16획	45	720	3	48
17획	55	935	1	17
18획	35	630	1	18
19획	55	665		
20획	32	640		
21획	22	462		
22획	15	330		
23획	12	276		
24획	12	288		
25획	6	150		
26획	4	104		
27획	1	27		
28획	1	28		
29획	1	29		
32획	1	32		
총 계	554	8,731	515	4,206

이상의 통계에 근거해 3가지로 주목할 필요가 있다.

첫째, 544개 번체자의 총수는 8,731획이다. 그러나 10획의 鬥자는 간체고자(簡體古字)이다. 24획의 鬪에 근거해서 계산하면 확실히 총수는 8,745획이다. 평균 글자마다 16.8획이다. 515개 간체자의 총 필획 수는 4,206획이다. 평균 글자마다 8.16획이다. 간체자마다 원래 번체 필획의 50.7%를 차지한다. 만약 515개 간체자를 간화편방에 따라 유추 간화한다면 매 간체자의 필획은 6.5획까지 줄일 수 있어 번체자 평균 필획의 40%를 차지하게 된다.[39]

그래서 주법고(周法高)는 "널리 유행하는 간체자를 손쉽게 쓸 정도가 되면 많은 정력과 시간을 줄일 수 있다."[40]고 지적했다. 통계숫자에서 알 수 있듯이 간체자는 필획의 절반을 감소시켰다.

둘째, 간화 전의 번체자는 2획에서 6획까지는 없었다. 간화 뒤에 2획에서 6획까지의 간체자는 163개로 증가했다. 간화 전의 19획에서 32획까지의 번체자는 모두 142개이다. 간화 뒤에는 이러한 글자들이 1개도 나타나지 않는다. 애위(艾偉)가 "글자의 필획 수가 좀 많거나 형상이 조금이라도 특이하면 여러 번의 연습을 거쳐야 마음대로 쓸 수 있게 되고 마음대로 응용할 수 있게 된다. 필획이 적은 것은 필획이 많은 것보다 외워 쓰기가 쉽다. 자형(字形) 조직이 간단한 것이 복잡한 것보다 외워 쓰기가 쉽다."[41]고 지적했다. 이는 애위가 여러 차례 실험을 거친 뒤에 얻은 결론이다. 필획이 번다한 자를 필획이 적고 형체가 간단한 자로 간화시킨 것은 학습자의 심리요구에도 부합하는 것임을 알 수 있다.

39) 吳玉章, 「關于當前文字改革工作和中國語拼音方案的報告」, 『文字改革文集』 145쪽, 1978년 12월 중국인민대학출판사.
40) 周法高, 「續論簡體字」, 『中國語文論叢』 182면, 1970년, 대북 正中書局.
41) 艾偉, 『漢字問題』 4,153쪽, 上海中華書局 출판.

셋째, 애위는 "쉽게 관찰되는 글자는 그 필획이 1획부터 10획 사이이다. 10획 이하의 글자가 간자(簡字)이다. 10획 이상의 글자는 번자(繁字)이다."[42]라고 말했다. 위의 표에 나타나고 있듯이 11획의 글자는 간화 전과 간화 후가 모두 35개이다. 그러나 12획 이상의 글자는 간화 이전은 475개인데 간화 뒤에 오히려 71개이다. 10획 이하의 글자는 간화 전은 34개인데 간화 뒤에 오히려 409개로 증가했다. 이는 필획이 많은 글자일수록 간화가 많아져 필획이 적은 글자가 점점 증가하게 한다는 사실을 말한다. 이는 한자간화의 요구에도 부합하는 것이다.

그러나 번체자가 대량 감소하고 간체자가 상대적으로 증가한 결과 형체가 비슷한 글자가 대량 출현하는 일이 많아졌다. 필획이 간단할수록 형체가 비슷해져 자형(字形)이 혼동을 일으키기가 쉬워졌다. 구별하기도 쉽지 않고 정확하게 쓰는 것도 힘들어졌다. 애위(艾偉)가 일찍이 "글자의 일부가 다른 글자의 일부분과 비슷해진다면 잘못 쓰는 일이 많아질 것이다."[43]라고 지적한 적이 있다.

「한자간화방안」에 공포된 간체자는 그것들이 다른 글자의 일부분을 이룰 경우 똑같이 간화될 수 있느냐 여부에 대해 「한자간화방안」에서는 설명이 없다. 「한자간화방안」은 간체자의 자형(字形) 방면에 대해서만 규범을 내린 것이다. 이미 공포된 간체자는 간화편방으로 기타의 번체자를 유추 간화할 수 있느냐 하는 문제와 어떻게 유추할 것이며 또 어느 범위까지 유추할 것인가 하는 문제에 대해 「한자간화방안」에서는 설명이 없다. 따라서 「한자간화방안」 중의 간체자를 2부류로 나눌 수 있다.

하나는 간체자에 근거해 편방을 유추해 낸 것이다. 예를 들면 萬은 万으로 간화한다. 그래서 厲, 勵, 邁도 历, 励, 迈로 간화했다. 難은 难

---

42) 앞의 책, 149쪽, 151쪽.
43) 앞의 책, 216쪽.

으로 간화했고, 攤, 灘, 癱도 摊, 滩, 瘫으로, 參은 参, 慘, 滲도 惨, 渗으로 간화했다.

또, 다른 부류는 「한자간화방안」에서 간화하지 않은 번체자이다. 이미 공포된 간체자를 간화편방으로 삼아 유추 간화할 수 있는지 여부에 대해 「한자간화방안」에서 근거를 찾을 수 없다. 예를 들면 愛는 이미 爱로 간화되었다. 그러면 嗳, 曖, 嫒, 瑷, 靉는 이미 간화된 예에 따라 유추, 간화될 수 있는지 「한자간화방안」에서는 근거를 찾을 수 없다. 華는 이미 华로 간화되었으나 嘩, 樺, 鏵, 燁, 曄은 华에 근거, 간화할 수 있는지 근거가 없다. 寧은 이미 宁로 간화되었지만 嚀, 獰, 擰, 濘, 檸, 聹이 宁에 따라 간화될 수 있는지 뚜렷한 근거가 없다.

이상 두 종류의 다른 상황이 나타났기 때문에 일선의 어문교사와 출판계 사람들은 어떤 것을 좇아야 할지 모르게 되었다. 특히 교사는 학생들이 「한자간화방안」에서 유추, 간화하지 않은 글자를 썼을 때 그들이 맞게 썼는지를 결정할 수 없어 곤혹감을 느끼곤 했다. 어문교사 왕비(王非)는 일선교사의 소감을 이렇게 밝혔다.

편방간화표에 들어가지 못한 글자를 편방으로 삼아 유추, 간화할 수 없다. 예를 들면 倉, 瘡은 이미 仓, 疮으로 간화되었다. 그러나 搶, 蒼, 愴은 여전히 번체자를 써야 하고 간화할 수 없다. 우리들은 학생들을 가르칠 적에 이런 글자를 만나면 관례대로 하는 수 없이 학생들에게 이렇게 말한다. 某某 편방 위에 번체(繁體)의 某자를 더한다. 예를 들면 曖자는 日字옆에 번체 愛자를 더한다고 말한다. 학생도 관례대로 질문한다. 번체 愛자는 어떻게 씁니까? 그래서 하는 수 없이 학생들에게 하나의 번체자를 가르치게 된다. 이런 번체자들은 학생들의 환영을 받지 못한다. 학생은 또 질문을 한다. 간화자를 쓸 수 없습니까? 교사는 이런 대답을 하는 수밖에 없다. 자표에 규정이 없어 간화할 수 없다고, 이는 정말 불합리한 것이다. 공연히 학생들의 부담만을 더하는 것이다.44)

이미 공포된 간체자 중 어떤 글자는 편방 유추로 다른 번체자를 간
화할 수 있으며 어떤 글자는 근거 없이 유추할 수가 없다. 따라서 실
제 응용할 때 무엇을 따라야 할지 모르게 되고 심지어는 혼란과 모순
된 현상까지도 일으키게 된다. 「한자간화방안」에 확실히 완전하지 못
한 점이 있음을 알 수 있다.

5) 「간화자총표(簡化字總表)(1964년)」

중국 현행 간체자는 「한자간화방안」, 「제1차이체자정리표」, 「간화자
총표」를 표준으로 삼는다. 국무원이 1956년 「한자간화방안」을 공포했
으나 「한자간화방안」이 간화편방의 사용범위에 대한 설명을 명확하게
규정하지 않아 개인이 임의로 간화하는 일이 일어나 한자의 혼란이
지속되면서 이제는 어느 한자가 국가에서 공포한 간체자이고 어느 것
이 잘못된 것인지 구분이 가지 않는 상황이 생겨났다.

또한 유추 간화하지 않았지만 간화할 수 있는 글자가 많아 중국문
자개혁위원회는 1964년 5월 국무원의 지시에 따라 「간화자총표」를 편
제했다. 그 목적은 간화자를 사용하기 위한 명확하고 통일된 규범을
세워 하나의 공통된 표준을 가짐으로써 간화자를 사용할 때 혼란과
모순현상을 없애고자 하는 데 있다.45)

(가) 「간화자총표」의 내용

「간화자총표」는 2,238자를 수록했으며 간화편방 14개를 싣고 있다.
간화자의 성질에 따라 3개의 표로 나누었다.

---

44) 王非, 「簡化偏旁是個好辦法」, 1964년 4월 29일 광명일보.
45) 肖鷹, 「簡化字總表解釋」, 1965년 2월 17일 『文字改革』 雙周刊 110기.

제1표는 352개 편방으로 쓰이지 않는 간체자를 수록했다. 이 간체자들은 일반적으로 편방으로 쓰여 다른 번체자를 유추 간화할 수 없다. 예를 들면 兒자는 儿로 간화하지만 霓자의 아래 편방 兒는 간화하지 않는다. 이미 간화된 편방도 일반적으로 유추할 수 없다. 예를 들어 憶자는 忆으로 간화했지만 臆자의 오른쪽 편방의 뜻은 간화하지 않는다.

제2표는 132개 간화편방으로 쓰일 수 있는 간체자와 14개 간화편방을 수록했다. 이 간체자들은 편방으로 쓰일 적에도 똑같이 간화하고 유추할 수 있다. 예를 들면 見은 见으로 간화되었고 視, 現, 覓은 视, 现, 觅으로 유추 간화될 수 있다. 그러나 이런 방법으로 제1표 중에 이미 간화된 글자를 유추할 수 없다. 예를 들면 專은 专으로 간화되었다. 그러나 團은 圍로 간화되지 않는다. 團자는 제1표에서 이미 团으로 간화되었기 때문이다. 이 밖에 이런 글자와 제1표는 똑같이 정체(整體)된 간화된 글자이다. 임의로 그중 일부분을 간화편방으로 사용할 수 없다. 예를 들어 鄭자는 郑로 간화되지만 尊자를 奠으로 간화시킬 수 없다. 14개의 간화편방 중에 纟, 讠, 钅, 饣는 일반적으로 왼쪽 편방에만 쓰일 수 있다. 예를 들어 誓, 餐, 素, 淦의 편방 言, 食, 糸, 金은 간화하지 않는다. 그러나 다른 상황하에서 다른 부위에 쓰일 수 있다. 예를 들면 諸, 約, 欽은 이미 诸, 约, 钦으로 간화되었다. 그러면 儲, 喲, 撖도 储, 哟, 揿으로 유추 간화될 수 있다. 이 외에 獄, 辮, 衛도 狱, 辫, 衛으로 유추 간화될 수 있다. 이런 글자는 쓰고 보는 데 어렵지 않아 「간화자총표」에서는 그것들을 수록했다. 제2표에서 유추한 간체자 범위는 기본상 『신화자전(新華字典)』[46]에 수록된 한자를 표준으로 삼았다. 그 결과 얻은 간체자는 1,754개이다.

제3표에 수록된 간체자는 제2표 중의 간체자와 간화편방으로부터

---

46) 1962년 北京 商務印書館 제3판을 근거했음.

유추해서 나온 것으로 제3표는 제2표에서 파생된 것이다. 성질은 제1, 제2표와 다르며 간화 정도도 같지 않다. 제1, 제2표에 수록된 것은 기본 간체자로 숫자도 고정적이다. 이에 비해 제3표에 수록된 것은 파생된 간체자이며 숫자도 고정적이지 않다.

「간화자총표」 간화 전후의 자수와 필획 수[47]는 다음과 같다. 자수로 말한다면 원래 번체자는 2,264자이다. 10획 이내의 것은 단지 141자로 총 자수의 6.2%를 차지한다. 간화 후의 간체자는 2,238개이며 10획 이내의 자는 1,267개로 총 자수의 56.6%를 차지한다. 둘을 비교하면 간화 뒤에 10획 이내의 자수가 50.4%로 눈에 띄게 많아졌다.

필획 수로 말한다면 원래 번체자는 36,280획으로 평균 글자마다 16획이다. 간체자는 23,055획으로 평균 글자마다 10.3획이다. 글자평균 6획이 감소되었다. 2천 자를 쓰는 데 1만여 필획을 적게 쓰게 되는 셈이다. 1만 필획은 1천 개 단자(單字)와 같다. 통상 글쓰기 속도에 따르면 1만 자의 극본을 베낄 때 8시간이 소요된다. 그러면 1천 자를 쓰면 48분이다. 1만 필획을 적게 쓰는 것은 1천 자를 쓴 것과 같다. 사람들의 글쓰기에 정력과 시간을 절약함을 알 수 있다.[48]

그러나 표준의 간체(簡體)는 11획 이상의 것은 968개고 15획 이상의 것은 260개다. 애위(艾偉)는 "관찰하기 쉬운 글자는 그 필획이 1~10획 사이이다. 10획 이하의 글자는 간(簡)이고 10획 이상의 글자는 번(繁)이다."[49]라고 말했다. 「간화자총표」의 간체자는 필획이 번잡한 것이 여전히 많다. 간화가 철저하지 못했다. 예를 들면 贏자는 3획만을 줄였고 躪자는 4획만을 줄였다. 문자학자 용경(容庚)은 "「간화자총

---

47) 劉伯璜, 「簡化字總表的優點」, 1965년 7월 21일, 광명일보 「문자개혁」 雙周刊 119기.

48) 앞의 주와 같음.

49) 艾偉, 『漢字問題』 13쪽, 151쪽, 上海 中華書局.

표」 중에 어떤 글자들은 이미 절반을 줄였다고 할 수 있지만 여전히 번체가 반을 차지한다. 钁, 鑱, 驟, 驥, 灏, 鼕, 鱷, 趲, 瓚, 鸛, 戀은 필획이 20~25획이다. 앞으로 번체 편방을 다시 간화할 필요가 있다."50)라고 지적했다.

(나)「간체자총표」와「한자간화방안」,「제1차이체자표」의 모순

「간체자총표」가 공포될 때 많은 사람들은 표의 사용범위에 대해 분명히 인식을 하지 못했다. 광명일보,『문자개혁』의 편집부는 연속으로「간화자총표해석」이라는 문장을 싣고 "「간체자총표」는「한자간화방안」외에 다시 새로운 간화자들을 공포한 것이 아니고「한자간화방안」의 범위내에서 국무원의 지시에 따라 간화편방의 사용범위를 약간 조정한 것이다."고 지적하고 있다. 그러나 이러한 조정을 거친 뒤에「간체자총표」는「한자간화방안」,「제1차이체자정리표」와 모순된 점을 갖게 되었다.

첫째,「한자간화방안」은 艙을 舱으로 간화했다. 동음대체자인 것이다.「간체자총표」는 오히려 艙을 舣라고 간화했다. 이는 간화편방에 근거 유추해서 나온 것이다. 이 밖에 臨자는「한자간화방안」에서는 临으로 간화했다.「간체자총표」에서는 归라고 간화했다. 그러나 왜 필형(筆形)을 바꾸었는지에 대해「간체자총표」「說明」부분에서 언급이 없어 인쇄나 글쓰기에 临과 归의 혼동현상이 일어나게 된다.

둘째,「한자간화방안」은 鳥를 鸟로 간화했다. 烏자는 간화하지 않았다. 그러나「간체자총표」에서는 烏자를 乌로 간화해서 乌자를 烏의 간체자로 했다. 바꾸어 말하면「간체자총표」는 하나의 鸟旁을 증가시켰다. 이는「간체자총표」가「한자간화방안」외에 별도로 새로운 간체자

---

50)「對簡化字總表的我見」, 1965년 4월 14일 광명일보『文字改革』雙周刊 114기.

를 공포한 것이 아니라는 사실과는 맞지 않음을 나타내준다.

셋째, 「제1차이체자정리표」에서 이미 도태된 이체자들 예를 들면 嗶, 剗, 鱠, 訴, 讎, 詞, 誣, 脇, 墙 들을 중국문자개혁위원회와 문화부는 이미 1956년 2월 1일부터 전국에 사용 중지를 명령했다. 그런데 「간체자총표」에서는 이미 폐기 처리한 이체자를 간화의 근거로 삼아 그것들을 晔, 刬, 绘, 诉, 雠, 词, 诬, 胁 墙으로 간화시켰다. 이러한 모순은 사람들을 이해하기 힘들게 만든다. 만약 이러한 변동이 정말로 필요한 것이라고 한다면 바로 이체자 처리에 대해 충분히 생각하지 못했다는 점이다. 한자는 자기 나름의 엄격한 체계를 가지고 있다. 자주 바꾸면 한자의 문어체 교제수단으로서의 기능에 영향을 주어 혼란을 가져올 것이다. 「간체자총표」에서 비롯된 여러 모순은 한자의 정리, 간화에는 한자의 계승성(繼承性), 통일성(統一性), 온정성(穩定性)에 좀더 주의를 기울여야 함을 나타내고 있다.

6) 「한자간화방안」 및 「간화자총표」 한계

(가) 약정속성(約定俗成)과 유추 간화의 모순

중국의 현행 간체자는 아주 많은 부분이 민간의 약정속성에서 온 것이다. 이는 중국문자개혁위원회의 방침 중의 하나이다. 엽공작(葉恭綽)은 "우리의 방침과 단계는 약정속성, 온보전진(約定俗成, 穩步前進)이라는 8자로써 개괄할 수 있다. 이른바 약정속성은 사회습관 기초 위에 이미 유행하는 간화자를 채용하는 것을 말한다."[51]고 강조했다.

다른 한편으로는 대량의 한자를 더 간화시키기 위해 간화편방에 근

---

51) 「關于漢字簡化工作的報告」, 『第一次全國文字改革會議文件匯編』, 제2책 625쪽, 1980년 1월 北京 中華書局.

거해서 계통적으로 유추하는 것이다. 오옥장은 다음과 같이 지적했다.

> 군중들이 채택하고 군중이 이미 사용하는 데 습관이 된 간필자(簡筆字)들을 채택하고 동시에 군중들이 사용하는 데 습관이 된 간화방법으로 일부의 새로운 간필자를 창조했다. 이렇게 해야 필획이 번잡한 대부분의 한자를 간화시킬 수 있다. 별도로 한자의 부분—부수와 편방—을 단계적으로 간화하여 동일 편방의 한자까지 유추했다.(예를 들면 東을 东으로 간화했으니 陳, 棟, 凍이라는 글자들도 유추 간화할 수 있다.) 이렇게 해서 더욱 많은 글자를 간화시킬 수 있다.52)

그러나 유추간화와 약정속성은 종종 모순을 일으키게 된다. 첫째, 약정속성에는 규칙이 없다는 점이다. 「간화자총표」 제1표와 제2표의 간체자는 대부분 민간의 약정속성에서 온 것들이다. 예를 들면 将, 孙, 与, 笔, 荣, 难, 义, 会, 节, 妇자들은 서한(西漢)에서 청대(清代)까지 역대 내려오던 간속자이다. 艺자는 민간의 예인(藝人)에게서 나온 것이며 疗자는 의료계에서 온 것이다. 舰자는 부대에서 나온 것이며 姜자는 상장(商場)에서 나온 것들이다.

이러한 약정속성자들은 다른 상황하에서 약이(約易)를 좇아 이루어진 것이다. 따라서 그들의 내원과 간화방법은 일치하지 않는다. 종종 규칙이 없기까지 한다. 엽공작이 말한다.

> 우리들은 아주 오래전 속자(俗字), 감필자(減筆字), 수두자(手頭字) 등을 채용하는 문제에 대해 연구했을 때 약정속성이라는 원칙을 가정 승인했다. 그러나 동시에 2개의 원칙을 전제조건으로 삼았다. ① 간화에는 규칙이 있어야 한다. ② 스스로 새로운 글자를 만들지 않는다는 것

---

52) 「文字必須在一定條件下加以改革」, 『文字改革文集』 102쪽, 1978년 12월 中國人民大學出版社.

이다. 두 가지는 서로 모순되는 것이다. 첫째는 약정속성이라는 것이 당
연히 계획적으로 만들어진 것이 아니어서 약정속성의 간필자는 종종 일
정한 규칙이 없기도 하며 간혹 규칙이 있더라도 이는 우연한 것이다.
결국 종합해 보면 규칙이 있을 수 없다는 결론에 도달한다.53)

약정속성자들이 규칙을 가지지 않은 사례는 일일이 들 수 없을 정
도로 많다. 결론적으로 「간화자총표」 제1표와 제2표의 글자는 대부분
약정속성자들이다. 번체자에 익숙해진 사람들은 이런 글자에 고통스러
워한다. 따라서 잘못 쓰고 잘못 알 가능성이 많다. 왜냐하면 이런 글
자들은 대부분 민간의 속체(俗體)에서 채택된 것이고 이들은 유추규
칙에 의해 간화된 것이 아니어서 규율이 없다. 개별 단자(單字)를 가
지고 말하자면 이런 약정속성자의 필획이 크게 줄어 이미 한자를 간
화하는 목적을 달성했다고 말할 수 있지만 전체로 본다면 한자의 구
조는 오히려 이 때문에 번화(繁化)되었다.

둘째 유추 간화에는 항상 변례(變例)가 있다는 문제점을 들 수 있다.
개별 간화의 약정속성자들은 응용에 충분치 않아 「간화자총표」에서는
드디어 이미 간화된 간체자와 간화편방에 근거해서 계통유추를 했다.
이렇게 해서 대량의 한자가 순조롭게 간화될 수 있었다. 예를 들어 貝
는 贝로 간화됐으니 「간화자총표」에서는 貝변이 들어간 글자들 賺, 慎,
嬰, 費, 遺 등의 142개자들은 유추 간화되었다. 그중 대부분의 간화편
방 万, 门, 义, 页, 为, 会, 见은 사람들이 평상시 글자를 쓸 때에도 습
관이 되어 있어 기억하기 쉽다. 게다가 이러한 편방은 일반적으로 번
체 편방의 윤곽이 남아 있어 크게 생소하다는 생각이 들지 않는다.

이 밖에 대부분의 간화편방은 규율이 있기 때문에 추리할 수 있어

---

53) 「關于整理漢字工作的一些問題」, 『簡化漢字問題』 13~14쪽, 북경中華書局
　　출판, 1956년 3월.

글자마다 기억할 필요가 없다. 만약 필요하다면 번간(繁簡)편방의 대
응규칙으로 번체자를 알 수 있다. 그러나 「간체자총표」의 계통유추는
종종 변례가 많다. 일일이 기억해야 하는 어려움을 더하고 있다.
　그 실례들이다.

① 「간화자총표」에서는 鳥가 들어가는 글자들은 다 鸟로 유추 간화
　했다. 鸭, 鸵, 鸾, 鸿 등이다. 그러나 鳧자는 凫로 간화했다.
② 咼방이 들어가는 글자는 다 呙로 유추 간화했다. 涡, 锅, 窝 등이
　다. 그러나 過, 撾는 过, 挝로 간화했다.
③ 監방이 들어가는 글자는 다 监으로 간화했다. 蓝, 槛, 尴 등이다.
　그러나 艦은 舰으로 간화했다.
④ 單방이 들어가는 글자는 다 单으로 간화했다. 辍, 弹, 阐 등이다.
　그러나 戰은 오히려 战으로 간화했다.
⑤ 軍방이 들어가는 글자는 모두 军으로 간화했다. 郓, 浑, 晕 등이
　다. 그러나 運은 오히려 运으로 간화했다.
⑥ 親은 亲으로 간화했다. 櫬은 榇로 유추 간화했다. 그러나 襯은
　오히려 衬으로 간화했다.
⑦ 節은 节로 간화했다. 櫛은 栉로 유추 간화했다. 그러나 癤은 오
　히려 疖로 간화했다.
⑧ 優는 优로 간화했다. 擾는 扰로 간화했다. 그러나 憂는 忧로 간
　화했다.
⑨ 徵은 征으로 간화했다. 懲은 惩으로 간화했다. 그러나 癥은 症으
　로 간화했다.

사례는 일일이 제시할 필요도 없이 많다. 한자를 간화한 목적은 배

우기 쉽고 쓰기 쉽고 알기 쉽고 기억하기 쉽고 등 여러 방면을 위해
서이다. 간체자가 번체자보다 쓰기 쉽다는 것은 누구나 인정하는 사실
이다. 필획이 적은 글자가 필획이 많은 글자보다 쓰기 쉽다는 것은 실
험으로도 증명된다. 그러나 간체자가 편방유추 방면에서 많은 변례(變
例)가 있다면 글자를 기억하는 데 어려움을 줄 것이다.

셋째로는 유추할 수 있는 글자를 간화하지 않았다는 문제점을 지적
할 수 있다. 당란(唐蘭)은 다음과 같이 지적하고 있다.

> 과거의 한자간화를 회고하면 기본적으로 자발적이거나 보편적인 것은
> 아니어서 통일된 규칙이 모자랐다. 전반적인 고려가 없었다. 약정속성으
> 로 말하자면 역사전통을 계승하여 영향을 확대하는 데에는 유리하다.
> 그러나 역사전통의 제한으로 진일보해서 간화하는 데에는 아무래도 구
> 속을 받을 수밖에 없다.54)

당란이 지적한 '통일된 규칙이 모자랐다.'라는 것은 구체적으로 간화
할 수 있는 많은 글자들이 간화편방에 근거해서 유추하지 않았음을
의미하기도 한다. 바꾸어 말하면 똑같은 편방이라도 어떤 것은 이미
간화했고 어떤 것은 간화하지 않았고 어떤 것은 이렇게 간화했으나
또 다른 것은 저렇게 간화해서 전반적인 고려가 부족함을 뜻한다.

惱, 腦는 이미 恼, 脑로 간화되었다. 그러나 瑙는 간화되지 않았다.
壯, 裝은 이미 壮, 装으로 간화되었다. 그러나 奘은 간화되지 않았다.
이러한 실례는 일일이 거론할 수 없을 정도로 많다. 이 때문에 많은
사람들은 간화한자의 길은 다궤적(多軌的), 신축적(伸縮的)이지 단궤
적(單軌的), 기계적(機械的)이지는 않다55)고 말한다. 결론적으로 약정

---

54) 「論漢字簡化的方法問題」, 1960년 8월 11일 광명일보 「문자개혁」 雙周刊
　　제2기.

속성자는 대부분 민간에서 온 것으로 추진에 쉽다는 장점을 가지고
있는 데 비해 단점은 복잡하고 산만하여 규칙이 없다는 점이다.

(나) 동음대체와 부호대용의 득실(得失)

한자의 간화방법 중에 동음대체와 부호대용은 널리 응용되고 있다.
동음대체는 필획을 감소시킬 뿐만 아니라 자수를 정간(精簡)할 수 있
기 때문이다. 부호대용은 간단한 부호로 번잡한 편방을 대체하기 때문
에 확실히 간편하고 쉽다. 그러나 동음대체는 뜻의 혼란을 가져올 수
있고 부호대용은 한자의 체계를 무너뜨리는 문제점이 있다. 먼저 동음
대체의 득실에 대해 살펴보고자 한다.

원래 필획이 간단한 글자를 이용해서 하나나 몇 개의 동음이거나
음이 비슷한 번체자를 대체하는 것을 동음대체라고 한다. 이런 방법을
고대(古代)에서는 통가(通假) 혹은 가차(假借)라고 했다. 동음대체의
장점에 대해 장세록(張世祿)은 다음과 같이 밝히고 있다.

> 동음대체의 방법은 잘 운용만 한다면 번체자 수에 대한 기억의 부담
> 을 줄일 수 있다. 또한 필획이 비교적 간단한 자체(字體)로 필획이 번
> 다한 동음자를 대체할 수 있다. 동시에 자체의 필획을 줄이는 셈이다.
> 결국 동음대체의 방법은 자체의 남조(濫造)를 제한할 수 있고 과다한
> 자수를 줄일 수 있다. 동시에 자체의 필획을 줄이고 문자와 언어를 밀
> 접하게 결합시켜 문자 내부의 음부성(音符性)을 강화시킨다. 따라서 문
> 자발전이 대중화의 방향에 더욱 부합하도록 한다.[56]

---

55) 중국문자개혁위원회의 책임자들은 이런 말을 종종 했다. 진월(陳越)은
『편방간화 · 초서해서종론(偏旁簡化 · 草書楷書綜論)』에서 "한자의 증상은
복잡한 것이다. 단방(單方)으로는 효과를 거둘 수 없다. 단지 복방(復方)
을 써야 하며 주의해 가며 증상에 따라 약을 써야 한다."고 했다. 1965
년 『중국어문』 제4기 286쪽.

이 밖에 동음대체의 장점은 또 있다. 한자의 수량을 감소시키며 또한 기억해야 할 기본단위를 줄였다. 따라서 학습부담을 덜 수 있다. 한자의 수량을 줄였기 때문에 인쇄, 타자, 전보 등 문자기계를 개선하는 데 유리하고 작업 효율을 높이며 인력, 물력을 줄이며 새로운 자모(字模)를 만들 필요가 없고 낯선 새로운 자가 출현할 리도 없다.57)

「한자간화방안」 515개 간체자 중 104개가 동음대체자로 20.19%이다. 동음대체의 방법으로 한자를 줄이는 목적을 달성했음을 알 수 있다. 그러나 동음대체도 폐단은 있다. 이 점에 대해 당란이 다음과 같이 지적했다.

> 글자를 아는 사람도 이런 대체자를 보면 항상 한번 생각해 보아야 할 정도로 그다지 간편한 것은 아니다. 약정속성 뒤에 乾濕을 干濕으로 쓰고 能幹을 能干으로 쓸 수 있음을 알게 되었다. 이는 번잡하고 어려운 문자에 대해 간화작용을 할 수 있다. 그러나 이렇게 함으로써 한 글자가 많은 의의를 지니게 되어 불편하다. 예를 들어 干戈, 干犯, 干涉, 干預, 不相干, 干濕, 干勁 등이다. 불편하다. 한자는 결국 사회의 발전에 따라 끊임없이 증가하는 것이다. 많은 예전의 글자들이 이런 대체자에 의해 대체된다 할지라도 문자의 숫자는 감소되지 않는다.58)

동음대체의 결과 종종 의미 혼란을 이룬다. 의미가 밝지 않은 예를 보면 余 餘의 경우 余로 餘를 대신한다. '余不盡意'는 남은 의미가 끝나지 않았다는 것인가 아니면 나(余)는 의미를 다 말하지 않았다는

---

56) 「漢字的改革和簡化」, 1955년 7월 20일 광명일보.

57) 肖業倫, 「壓縮通用漢字的數目」, 『漢字的整理和簡化』 60쪽, 1974년 10월 北京 文字改革出版社.

58) 「論漢字簡化的方法問題」, 1960년 8월 11일 광명일보 『문자개혁』 雙周刊 제2기.

뜻인지 구분이 안 된다. 象 像의 경우에도 象으로 像을 대신한다. '銅 象'은 銅으로 만든 사람의 像인지 아니면 銅으로 만든 큰 코끼리인지 구분이 안 된다.

이제 부호대용59)의 득실에 대해 살펴보자. 한자간화 방법 중에 광범위하게 사용되는 또 다른 대체법으로 부호대용을 들 수 있다. 즉 간단한 부호로 원래 글자의 번잡하고 어려운 부분을 대체하는 것이다.

부호대용의 좋은 점은 단지 2, 3획으로 번잡하고 어려운 편방을 대신할 수 있다는 점이다. 개별 단자(單字)를 가지고 말하자면 필획은 크게 줄었다. 필획도 분명해져 쓰기에 편해졌다. 그러나 전체를 가지고 본다면 한자의 체계는 오히려 이런 부호에 의해 엉망이 되었다. 이런 부호들은 이것들을 가지고 유추할 수 없는 것들이어서 단지 기억의 어려움만을 가중시킬 뿐이다. 이효정(李孝定)은 부호자의 부당한 점에 대해 지적했다.

> 근년에 만들어진 많은 인위적인 간화는 기술상 많은 검토를 요구하고 있다. 현재 만들어진 약간의 간체자들은 종종 동일한 부호가 많은 다른 편방을 대표하고 있다. 이는 문자의 혼란만을 가중시킬 뿐이다.60)

59) 부호대용자를 예를 들어 설명해보자. ① 'ㆍ/'의 부호로 대체되는 것: 办 (辦), 协(協), 苏(蘇) ② 'ㆍ'의 부호로 대체되는 것: 枣(棗) 谗(讒), ③ 'ㆍ/'의 부호로 대체되는 것: 单(單), 来(來), 丧(喪), 啬(嗇), 伞(傘) ④ 'ㅛ'의 부호로 대체되는 것: 兴(興), 学(學), 誉(譽), 举(擧), ⑤ 'ㄨ'의 부호로 대체되는 것: 区(區), 风(風), 赵(趙), 冈(岡), 卤(鹵) ⑥ 'ㅣㅣ'의 부호로 대체되는 것: 坚(堅), 临(臨), 览(覽) ⑦ 'ㅣㅣ'의 부호로 대체되는 것: 师(師), 归(歸) ⑧ 'ㄡ'의 부호로 대체되는 것: 仅(僅), 汉(漢), 叹(嘆), 艰(艱), 难(難), 观(觀), 劝(勸), 欢(歡), 权(權), 对(對), 戏(戲), 鸡(鷄), 邓(鄧), 双(雙), 树(樹), 车(車), 圣(聖), 发(發), 变(變) ⑨ '云'의 부호로 대체되는 것: 动(動), 层(層), 坛(壇), 尝(嘗), 运(運), ⑩ '不'의 부호로 대체되는 것: 坏(壞), 怀(懷), 还(還), 环(環) ⑪ 기타 부호로 대체되는 것: 乔(喬), 状(狀), 垒(壘), 陆(陸).

부호대용의 폐단을 살펴보면 첫째, 하나의 부호로 여러 개의 편방을 대체한다. 예를 들어 '又' 부호로 15종의 편방을 대체하고 있다. 이러한 부호들은 모순 되는 현상을 빚는다. '又' 부호로 '雚'를 대체해, 權을 权으로, 歡을 欢으로, 勸을 劝으로 간화시켰다. 그러나 灌은 汉으로 간화시키지 않았다. 또 '又' 부호로 '美'를 대체해, 難을 难으로, 艱을 艰으로, 灘을 滩으로, 癱을 瘫으로, 攤을 摊으로 간화시켰다. 그러나 歡은 欢으로 간화시키지 않고 嘆의 이체자로 처리했다. 간화되기 전에는 하나의 쓰기법을 기억하면 됐으나 간화한 뒤에는 오히려 몇 가지 쓰기법으로 늘어났다. 전체로 본다면 간화시키려다 오히려 변화하게 된 셈이어서 기억의 곤란만을 가중시켰다.

둘째, 趙를 赵로 간화시켰다. 僅을 仅으로 간화시켰다. 鄧을 邓으로 간화시켰다. 그러나 肖, 堇, 登의 편방이 있는 글자는 간화시키지 않았다. 편방체계의 예외가 생긴 셈이다. 따라서 개별 단자(單字)를 가지고 말하자면 간체자는 확실히 많은 필획을 줄였지만 전체로서는 肖, 堇, 登의 편방체계는 오히려 x, 又의 부호에 의해 파괴되었다.

셋째, 부수 귀속방면에서 어려운 문제를 가져왔다. 예를 들어 單자는 원래 口部이고 興자는 원래 臼部이다. 辦은 원래 辛部이다. 그런데 간화된 후에 이 부수에 속하는 편방이 부호로 대체되었다. 兴, 为, 单 등 이러한 같은 글자는 어떤 부수에 귀속시켜야 하는가. 원래 부수를 없애고 다시 새로 부수를 만들어야 할 판이다. 편방의 증가를 이루어 기억의 곤란만을 증가시켰다. 이 밖에 편방의 증가도 문자기계화에 어려움을 가져왔다. 문자기계가 위치와 용량을 증가하여 새로 증가된 이러한 편방을 저장해야만 한다.

---

60) 「論文字學的實用性」, 6쪽, 1975년 南大華語研究中心 편.

3. 「한어병음방안(漢語拼音方案)」 추진과 한계

「한어병음방안」은 어문개혁운동의 중심적인 과제이다. 여숙상(呂叔湘)은 「한어병음방안」 공포 30주년을 맞아 언어의 중요성을 강조했다. 「한어병음방안」의 제정 경과를 살펴본 뒤 추진 현황과 활용하는 실례를 알아본다. 그러나 「한어병음방안」은 중국이 취하고자 하는 완전한 병음문자는 아니며 병음자모에 불과한 것이다. 구체적으로 「한어병음방안」이 안고 있는 이러한 한계를 살펴본다.

1) 「한어병음방안」 제정 경과

중국어의 어음, 다시 말해 보통화의 음을 나타내는 새로운 표기법을 만들자는 움직임은 1949년 10월 중화인민공화국 성립 직후 곧바로 세워진 반관반민 형태의 중국문자개혁협회가 병음방안의 연구에 착수함으로써 본격화됐다.[61] 1952년 2월 문자개혁협회가 정부기구로 개편한 중국문자개혁연구위원회는 병음방안조를 만들어 병음방안을 본격적으로 연구하기에 이르렀다. 위원회는 모택동 주석의 '민족형식의 병음문자를 중국문자개혁의 방향으로 삼는다.'는 지시에 따라 민족형식을 기본방침으로 정했다. 주음자모와 같이 한자의 형체를 최대한 살리는 자모를 만들자는 뜻이다.

당시 문자개혁 전문가는 물론 대중들이 새로운 표기법을 만들겠다고 나섰다. 1950년부터 58년 사이 무려 1천 7백여 개의 계획안이 정부에 제출됐다. 그러나 새로운 표기법을 만드는 것이 쉬운 일은 아니었다. 모택동이 주문한 민족형식 방안은 한자에 기초를 두었기 때문이

---

61) 金東震, 「中共의 漢語拼音方案」 36쪽, 재인용.

다. 여러 해 동안 문자개혁에 몸담았던 이들은 모택동의 주문에 맞추려고 노력했다. 그러나 1953년 제출한 시안을 본 모택동은 단순하지도 편리하지도 않다는 이유를 들어 다시 검토할 것을 지시했다.

1954년 11월 국무원은 중국문자개혁연구위원회를 중국문자개혁위원회로 개편했다. 중국문자개혁위원회는 55년 2월 병음방안연구회를 두고 새로운 표기법을 마련하기 위해 전면적이며 체계적인 연구에 들어갔다. 병음방안연구회는 55년 10월 열린 전국문자개혁회의에 4종류의 한자필획방안초안과 슬라브자모식초안, 라틴자모식방안초안 등 6가지의 방안을 제출했다. 소련의 언어학자 세르듀첸코는 사회과학원의 고문으로 중국에 들어와 1954년부터 57년까지 머물렀다. 그는 오옥장과 엽뢰사와 같은 중국의 대표적인 언어학자들을 설득했다. 슬라브자모인 시릴릭자모를 채택할 것을 주장했다. 그러나 그의 주장은 받아들여지지 않았다. 중국문자개혁위원회는 광범한 전국문자개혁회의 이후 여러 차례 토의를 거쳐 라틴자모식의 병음방안초안을 채택하기로 결정했다. 1956년 1월 10일 1차 수정 후 만장일치로 통과시켰다. 이어 1956년 2월 중국문자개혁위원회는 라틴자모 25개(V제외), 시릴릭자모 1개(ц) 음표부호 2개 (ŋ, s) 및 새로 만든 자모 2개(q, \)로 이루어진 「한어병음방안(초안)」을 공식으로 제정, 공포했다.

국무원전체회의제60차회의는 1956년 11월 「한어병음방안초안을 공포하는 결의에 관하여」를 통과시켰다. 1958년 2월 11일 제1기전국인민대표대회 제5차 회의는 「한어병음방안」을 정식으로 채택했다. 민족형식은 라틴자모에 밀려 조용히 뒷전으로 물러앉았다. 모택동은 그가 주장했던 민족형식이 채택되지 않은 데 대해 어떤 반응을 보였는지 공식적으로 드러난 것이 없다. 그러나 그는 1956년 1월 공산당중앙위원회가 지식인 문제를 다루었을 때 비공식적인 발언을 통해 언어개혁

문제를 언급한 적이 있다. 이 발언은 문혁기간 중 은밀하게 퍼지다가 1980년 당시 중국문자개혁위원회 부주임 엽뢰사가 모 주석의 비공식 연설전문을 공개했다. 연설의 전문은 이렇다.

나는 오옥장 동지가 문자개혁을 지지한 발언을 적극적으로 받아들인다. 미래에 라틴 자모를 받아들여야 하느냐 아니냐. 내가 보기에 대중에게는 별문제가 없다. 문제는 일부 지식인이다. 중국이 어떻게 외국의 자모를 받아들일 수 있는가 하고 말이다. 그러나 엄밀하게 검토해 보면 결국 외국자모를 채택하는 것이 낫다. 오옥장 동지의 이 문제에 관한 견해를 받아들여야 한다. 라틴자모는 숫자가 적다. 20개에 불과하며 간단하고 분명하기 때문이다. 우리의 한자는 견줄 바가 되지 않는다. 따라서 한자가 그다지 좋다고 볼 수 없다. 교수 몇 명이 내게 한자는 전세계에서 가장 우수한 표의문자이며 절대로 바꾸어서는 안 된다고 주장한 바 있다. (웃음) 라틴자모를 중국인이 발명했다면 별문제가 없으리라. 문제는 외국인이 만들었고, 중국인이 베낀다는 사실일 것이다. 그러나 이런 것은 오래전부터 있어온 일이다. 예를 들면 우리는 오래전부터 아라비아 숫자를 써오지 않았는가. 라틴자모는 로마에서 생겼다. 이제 전세계에서 대다수 나라가 쓰고 있다. 우리가 그것을 상용하면 나라를 팔아먹는 것처럼 의심을 받아야 하는가. 내 생각에는 그것은 배신이 아니다. (웃음) 외국에서 들어오는 것이 좋은 것이어서 우리에게 보탬이 된다면 우리는 연구하고 심사숙고해서 그것을 소화시켜 우리의 것으로 만들어야 한다. 역사상 한나라와 당나라가 그렇게 했다. 한과 당은 풍요롭고 막강한 왕조였다. 그들은 외국 것을 흡수하는 것을 두려워하지 않았다. 좋은 것이라면 받아들였다. 태도와 방법이 옳다면 외국에서 들어온 좋은 것을 모방하는 것은 우리에게 혜택을 주는 일이다.

정부가 라틴자모라는 새로운 표기법을 결정한 것에 대해 공식적인 태도를 나타낸 것은 주은래 총리가 1958년 1월 병음의 공식적인 보급을 선언할 때였다. 주은래 총리의 연설은 '중앙위원회는 중국의 새로운 표기법으로 라틴자모를 사용하는 것이 매우 합리적일 것임을 인정한다.'는 공산당의 결정에 이어 나왔다.

그는 중국자모로 라틴자모를 채택하는 것이 중국인민의 애국심과 배치되지 않느냐는 질문을 던지면서 연설을 시작했다. 그는 민족고유의 자모를 만드는 데는 실패했다고 지적하면서 라틴자모 채택을 옹호했다. 라틴자모가 다른 나라에 퍼져 나라마다 고유의 자모가 되었다며 사례를 열거했다. 그의 결론은 '라틴자모의 채택은 그러므로 우리 인민의 애국심을 해치지 않을 것이다'였다.

1958년 1월 「한어병음방안」이 공식 보급된 이래 그것은 초등학교 1학년 때 배우고 2학년 때 잊어버리는 등 일정한 곳에서만 쓰였다. 어문개혁론자들은 병음의 사용을 넓히려는 노력의 하나로 병음이 지금까지 성공을 거둔 분야를 열심히 거론했다. 사전과 교과서의 편찬, 한자 주음, 도서목록, 점자교육, 신화사의 국제뉴스전송, 공산품의 표지, 우체국과 역의 이름, 선박의 수기신호와 UN에서 쓰이는 중국어표기 등이다.

병음은 이제 중국의 인명과 지명을 표기하는 공식적인 방법으로 일단 자리를 잡았다. 이로써 영어의 Chou Enlai, 불어의 Tchou Enlai는 Zhou Enlai로 통일됐다. 과거 중국 이름을 쓰면서 겪었던 혼란을 없앨 수 있는 수단을 제공할 수 있었다.

결론적으로 병음의 주요한 기능은 중국어의 표준발음을 나타내며 한자의 주음을 통해 보통화의 습득을 도와주는 데 있다고 할 수 있다. 라틴화신문자운동기간 중 대대적인 자료보급과 달리 병음에 관한 자료는 상대적으로 거의 없었다. 또 라틴화운동과 달리 병음의 사용은 보통화를 넘어 방언까지 확대되지는 않았다. 정부의 공식적인 정책은 보통화를 교육의 수단으로 강조했다. 간체자를 번체자 대신 공식적으로 쓰도록 했고 병음을 보통화와 문맹타파의 증진을 위해 한자에 부수된 것으로 만들었다.

여기에는 모택동이 1951년 "병음화를 추진하기 전에 한자를 간화하는 것이 필요하다. 당장 쓰기에 도움이 되기 위해서다. 동시에 여러 가지 준비를 하는 것이 필요하다"고 지적한 것이 결정적인 작용을 했다. 궁극적으로 병음표기로 바꾸는 데 준비가 필요하다는 모택동의 견해는 개괄적이고도 모호해서 무엇을 해야 하며 언제 하는가에 대해서는 여러 가지 해석을 할 수 있다. 궁극적인 병음화로 나아가기 위해서는 여러 준비를 해야 한다고 지적하면서도 뚜렷한 지지와 격려를 보내지 않은 것에 주목할 필요가 있다. 사회 전반적으로 병음화에 대해 그다지 관심을 불러일으키지도 기울이지도 않았다.

주유광은 1961년 병음을 도서목록에 적용하는 문제를 제기했으나 너무 일찍 문제를 들고 나왔다는 이유로 비판받았다. 저명한 소설가인 모순이 1962년 어린이의 병음학습을 강화하는 정책을 주장했으나 먹혀들지 않았다. 모순의 실패는 중요한 의미를 갖는다. 그가 추구했던 것은 비교적 이루기가 수월했다. 모택동이 지적했던 '사전준비'로는 안성맞춤이었기 때문이다. 모순은 손녀가 초등학교 1학년을 마치면서 병음을 깜찍하게 구사하는 데 놀랐다. 그러나 2학년에 올라가 병음을 제대로 쓰지 못해 깡그리 잊어버리는 것을 보고 또 한번 놀랐다. 그는 1학년 학생을 문자해독자로 만들었다가 1년 후에 도리어 문맹상태로 빠뜨리는 교육정책에 화가 치밀었다. 그는 교사들에게 학생들이 병음을 제대로 쓸 수 있도록 가르쳐야 한다고 촉구했다. 그는 이것을 '두 발로 걷는 정책'이라고 했다. 모순의 제안은 일종의 문자해득 보험으로 볼 수 있다. 어린이나 어른이나 병음이라도 읽을 수 있다면 문자해득을 할 수 있음을 보증받는 것이다. '두 다리로 걷는다'는 정책은 이론적인 관점에서 볼 때 2개 언어를 함께 사용하는 것으로 풀이할 수 있다. 2개의 연관되면서도 아주 다른 형태의 언어를 쓰는 것을 말한다. 모순의 제안을 따를 경우 중국에서도 상류계급이 한자를 쓰고 병음은 하류계급이 쓰게 될 가능성이 있다.

문맹타파를 어떤 식으로 풀어갈 것인지는 1949년 이전 활기찬 논의의 주제였다. 그러나 정작 중화인민공화국 성립 이후에는 별 다른 논의가 없었다. 방언병음방안의 가능성도 억제되는 것처럼 보였다. 방언을 위한 별개의 표기법 제정은 논의 자체가 1949년 이후에는 사실상 금지되었다.

2) 「한어병음방안」 용도

1958년 전국인민대표대회는 「한어병음방안」을 승인, 공포했다. 병음방안위원회 주임인 오옥장은 "「한어병음방안」은 한자의 주음(注音)과 보통화의 표기에 의한 식자(識字)의 촉진, 발음의 통일 및 보통화의 교습으로서 광대한 인민의 언어학습 및 한자사용을 편리하게 하는 데 주목적이 있다."고 언급했다. 그는 「한어병음방안」의 용도를 제시했다.[62]

내용을 구체적으로 살펴보면 크게 2가지로 나눌 수 있다.

---

62) (1) 한자의 주음(注音), 주음부호(注音符號)의 역할 대행 (2) 보통화 교육, 교재와 자전(字典) 편인, 교육에 참고 제공, 발음교정 (3) 소수민족의 문자창조에 공통된 기초 부여 (4) 인명, 지명과 과학기술의 번역문제 해결 (5) 외국인의 한어학습을 지원, 국제문화교류활동 촉진 (6) 색인작성상의 문제 해결 (7) 전보, 수기신호, 공산품의 대호 등의 표기문제 해결 汪學文, 『中共簡化漢字之硏究』, 1977년 6월, 臺北, 國立政治大學國際關係硏究中心, 221쪽.

(가) 한자에 음을 단다.

한자는 표의체계(表意體系)에 속하는 문자이다. 자형이 많아 스스로 발음을 표기할 수 없거나 정확히 나타낼 수 없어 배우는 데 엄청난 어려움이 따랐다. 「한어병음방안」으로 한자의 주음도구로 삼으면 정확하게 자음을 나타낼 수 있다.63)

한자의 발음을 달 수 있다는 것은 처음 한자를 배우는 어린이와 문맹자들이 한자를 익히는 데 도움을 줄 수 있으며 한자의 학습효율을 높인다. 병음 이용은 사람들이 생자(生字), 난자(難字)64), 고자(古字), 벽자(僻字)를 읽고 발음을 교정하고 음에 따라 글자를 찾는 데 도움을 주어 누구나 배우지 않고도 스스로 체득할 수 있어 읽고 쓰는 데 편리한 조건을 제공했다.

「한어병음방안」은 한자를 쓰기에 불편한 곳이나 사용할 수 없는 빈자리를 메워주었다. 한자가 역할을 하기 어렵거나 할 수 없는 역할을 다했다. 한자의 주요 결점과 문제는 처음에 배우기 어렵다는 것이다. 뭉뚱그려 한자가 어렵다. 또는 한자가 어렵지 않다고 말하는 것은 정확하지 않다. 그것이 어렵다는 것은 2가지의 뜻을 담고 있다. 첫째는 처음 배우기가 어렵다. 처음 배우기 시작해 1천 자를 제대로 익히는 기간이 매우 어렵다. 이후 어려움은 점점 줄어들고 2천 자 이상을 익히는 데는 어려움이 뚜렷하게 줄어든다. 그것의 우월성은 더욱 많아지게 된다.

둘째는 병음자모는 어린이가 공부를 시작할 때도 어렵지만 어려움의 정도는 다르다는 점을 받아들여야 한다. 처음 한자를 배우는 것과

---

63) 상해시(上海市)는 1958년부터 주요 도로 이름을 한어병음자모로 표기하기 시작했다.

64) 인민일보는 1961년 1월 1일부터 난자(難字)의 주음을 시작했다.

병음자모를 배우는 어려움의 높고 낮음은 비교할 수 있다. 배울 때 심리, 생리상의 부하량은 과학실험을 통해 측량할 수 있어 학습 진도의 느리고 빠름을 볼 수 있다. 한자를 배울 때의 어려움은 병음자모를 익힐 때보다 높다. 이론상의 분석논증과 2천 년간의 실제경험에서 확인할 수 있다.

처음 배우기 어렵다는 것은 조기교육에 엄청난 영향을 미친다. 학령아동이 입학할 때 구두 언어능력은 이미 상당히 높고 사유능력은 이미 상당히 강하다. 알고자 하는 욕심도 상당히 절박하며 생활로 지식을 얻는 데는 한계가 있다. 그런데 배우기가 어렵다. 글자와 구두 언어와 이미 가지고 있는 지식을 직접 연결할 수 없는 것이다. 글로 쓰인 筆을 보면서 즉각적으로 말할 줄 아는 bi로 연상시키지 못한다. 선생님의 가르침으로 그것을 알고 외고 이해한 뒤라야 그것이 말할 수 있는 yong bi xie zi(用筆寫字)의 bi라는 것을 안다. 그 후에 그것의 모양과 필획을 곰곰이 따진 뒤에야 이 모양과 독음과 나타내는 뜻을 연계시킬 수 있다.

하나의 일반적인 글자를 배우는 것이 얼마나 골치 아픈 일인가. 일일이 하나씩을 배우자면 얼마나 더딘 일인가. 입학 후 상당히 오랜 기간 이를 악물고 글을 배워봤자 책을 읽을 줄 모른다. 아직은 어린 문맹자이기 때문이다. 몇백 자를 배워보았자 2살배기 어린이가 할 줄 아는 말을 제대로 쓰지 못한다. 다르게 말하면 입학 후의 어린이는 오랜 기간 서면 언어능력과 구어 언어능력, 사유능력, 알고자 하는 욕망이 상당한 거리를 두고 있다. 이것의 의미는 어린이들이 지식을 늘리고 지력을 개발하는 데 심각한 장애를 맞고 있고 다르게 말하면 그들의 성장을 억압한다는 뜻이다.[65]

---

65) 張志公, 「漢語拼音的功能不限于注音」, 『語文建設』 88년 2기, 6쪽.

(나) 보통화를 가르치는 도구가 된다.

보통화를 가르치는 데 한자에 의지하는 것은 잘못된 일이다. 한자는 방언지역마다 발음이 다르기 때문이다. 한자를 보고서 표준자음으로 어떻게 읽는지 알 수 없다. 보통화를 가르치면서 입과 귀를 전수하는 것은 충분하지 않다. 기억하기도 어렵고 자습할 방법이 없다. 보통화 어음을 기록하는 데 쓰이는 도구인 「한어병음방안」은 보통화의 발음을 표기하고 보통화어음교재와 발음을 표기한 출판물에 쓰여 낱말, 말 한 마디의 발음을 정확하게 읽는 데 도움을 주고 있다. 「한어병음방안」은 보통화를 가르치고 보통화를 보급하는 데 효과적인 도구라는 사실은 이미 사실로 증명되었다.66)

이 밖에 「한어병음방안」은 중국의 각 소수민족이 문자를 만들고 개혁하는 데 공통의 기초로 쓰일 수 있다. 소수민족과 외국인들이 중국어를 배우는 데 도움을 줄 수 있다. 외국의 인명과 과학기술용어67)를 소리대로 옮기는 데 쓰일 수 있으며 대외문건, 서적, 신문, 여권에 중국의 인명, 지명을 표기할 때를 비롯해서 색인, 제품기호, 상표, 상점 간판, 전보, 수기(手旗)신호, 컴퓨터소프트웨어, 전자 등에 사용할 수

---

66) 「한어병음방안」은 보통화의 보급과 문맹퇴치를 위하는 데 주목적이 있었다. 이를 위해 중국정부는 1958년 산동(山東), 하북(河北), 요녕(遼寧), 길림(吉林), 흑룡강(黑龍江). 하남(河南)의 6개성을 시범성으로 지정하고 집중적으로 문맹퇴치운동을 추진하였다. 1959년에는 이를 산서(山西), 섬서(陝西), 안휘(安徽), 강서(江西) 등 지역으로 확대 전개하였다. 그러나 1959년 5월 당중앙과 국무원은 방언구(方言區)에서는 한어병음과 보통화의 동시학습으로 문맹퇴치 사업에 영향을 받는다고 판단해 방언구에서는 병음을 채용하지 않아도 좋다고 결정했다. 이와 함께 1958년 『소학어문과본(小學語文課本)』을 편찬, 초등학교 1학년의 정규과목으로 채택하게 하고 각 학년에서는 보충과목으로 학습케 했다.

67) 1959년 11월부터 중국 전역에 걸쳐 한어병음전보가 개설됐다.

도 있다. 「한어병음방안」은 중국어 병음방안을 연구하고 시험하는 기초가 되어 앞으로 한자가 병음화를 실현하는 데 안성맞춤의 준비작업이라고 할 수 있다.

훗날 실현된 것이긴 하지만 「한어병음방안」은 과학성과 실용성을 갖추었기 때문에 1979년 9월 UN 제3차 지명표준화회의(地名標準化會議) 결의로 중국지명 로마자모표기법의 국제표준으로 채택됐다. 1979년 6월 15일부터 UN사무국은 한어병음을 각종 라틴자모 중에서 중국인명과 지명을 표기하는 표준으로 채택했다. 1982년 8월 국제표준기구는 ISO-7098호 문건을 발표해 「한어병음방안」이 전세계로 문헌작업을 할 때 중국어의 발음을 표기하는 국제표준이라고 명확히 규정했다. 현재 외국의 많은 지도와 출판물을 비롯해서 몇 종의 유명한 백과전서가 이미 한어병음을 채택했다. 「한어병음방안」은 이미 중국표준에서 국제표준으로 발전했다고 말할 수 있겠다.

3) 「한어병음방안」 한계

한자는 병음의 길을 걷는 것이 힘든가. 대충 3가지 원인이 나온다. 하나는 사회원인으로 경제가 낙후되고 통치계급의 방해 등의 이유이며 둘째는 언어원인으로 중국어가 형태변화가 없고 단음절어가 너무 많으며 어문이 분리되어 있고 방언이 많다. 셋째는 문자원인으로 형성자는 표음(表音)을 할 수 있고 표의(表義)도 할 수 있고 대량으로 글자를 만드는 요구를 만족시킬 수 있다는 점이다.

이런 원인들은 타당성이 있기는 하지만 이유로는 충분하지 못하다. 고대 수메르나 이집트는 경제가 낙후되었고 통치계급의 방해를 받았지만 수메르문자와 이집트문자는 몇천 년 전에 표음문자로 발전했다. 게다가 당시 그들도 어문이 분리되어 있고 방언이 많았다. 그런데도 문자의 병음화를 방해하지 못했고 그들의 문자는 형성자였음에도 병음화가 방해를 받지 않았다. 현대 중국어는 복음절어가 많고 어문이 기본적으로 일치되어 있고 보통화도 보급 중이다.

그러면서도 오늘날까지도 표의문자의 단계를 뛰어넘을 수 없다. 「한어병음방안」이 나름대로 영역을 넓히고는 있지만 병음화의 벽은 아직도 높은 것이다. 도대체 한자가 병음의 길로 나갈 수 없는 근본적인 이유는 무엇인가. 민족 및 문자의 특성이라는 측면에서 살펴보자. 이 문제는 사회, 정치, 사상 등등 여러 방면의 원인이 있다. 그러나 근본적인 원인은 언어, 문자와 사유 3가지 방면이다.

언어방면에서 살펴보자. 세계언어는 굴절어, 점착어, 고립어(어근어)의 3가지로 나눌 수 있다. 영어와 같은 굴절어는 어근과 부가성분을 포함한다. 어근과 부가성분은 음소변화를 발생시킨다. 이것은 문자가 음소부호로 이러한 변화를 표시하도록 요구한다. 따라서 영어는 자연스레 음소자모를 사용해야 한다. 일본어와 같은 점착어는 어근과 부가성분을 포함한다. 그러나 어근은 어음변화를 일으키지 않고 부가성분이 변화를 일으키는 정도이다. 그래서 일본어어근은 한자를 사용할 수 있고 부가성분은 가나를 사용해야 한다. 중국어는 고립어로서 어근만이 있으며 부가성분은 없다. 어근은 어음변화가 없으며 어휘의 뜻을 가지고 있다. 한자마다 중국어의 뜻을 나타낼 수 있어 한자가 직접 표음하지 않고 표의할 수 있다. 이것은 한자 개개 독립한 객관적인 기초이며 또한 한자가 병음의 길로 갈 수 없는 하나의 근본 원인이기도 하다.

문자개혁에 찬성하지 않은 사람들은 이것을 이유로 들어 한자는 병음화할 수 없다고 보고 있다. 문자개혁에 열심인 사람들은 요구하지 않는 것과 할 수 없는 것과는 다르다고 말한다. 월남어도 어근이지만 이미 라틴화가 이루어졌음은 이를 잘 나타내고 있다고 말한다. 그러나 문자개혁에 찬성하지 않는 사람은 가능하지만 병음화를 할 필요는 없다고 말한다. 도대체 병음화가 필요한지 어떤지는 이론과 실천의 증명을 기다려야 한다. 마음대로 긍정하거나 마음대로 부정하는 것은 적합하지 않다. 이것이 그 하나이다.

둘째로 중국어의 어근은 모두 어휘의 뜻을 가지고 있어 한자마다 중국어의 어휘의미를 나타낼 수 있다. 한자는 직접 표음을 하지 않고 의의를 가지고 있다. 이리하여 문자를 덮어놓고 어음을 통해 의미를 나타내는 진상은 사람들에게 한자가 직접 의미를 나타내는 것처럼 느끼게 한다. 동시에 한족인(漢族人)들에게 표의를 중시하는 문자관을 길러주었고 표음문자(表音文字)에 대해 비교적 어려움을 안겨주었다. 그래서 병음화에 찬성하는 사람도 표의성분을 보류하도록 요구했다.

셋째로 한자의 어근은 주로 다음절로 매음절은 글자 하나로 표시한다. 어근, 음절, 한자는 삼위일체이며 동시에 하나의 의미단위이다. 그래서 우리는 역대로 글자의 개념만이 있을 뿐 낱말의 개념은 없었다. 한자를 낱말을 나타내는 라틴화문자로 바꾸는 것은 주객관적으로 상당한 어려움이 있었다.

문자 방면에서 살펴보자. 한자는 강한 생명력을 가지고 있다. 천백년 이래 한자는 쇠퇴의 길로 접어든 것이 아니라 완만하게 발전하고 있다. 한자의 생명력이 강한 원인은 다음의 몇 가지이다.

첫째는 한자가 강한 완고성을 지니고 있다는 점이다. 이것은 한자가 중국의 아주 풍부한 민족문화를 기록했을 뿐 아니라 그것과 긴밀하게 결합하여 민족문화의 상징이 되어 그로부터 아주 확고한 지위를 형성했다. 외족통치계급의 통치와 외족문자의 전입은 한자의 확고한 지위를 흔들지 못했다. 한말(漢末)에 범문(梵文)의 영향으로 생겨난 반절

(反切)에까지, 한자를 채용해야 했다. 범문자를 빌리거나 다른 자모를 만들지 못했다. 그래서 청말(淸末) 이전 중국은 진정한 자모를 만든 적이 없고 이것은 한자의 병음화에 자모관념과 병음전통이 모자라는 이유이다.

둘째는 한자 자체가 우월성의 일면을 가지고 있다. 한자는 결점도 있지만 장점도 있다. 자형이 번잡하고 쓰기 어렵고 찾기 어렵고 사용하기 어려운 단점이 있지만 면적이 적고 지면을 줄여 읽기에 유리한 장점이 있다. 음이 번난하고 읽기 어려운 결점이 있지만 음이 시대와 방언의 영향을 받지 않아 문화유산을 계승하고 중국어 서면어를 통일하는 장점이 있다. 또 글자 수가 번다하고 알고 쓰기가 어려운 단점은 있으나 변별력이 강해 동음자를 구별할 수 있는 장점이 있다. 결점의 일면은 사람들에게 개혁을 요구하고 장점의 일면은 사람들의 사랑을 받게 한다.

셋째는 한자가 문자기계에 대해 가까스로 적응하는 일면이 있다는 점이다. 한자타자기는 일본에서 들어온 것으로 육중하고 효율이 낮았으나 전업타자의 문제를 해결했다. 전보는 우회전술을 채택했다. 10개의 아라비아숫자를 이용했다. 귀찮고 효율은 낮으나 전보통신의 문제를 해결했다. 조판의 어려움이 비교적 컸으나 점차 사진조판 방법을 채용해 효율이 병음문자보다는 낮으나 어느 정도 진보했다고 할 수 있다. 전자계산기의 입력의 어려움이 가장 크지만 인해 전술을 통해 코드법을 채용해 이상적이지는 않지만 입력할 수 있다. 게다가 음성조판과 어음입력을 연구하고 있어 한자의 난관을 뛰어넘을 수 있기를 바란다. 결론적으로 말하면 많은 사람들이 기계를 개발하는 방법을 이용해 한자에 적응할 것을 바라지 한자를 개혁해서 기계에 적응시키는 것을 바라지 않는다.

사유(思惟) 방면에서 살펴보자. 왕국유(王國維)는 「신학어의 수입을 논한다」는 글에서 "우리나라 사람의 특질은 실제적이며 통속적이다. 서양인의 특질은 사변적이며 과학적이다. 추상적인 일과 분류에 능하다. 우리나라 사람의 장점은 실제방면에 있어 이론방면에서 구체적인 지식으로 만족을 느낀다"고 말했다. 이것은 서양인의 사유특징이 추상과 분류에 능한 반면 한민족의 사유특징은 구체와 실질에 강하다는 점이다. 이것은 일리가 있다. 한자의 표의성은 민족사유의 구체성과 긴밀히 연계되어 있다. 표의문자는 어의를 기록하고 표음문자는 어음을 기록하기 때문이다. 어의는 언어의 내용이며 어음은 언어의 형식이다. 내용은 구체적이며 형식은 추상적이다. 이것은 표의가 구체적이며 표음이 추상적이라고 할 수 있다. 한자의 표의성은 바로 사유구체성의 직접적인 체현이다. 따라서 한족(漢族)은 표의의 방법으로 글자를 만드는 것을 좋아했고 순병음의 라틴화문자는 적합하지 않다.

이러한 어려움 외에 사회 각종 요소의 제약이 있다. 이러한 모든 요소들은 한자의 라틴화 길이 험난해 결코 짧은 기간 안에 해결할 수 없음을 나타내고 있다. 한자라틴화를 단기간에 실현하기를 바라는 사람들이 적지 않지만 이것은 한자라틴화에 대한 인식이 부족한 탓이다. 월남의 라틴화병음문자는 외국인이 설계한 것으로 처음에는 교회에서 사용하다가 뒤에 사회로 전파되었다. 3백여 년 동안 유행한 끝에 정식문자가 되었다. 한글은 창제에서부터 정식문자가 되기까지에는 5백여 년이 흘렀다. 일본의 카나는 서기 7세기에 창제됐으나 오늘날까지도 한자를 완전히 대체할 수 없다. 중국의 라틴화병음은 외국인의 설계부터 계산한다면 이미 3백여 년 지났지만 광범하게 유행한 적은 없었다. 전국범위에서 보급한 라틴화병음은 고작 1958년부터 시작됐다. 이렇게 짧은 시간에 병음문자로 발전하기를 바란다는 것은 비현실적이다.

4. 문화대혁명의 침체기

중국은 문화대혁명기간(1966년~1976년) 동안 국가의 체계적인 정책수립이 사실상 불가능했다. 4인방은 정권유지에 급급한 나머지 국가 차원의 정책수립에는 엄두도 내지 못했다. 이러한 상황에서 어문정책의 침체는 당연한 것이었다. 중화인민공화국 성립 초기였던 1950년대 중반에 강하게 나타났던 어문개혁운동에 대한 희망은 더 이상 보이지 않았다. 문화대혁명 초기 등척(鄧拓) 등은 간화자에 반대하는 의견을 발표한 뒤 어문관계자들을 숙청했다. 잇달아 언어문제를 다룬 전문출판서적 등이 자취를 감추었다. 신문잡지가 한자에 병음병기를 중단한 것도 이즈음이었다.

초기 「한자간화방안」과 「한어병음방안」의 제정, 보통화 보급으로 이루어진 어문개혁은 대중노선이라는 변수에 따라 좌절되고 말았다. 이기간 대중들은 임의로 만든 간화자를 쓰는 등 문자의 불규범 현상을 불러일으켰으나 정부의 통제권 밖이었다. '비림비공(批林批孔)운동' 등으로 점철된 문화대혁명기간 중 어문정책의 실태와 한계를 고찰한다.

'프롤레타리아 문화대혁명' '비림비공' '중국공산당 정치국의 실무파와 상해(上海) 그룹과의 정치투쟁' 등의 문화대혁명에는 언어분야 관련기사가 신문잡지의 지면에 실리는 일이 거의 없어 '문화 10년의 공백' 시대라고 불린다.

언어정책 분야에서의 '문화대혁명 10년의 공백'을 메우려는 최초의 발언은 1972년 4월호 「홍기(紅旗)」에서의 중국과학원 원장 곽말약(郭沫若)의 주장이었다. 그는 독자의 문자개혁 사업의 정체(停滯)를 우려하는 서한에 답하는 형식의 짧은 글에서 이 분야의 해금을 강력히 시사했다. 이듬해 1973년 5월 10일 7년 1개월 만에 광명일보(光明日報)

의 격주간 『문자개혁(文字改革)』이 부활했다.68)

　이 복간(復刊)은 모택동 주석의 허가를 얻은 것이다. 이 잡지는 제
1호에 실린 「독자에게 보낸다」라는 글에서 "문자개혁의 기본정책의
하나로 광대한 노동자, 농민, 병사 등의 대중을 중심으로 각지의 문자
개혁 공작의 실천경험을 서로 나누겠다"고 밝혔다. 언어정책에 관한
대중노선을 내세운 것이다.

　『문자개혁』란의 복간호에서는 문화대혁명 이래 문자개혁의 모습이
지면에 활발하게 나타나 특히 공장, 교육관계, 군, 농촌, 도시 등에서
대중이 사용하는 간화자, 동음대체자가 많이 소개되었으며 한자간화를
요구하는 기사가 많이 실렸다. 한자간화 언어정책이 정체(停滯)한 데
다 대중이 그들 자신이 사용하는 간화자를 인정받고 싶어 하는 욕구
때문이었다. 복간호에는 또 "300개에서 400개의 새로운 간화자가 대중
들이 만들어 사회생활에 쓰고 있다. 이중 60자에서 70자가 이미 전국
적으로 통용되고 있다."는 기사가 실렸다.69) 학생들이 임의로 간화자
를 쓰고 있다는 교사들의 보고가 실리기도 했다.70)

　교사들은 이러한 간화자에 대해 일률적으로 붉은 연필로 x 표시를
하면서 틀린 글자로 처리하고 학생들에게 고치도록 주의를 주었다.71)

　지역에 따라 자형(字形)을 달리하는 경우가 많다. 대자보, 슬로건,
게시문, 문패 등에 그 지역, 그 직장사람 외에는 알 수 없는 문자가

---

68) 1966년 5월 정간됐다.

69) 예를 들면 藏→芝, 茝, 芰, 輪→𨍏, 察→宊, 揷→扻, 蔡→芀, 碳→砳 등
　　방언음에 의한 간화자이다.

70) 예를 들면 留言→流言, 出国→出口, 整数→正数, 阶级→阶叽, 战斗→战,
　　剥削→刂刂, 厦→斥, 原→厂, 感→忢 등이다. 藤井明「文化大革命後 言
　　語政策」, 中國語學硏究會편, 『中國語學』, 東京.

71) 광명일보 1974년 6월 10일.

다수 사용되고 있었다. 앞에서 언급한 중학생들의 새로운 간화자들은 대중에게서 온 것이다. '제멋대로 거문고를 연주하고 있다'[72]는 식이어서 정형화된 '간화자'의 체계를 무너뜨리고 있는 상황이다.

「한자간화방안」에서 간화되지 않은 상용자로 필획이 많은 것들 예를 들면 '覇, 露, 籍, 警, 飜, 舞, 藍, 糠, 藏, 擦' 등이 있다. 이런 글자를 대중은 갖가지 방법으로 빠르고 대담하게 간화하고 있다. 香坂順一 교수는 새로운 간체자를 정리했다.[73]

① 초서(草書)를 포함한 고자(古字)

工과 且(旦), 束(刺), 彐(雪), 夷(刺), 犾(亥), 呙(禍), 虍(虎) 등

② 형체 간화

苂(其), 矴(短), 夆(鼻), 眭(鞋), 亻(信), 歺(餐), 迊(迎), 叟(要) 등

③ 편방 잔류

青(散), 矣(疑), 厂(厚), 恴(德), 耳(敢), 卩(部), 罕(解), 㠯(能) 등

④ 병음 간화

宷(賽), 芏, 莑, 茇(藏), 忐(感), 辻(激), 厡(原), 沣(湖), 汇(漆), 沇(酒), 秒(稻), 肐(膝), 芽(菜) 등

⑤ 동음대체

分(份), 付(副), 代(戴), 干(肝), 午(舞), 旦(凷), 合(盒), 占(站), 才(材), 丁(釘) 등

⑥ 간화자이체(異體)

浍(氿), 汛(译), 辻(进), 讱(骗) 등

---

72) 광명일보 1974년 6월 25일.
73) 香坂順一, 「北京大學2年」 153~154쪽.

언어정책의 노선투쟁에서 임표(林彪) 등은 '보통화무용론(普通話無用論)'을 꾀했다. "설령 백 년 동안 보통화를 보급시키지 않더라도 그 것 때문에 사람이 죽음에 이르지는 않는다"고 했다. 한자의 간화에 대해서도 "장래 사람들은 반드시 실망할 것이다"라고 했다. "장래 큰 손해를 가져온다" "「한어병음방안」에 라틴자모를 채용하는 것은 외국의 노예정신"이라고도 언급했다. 직권을 이용해서 초등학교의 한어병음 교육을 파기하려고 했다. 병음자모를 여러 방면에 응용하는 것을 제한하려고까지 했다. 그들은 문자개혁 사업에 반대하고 그것을 파괴하려 했다.

그들은 결국 언어정책 분야에서 1951년 모택동 주석의 지시 "문자는 개혁하지 않으면 안 된다. 세계 각국의 문자에 공통하는 병음의 방향으로 나아가지 않으면 안 된다"와 1940년 지시 "문자는 일정한 조건아래 개혁되어야 한다"에 반대하는 배신자로 낙인찍혔다.[74]

노선과 계급투쟁에서 언어문제가 중요한 현안으로 떠올랐다. 대중노선은 언어정책 면에서 '잘못 없는 노선' '잘못 없는 나침판'이 되어 비림비공운동 중에 보다 선명하게 부각되었다. 문화대혁명기간 중의 일이다. 산서성(山西省) 태원시(太原市)의 한 극장에서 인쇄한 극장표에 '迚守秩序, 請勿喧哗(질서를 지키고 떠들지 마시오)'라는 문구가 적혀 있었다. 태원시의 음으로는 迚과 尊이 같은 음이기 때문에 遵 대신 迚을 쓴 것이다. 그러나 북경표준음으로는 음이 서로 다른(zhong, zun) 엉뚱한 난조자(亂造字)였다. 문화대혁명기간 중 두 글자 이상의 낱말을 한 글자로 마구 줄인 글자가 많이 나타났다. 예를 들면 이렇다. 甶(問題), 邘(干部), 厬(歷史), 㘰(學生), 侴(食品), 逓(前進), 仩(停止), 傅(博物館), 叐(帝國主義), 㚢(社會主義), 羉(無產階級), 姿(資産階級),

74) 광명일보 1974년 2월 25일, 인민일보 1974년 4월 10일.

書(圖書館), 熞(禁煙) 등이다.

대중이 임의로 만든 '간화자'가 널리 쓰이면서 전문가의 발상을 비난하는 현상이 두드러졌다. 광명일보 74년 8월 10일자에 다음과 같은 기사가 실렸다.

공자로부터 임표에 이르기까지 역사상의 모든 반동파는 복고를 주장한다. 혁명에 반대하는 후퇴를 주장하며 전진에 반대한다. 한자개혁 문제도 그렇다. 공자는 문자개혁에 반대하는 선조이다. 임표 일당도 문자개혁에 반대한 복고후퇴파이다. 문자개혁 사업을 훌륭하게 수행하려면 비림비공을 하지 않으면 안 된다. 비림비공을 하지 않으면 전진하지 못한다.

공자의 문자에 대한 외경(畏敬)은 문자개혁을 부정하고 몰락한 지주계급의 입장에 서서 '신이호고(信而好古)'의 반동사상을 제멋대로 선전했다. 그는 있는 힘을 다해 사회변혁에 반대하고 사회의 전진과정에 나타나는 새로운 사물에 반대한다. 문자의 발전변화에 대해서도 공자는 극단적으로 적대시한다.

광명일보 74년 6월 25일자에 "공자는 중국문화 5천 년래 문언을 백화와 나누었다. 이것도 공자의 책임이다." "공자가 문자개혁에 반대한다"고 하는 비판 중에서도 『설문해자(說文解字)』 경공복고(敬孔復古) 사상도 비판했다. 인민일보 74년 7월 25일자 신문에 이러한 기사가 실렸다.

동한(東漢)의 허신(許愼)이 지은 『설문해자』는 고래로 우리나라 문자학의 권위 있는 저작으로 지적되어 왔다. 동시에 그것은 모든 복고후퇴를 주장하는 존공독경(尊孔讀經)의 완고파로부터 모범으로 숭상받았다. 그것은 인민대중이 실천하는 가운데 만들어 사용하고 있는 간화자를 매도했다. 문자개혁에 반대하는 근거로 활용했다. 마르크스주의의 입장, 관점,

방법을 운용해서 『설문해자』 중의 존공복고(尊孔復古) 사상과 유심주의 (唯心主義)의 사상을 철저하게 비판한다. 한자의 간화를 지속시키고 문자 개혁을 촉진하는 것은 물론 고문자학의 개조에도 필요하기 때문이다.

진시황제(秦始皇帝)는 간소화한 새로운 글자를 이용해서 문자를 통일 시켰다. 반면에 유가(儒家)는 고자(古字)의 통일로 사람들을 영원히 노예 귀족의 옛 원칙에 따라 글자를 쓰도록 했다. 고자를 어떻게 쓰는지 알지 못하는 경우 혹은 고자가 없는 경우 차라리 그것을 공백으로 두더라도 새 로운 글자를 창조하는 것을 허락하지 않는다. 어떤 경우에도 새로운 글자 를 쓰는 것을 허락하지 않는다. 문자의 발전변화를 적대시하는 것이다.

공자, 맹자로부터 유소기(劉少奇), 임표에 이르기까지 모두 한자의 간화에 반대했다. 비림비공운동 중에 진시황제의 문자에 대한 평가는 높았다. 소전(小篆)의 자체(字體) 통일 때문이었다. 태평천국(太平天 國)에 사용된 간체자도 이 시기에 높이 평가받았다.

이 기간 중 대중노선은 더욱 활기를 띠었다. 문자문제에서 창힐(倉 頡)이 문자를 만들었다는 설이 정설이지만, '창힐은 대중이다' '대중이 창힐이다'라는 논술이 한때 광명일보를 떠들썩하게 했다. 광명일보 1973년 10월 25일자에 다음과 같은 글이 실렸다.

우리나라 역사 중에 반동통치계급이 창힐작자(倉頡作者)의 신화를 선 전했다. 한자는 창힐이라는 한 사람의 성인(聖人)이 만들어 냈다는 것 이다. 그들은 더욱 문자를 자기의 전리품(專利品)으로 보고 인민대중이 쓴 글자를 '속자(俗字)'나 '파체(破體)' 등이라고 배척했다. 인민대중은 한자의 파괴자로 매도되었다. 역사의 사실이 증명하듯이 확실히 인민대 중이 한자를 창조 개량해 왔다. 반동통치계급의 터무니없는 불평이나 멸시 중상은 철저히 숙청하지 않으면 안 된다.

문자개혁 문제에는 모택동 지시의 인용과 함께 소책자 형식으로 출간된 노신(魯迅)이 『차개정잡문집(且介亭雜文集)』「문외문담(門外文談)」에서 말한 '한자가 없어지지 않으면 중국은 분명 멸망한다'라는 글이 자주 활용되었다. 이 밖에 광명일보 1973년 11월 10일자에 실린 "우리 중국 문자는 대중에게는 신분이나 경제적 제한을 없앤다 해도 역시 높은 문턱이다. 결국 어렵다고 할 수 있다"라는 기사도 한어병음화, 한자간화 등 언어정책의 효과를 높이는 데 자주 쓰였다.

문화대혁명기간 민방언을 알파벳표기로 가지고 있던 사람들은 외국의 앞잡이로 비난받았다. 그들은 하는 수 없이 책을 거리로 들고 나가 무릎을 꿇고 불을 질러 잿더미로 만들어야 했다. 다른 곳의 병음탄압은 외국인혐오증에 사로잡힌 홍위병이 맡았다. 그들은 한자간화의 지지자로 자처하면서 외국인에 대한 쓸데없는 존중의 증거라며 병음이 적힌 도로표지를 뜯어 없앴다. 이러한 행동은 중국이 외국의 도움 없이 제 발로 서야 한다는 생각에 사로잡힌 나머지 외국인혐오증은 물론 반지성적인 움직임으로 나타난 것이다.

문화대혁명으로 빚어진 갈등과 억압은 4인방몰락 후에도 완전히 사라지지 않았다. 다만 어느 정도 자유로운 분위기로 여러 가지 활동과 출판물이 부쩍 늘었다. 이와 함께 단순한 병음방안에서 확고한 병음문자로 나아가야 한다는 필요성에 대한 논의가 이루어 졌다. 왕력과 여숙상은 한자가 아닌 병음방안의 보급은 보통화가 전국에 일반화할 때까지 기다려야 한다는 당시의 지배적인 생각을 비판했다. 왕력은 보통화가 전국에 널리 보급할 때까지 기다려야 한다는 생각을 비판했다. 왕력은 전국의 말이 통일될 때까지 기다리는 것은 불가능하다고 말했다. 병음을 1백 년이나 1천 년 안에 바꾸는 것은 불가능할 것이라는 주장이다. "현재단계에서 우리는 9억 인민의 지성과 힘을 집중한다면 비교적 만족할 만한 병음을 쓸 수 있다"고 말했다.

왕력은 또 보통화를 보급하는 것이 가장 시급하다는 주장을 반박했다. 오히려 당장 병음을 보급하는 것이 공동어의 확대를 가속화할 것이라고 주장했다. 여숙상과 다른 많은 이들이 주장하는 견해이기도 하다.

또 다른 관점은 병음으로 쓴 자료를 많이 만들어야 한다는 필요성이다. 중국문자개혁위원회 부주임 엽뢰사는 시, 소설, 신문 등 문학작품을 병음으로 쓰도록 촉구했다. 아울러 한자와 외국어로 펴낸 자료도 병음으로 바꾸도록 했다. 사람들이 손쉽게 병음자료를 입수해서 친숙해져야 한다는 것이다. 주유광도 병음이 자리를 잡으려면 의사소통의 도구로 빨리 자리를 잡고 한자와 동등한 법적인 지위를 부여받아야 한다고 주장했다. 40년 전 라틴화신문자운동이 공산당으로부터 부여받았던 것과 비슷한 수준의 지위이다.

그러나 병음은 법적인 공인을 얻지는 못했다. 다만 보통화 보급이 1982년 개정헌법에 명문화되는 데 그쳤다. 그럼에도 어문개혁주의자들은 크게 고무됐다. 보통화의 보급은 병음의 사용을 담고 있어 지위를 어느 정도 확보했다고 보았기 때문이다. 주유광은 "무명유실이 유명무실보다 낫다"고 말했다. 이러한 접근방법과 발맞춰 개혁주의자들은 병음의 사용을 여러 분야로 확대하려고 했다. 컴퓨터기술과 학생들의 습득과 사용을 가속화하도록 노력을 기울였다.

한자를 없애겠다는 초기의 과장된 수사는 더 이상 나오지 않았다. 그러한 궁극적인 목표에 이르렀을 때의 두려움이 병음 쓰기 반대의 가장 큰 이유이다. 왕력은 "그것은 주로 지식인, 특히 고등의 지식인들에게서 나온다"고 지적했다. 그는 노동자와 농민들은 개혁을 강력히 지지한다고 덧붙였다. 주유광과 예해서는 다소 비관적인 견해를 보였다. 주유광은 오히려 농민대중의 무관심을 지적했다. 농민들은 문맹타파 교육의 시급성을 깨닫지 못하고 있다는 것이다. 예해서는 한자에 대한 전반적인 애정은 대단한 것이라며 엄청난 노력이 없이는 이루기 어렵다고 보았다. 그는 "한자가 나쁘다는 일방적인 견해는 사람들을 설득시킬 수 없고 병음이 좋다는 견해도 마찬가지다. 한자도 병음도 단점이 있다"고 말했다.

부모들은 흔히 한자를 알아야 정말 문자해득력이 있다고 믿는다. 따라서 자녀에게 병음을 배우지 못하게 하는 경우가 많다. 장지공에 따르면 그러나 사람들에게 병음을 사용하도록 설득할 수 는 있다. 모택동, 왕력 그리고 다른 이들이 제시한 견해는 대중들을 설득할 수 있으며 그러므로 이 문제는 정말 문제가 아닐 수 있다.

보다 심각한 문제는 달라진 사회분위기다. 30년대, 40년대와 그리고 뒤이은 몇십 년간의 분위기와 비교해서 그렇다. 분위기는 오늘날 중국 사회 전체에 골고루 퍼진 것 같다. 문혁혼란기의 여파와 1949년 이후 정책의 왜곡과 전환 때문이다. 항일전쟁 전과 전쟁 중 자기희생의 애국주의가 많은 중국인을 자극했다. 특히 젊은이들은 앞 다퉈 민족해방운동에 몸을 던졌다. 라틴화 운동을 민중을 도우는 수단으로 본 것도 이러한 운동의 일환이었다. 이에 비해 지금의 분위기는 냉소주의가 널리 퍼졌고 전쟁혐오증, 개인주의가 판을 치고 있다.

4인방의 폐해는 상당했다. 중국문자개혁위원회의 기관지 『문자개혁』이 1982년 8월 16년간의 휴간을 끝내고 복간됐다. 주유광은 1950~1964년 논문과 저술을 모두 83편 펴냈지만 그 후 14년 동안 단 1편의 논문도 출간할 수 없었다. 중국문자개혁위원회위원들은 문혁기간 중 언어개혁을 포기했다. 다른 지식인들과 함께 사상무장을 강화하기 위해서였다. 이러한 관점에서 1958년 「한어병음방안」의 공포 이후 실제로 병음의 보급이 이루어진 것은 얼마 되지 않는다.

문자개혁에 호의적인 입장을 보일 것으로 예상되는 일단의 사람들이 병음을 반대하는 명백한 증거가 있다. 주유광은 중국사회과학원어언연구소의 기관지 『중국어문』에 논문을 실었을 때 잡지 편집자가 서양의 용법에 대해 거부감을 가지고 아라비아숫자마저 한자로 바꾼 적이 있었다고 밝혔다. 예를 들면 78을 七十八로, 11%를 百分之十一로 바꾼 것이다.

위에서 살펴보았듯이 병음화의 시도는 생각보다 활발하지 못하다. 한자의 뿌리가 워낙 깊기 때문이다. 이런 점에서 전문가들은 한자와 병음자모가 공존하는 체제가 가장 합리적인 것이 아니냐는 견해를 보이고 있다. 고려대 공재석 교수는 「한어병음방안」이 알파벳자모를 채택하고 있으므로 아예 문장 속에 기본어소는 간체자를 사용해서 표시하며 문법적인 활용어소는 병음문자를 사용하는 방법을 제안(③의 경우)했다.

① 這是你的書麽?(번체자)
② 这是你的书吗?(간화자)
③ Zhe shi 你 de 书 ma?

하와이대 드프란시스 교수는 중국이 완전한 병음을 이루면 후손들로부터 한자의 짐을 덜었다는 칭찬을 받을 것이며 제대로 정착시키지 못했을 경우 문화유산을 단절시켰다는 비난을 받을 것이라고 예언했다. 아무튼 중국어 병음화가 중국인에게는 영원한 숙제임에 틀림없다.

제 **5** 장

개혁개방(改革開放) 정책 이후
신시기(新時期) 언어정책

1. 신시기 언어정책의 추진

1) 어문개혁의 재개

신시기 어문정책은 1978년 12월 열린 중국공산당 제11기3中全會(共産黨中央委員會 제11기제3차 전체회의)를 계기로 새로운 전환점을 맞은 중국의 언어문자개혁 사업을 일컫는다. 3중전회(中全會)를 계기로 개혁개방 정책을 표방한 중국은 그로부터 과감한 경제정책으로 비약적인 경제발전의 기틀을 잡았다.

3중전회는 중국 사회주의의 대전환점이었다. 중국공산당은 모택동 방식의 사회주의와 분명하게 결별함으로써 새로운 사회주의의 길을 걷겠다고 선언하였다. 3중전회의 중심의제는 전체 당의 활동중점을 사회주의의 근대화로 한다는 토의였다. 결정사항은 이렇다. 첫째, 2개의 모든 것, 모택동의 결정은 모두 열렬히 옹호하고 모택동의 지시는 시종일관 따라야 한다는 것의 잘못된 방침을 단호히 비판한다. 둘째, 사상을 해방하고 실사구시(實事求是)를 견지한다. 셋째, 계급투쟁을 요체로 한다, 프롤레타리아 독재하의 계속 혁명 등 잘못된 슬로건의 사용을 폐지한다. 넷째, 문화대혁명 당시와 그 이전 좌경의 잘못을 전면적으로 진지하게 수정하여 1979년부터의 전당활동을 사회주의 근대화로 집중한다는 결정을 보았다.[1]

언어문자가 사회의 발전이나 변화와 밀접한 관계를 갖는 만큼 중국의 어문정책이 새로운 전환기를 맞게 된 것은 당연한 일이다. 4인방이 타도된 뒤 문자개혁 사업을 시대적으로 살피면 한마디로 50년대 중반

---

1) 「신중국(新中國)은 어디로 가고 있는가」, 立花丈平, 신원기획 역, 1988, 예본, 서울.

의 활기가 되살아났다는 말로 요약할 수 있다. 언어학이 다시 생명력을 되찾았다.

각지의 원래 있었던 언어문자연구기구가 활발히 부활되었다.2) 그중에 중국사회과학원어언연구소(中國社會科學院語言硏究所)3)와 사회과학원민족연구소(社會科學院民族硏究所) 민족어언연구실(民族語言硏究室)4)은 역사가 가장 오래되었고 규모도 가장 커서 전국 언어연구의 중심이라고 말할 수 있다. 언어사업 기구의 회복과 발전에 따라 중국 각지에서 언어학회와 어문학회가 만들어졌다.5) 중국민족어언학회(中國民族語言學會)는 이미 1979년 4월에 성립되었고6) 전국적인 전문적인 연구회도 성립되었다.7) 각종 언어연구 학술단체의 건립은 학술교류활동과 공동연구에 적극적인 역할을 했다.

어문간행물도 다시 나오기 시작했다. 『중국어문(中國語文)』이 1978년에 복간된 외에 어문간행물이 창간되었다. 『방언(方言)』 『민족어문(民族語文)』 『어문현대화(語文現代化)』 『사서연구(辭書硏究)』 『어언

---

2) 中國人民大學語言文字硏究所, 安徽師範大學語言硏究所, 復旦大學語言硏究室, 南京大學語言硏究室, 山東大學語言硏究室, 廈門大學漢語方言硏究室, 中山大學古文字硏究室, 吉林大學古文字硏究室, 新疆語言硏究所, 吉林省社會科學院語文硏究所, 山西省社會科學硏究所語言硏究室 등이다. 中國社會科學院語言硏究所와 民族硏究所民族語言硏究室까지 합치면 언어문자 전문연구 기구는 13개가 된다.

3) 이 연구소의 소장은 저명한 언어학자 여숙상(呂叔湘) 선생이다.

4) 이 연구실은 국내 민족언어에 대해 연구를 하고 있다. 부무적(傅懋勣) 선생이 총책임을 맡고 있다.

5) 上海, 天津, 黑龍江, 河北, 山西, 安徽, 湖北, 湖南, 廣東, 廣西, 陝西, 甘肅, 新疆, 山東, 北京, 吉林, 江蘇, 浙江, 福建, 河南, 四川省 등에 학회가 있다.

6) 부무적(傅懋勣) 선생이 이 학회의 회장을 맡았다.

7) 古文字硏究會, 中學語文敎學硏究會, 民族院校漢語敎學硏究會, 文字現代化硏究會, 訓古學硏究會, 音韻學硏究會, 高等學校漢語方言硏究會, 高等學校文字改革硏究會 등이 있다.

교학여연구(語言敎學與硏究)』『중학어문교학(中學語文敎學)』등이다.
문화대혁명 전에 부정기적으로 나왔던 언어학 총간도 다시 새롭게 나
왔다. 북경대학에서 펴낸 『어언학논총(語言學論總)』도 문화대혁명 전
에 5집까지 나왔었는데 신시기에 들어오자마자 나왔다. 호북성(湖北
省) 어언학회(語言學會)에서 새로 펴낸 『강한어언학총간(江漢語言學
叢刊)』제1기도 1979년에 출판되었다.

신시기에 접어들자마자 많은 학술회의가 거행되었다.[8] 시, 자치구
등에 만들어진 언어학회는 규모가 크거나 작은 언어학술 토론회를 열
어 토론을 전개했다. 이렇게 많은 언어문자학술회의가 잇달아 끊임없
이 열린 것은 중국언어학사상 드문 일이었다.

78년 이래 사서(辭書) 편찬 작업은 어문사업에서 상당한 비중을 차
지했다. 중국정부는 이 방면에 엄청난 인력을 투입해 사서편찬 작업을
개시했다. 78년 이래 중, 소형의 사전 『현대한어사전(現代漢語詞典)』
『고한어상용자자전(古漢語常用字字典)』『한어성어사전(漢語成語詞典)』
『사각호마사전(四角號碼詞典)』『신화자전(新華字典)』『작문사전(作文

---

8) 비교적 영향이 있는 학술대회로는 다음과 같다. 中國語文雜誌社가 연 「語
言工作者批判 '兩個估計', 商土語語學科發展計劃座談會」(1978년 4월 蘇州),
「現代漢語協作敎材編洲會」(1979년 2월~3월 蘭州, 鄭州), 「第1次中國地名
工作會議」(1979년 3월 北京), 「全國民族院校漢語敎學經驗交流會」(1929년
4월~5월 南寧), 「部分高等學校漢字改革敎材協作會議」(1979년 5월 上海),
「廈門大學漢語方言科學討論會」(1979년 6월 廈門), 「著名語言學家羅常培先
生八十誕辰座談會」(1979년 7월 北京), 「語言學槪論敎材討論會」(1979년 8
월 烏魯木齊), 「第5次全國普通話敎學成績觀摩會」(1979년 8월 北京), 「語音
硏究協會成立大會及學術報告會」(1979년 9월 北京), 「古文字硏究會第1次
第2次年會」(1978년 12월 長春, 1979년 12월 廣州), 「全國中學語文敎學硏究
會成立大會及第1次年會」(1979년 12월 上海), 「中國科學技術情報學會第1次
年會器機飜譯專業分組會」(1979년 12월 昆明), 「第3次民族語文科學討論會」
(1980년 1월 北京)「漢字編碼問題會議」(1980년 1월 北京) 등이다.

詞典)』『현대한어소사전(現代漢語小詞典)』『고한어사전(古漢語詞典)』『동의사사전(同義詞詞典)』 등이 이미 나누어 출판되거나 수정 출판되었다.

이 중 『현대한어사전』은 1978년 12월 상무인서관(商務印書館)이 정식으로 출판했다. 현대한어사전 출간은 1956년 2월 6일 국무원이 보통화 보급에 관한 지시를 발표하면서 중국과학원 어언연구소 사전편집실에 어휘규범을 확정할 목적으로 중형 사전을 편찬하도록 지시하면서 본격화됐다. 1956년 여름 자료수집에 착수했으며 1958년 초 편찬을 시작해 1959년 말 초고를 완성했다. 1960년 시안본을 펴내 각계의 의견을 물었다. 수정작업을 거쳐 1965년 시안본 초고를 만들었다. 훗날 이것의 원래 판형을 이용해 약간의 책을 펴내 내부에만 돌렸다. 8억 인민이 8천 자가 수록된 『신화자전』밖에 없다는 공백을 메우기 위해, 많은 독자들의 절박한 필요성을 채우기 위해 더욱 광범하게 의견을 모았다. 1973년 시안본의 수정을 시작했으나 4인방의 파괴로 1977년 말이 되어서야 수정작업을 완전히 끝냈다.

1980년 일부 조목에 수정작업을 거쳐 1983년 제2판을 펴냈고 1988년 11월까지 1백 쇄를 발간했다. 이 사전은 많은 독자들의 환영을 받는 진정한 현대중국어사전으로 낱말수집, 어휘해석, 자음(字音)고증, 낱말 용법과 예문 등이 철저한 조사를 거쳐 사전 중 최고수준이라 할 수 있다. 비교적 높은 학술수준과 실용가치를 지닌 규범화된 사전이다.

여숙상(呂叔湘)은 「모두 新詞, 新義에 관심을 갖자」는 글에서 "현대중국어를 주요대상으로 하는 사전은 적지 않으나 『현대한어사전』을 제외하고는 다른 중소형(자전)은 보다 연구를 더 해야 한다."고 지적했다.

대형사전의 편찬작업도 비교적 큰 발전을 했다. 『사해(辭海)』의 수정작업은 중단되었다 이어졌다 해서 22년이 걸렸다. 1976년 10월 4인 방이 물러난 뒤 다시 편찬위원회를 소집해 수정에 들어가 1979년 출판 발행했다.

『사해』는 1915년부터 편찬을 시작해 1936년에 출판되었다. 언어문자를 비롯한 일종의 백과사전이었다. 중화인민공화국 건국 후인 1957년 가을 모택동 주석이 상해(上海)에 와서 『사해』 편집장이었던 서신성(舒新城)을 접견했을 때 『사해』를 수정하라고 지시했다. 1958년 중화서국(中華書局) 사해편집소(辭海編輯所)가 만들어졌다. 건국 후 최초의 대형사전인 『사해』의 편찬, 수정이 시작되었다. 1965년 『사해(시안본)』가 출판되었다. 1966년 문화대혁명이 시작되면서 수정작업은 중단되었다.

1971년 주은래 총리가 『사해』 수정작업을 국가계획에 포함시키라고 지시했다. 1972년부터 재차 수정작업에 착수해 학과분류에 따라 잇따라 분책(分冊)이 발간됐고 후에 각 분책의 기초에다 정리가공을 거쳐 1979년 10월 1일 국경절(건국기념일)에 맞추어 상중하 3권이 출판되었다.

1908년 봄 편찬을 시작해 1915년 출간된 『사원(辭源)』의 수정작업은 몇 년 동안 이루어졌다. 수정본 제1본책이 1979년 9월 출판됐고 나머지 3권의 분책도 잇달아 출간되었다. 1978년 이래 중국정부는 두 권의 대형사전 편찬에 중점을 두고 있다. 『한어대사전(漢語大詞典)』과 『한어대자전(漢語大字典)』의 편찬사업이다. 『한어대사전』은 화동(華東) 5성(省) 1시(市)가 편찬을 맡고 있고 『한어대자전』은 호북(湖北), 사천(四川) 2개 성이 맡고 있다.

『한어대사전』은 중국정부의 중점과학 연구프로젝트이다. 1975년 주은래 총리의 비준을 얻어 편찬사업에 착수했다. 상해(上海), 산동(山

東), 강소(江蘇), 안휘(安徽), 절강(浙江), 복건(福建) 등 5개 성, 1개 시의 관련기관이 함께 편찬작업에 들어갔다. 1986년 11월 제1권, 1988년 3월 제2권, 1989년 3월 제3권, 1989년 11월 제4권을 출판했다.

각종 사전이 잇따라 출판됐다. 사전편찬사업을 하면서 편찬인력을 양성할 수 있었고 상당히 풍부한 경험과 상당히 많은 자료를 축적했다. 1976년 말과 1977년 초 광명일보의 「문자개혁」 부간(副刊)은 4인방이 문자개혁을 파괴한 죄상을 잇달아 실었다. 인민일보도 1977년 2월 "4인방이 문자개혁을 파괴한 죄상을 비판한다."는 글을 실었다. 전국문자개혁회의는 「제2차한자간화방안(초안)」을 만들어 1977년 12월 20일 인민일보, 해방군보(解放軍報)와 省(시, 자치구)1급 신문에 발표해 널리 의견을 구했다. 인민일보는 동시에 "문자개혁 사업의 첫걸음을 가속화하자"는 사설을 실었다. 전국문자개혁위원회는 1978년 4월 북경에서 「제2차한자간화방안(초안)」에 관해 좌담회를 가졌다. 「제2차한자간화방안(초안)」 제1표의 248자가 신문에 실렸다.

「제2차한자간화방안(초안)」의 초안 제정 및 수정과 함께 「한어병음방안」을 추진하고 보통화를 보급하는 사업도 점차적으로 전개됐다. 1978년 5월 22일, 문자개혁위원회와 방송국이 공동으로 한어병음 방송강좌를 열었다. 방송 전에 왕력(王力), 주유광(周有光), 서세영(徐世榮) 등 3명의 어학전문가들이 문자개혁 사업의 방침과 한어병음을 추진하는 의의를 설명했다.

그해 8월, 교육부는 각 성, 시, 자치구교육국, 고등교육국에 「학교 보통화와 한어병음 교육을 강화하는 것에 대한 통지(關于加强學校普通話和漢語拼音敎學的通知)」를 발표했으며 보통화의 보급사업도 회복 전개되기 시작했다. 1978년 말부터 79년 3월까지 호북(湖北), 산동(山東), 절강(折江) 등 성(省)에서 보통화경연대회(全省普通話敎學成績觀

摩會)를 부활시켜 열었다.

문자개혁위원회, 교육부는 1979년 8월 15년간 중지되었던 제5차 전국보통화경연대회를 북경에서 열었다. 이것은 보통화 보급사업이 새로운 시기로 접어들고 있음을 나타낸다. 50년대 '사람마다 보통화를 배운다'는 분위기가 계속 이어지는 것이다. 1979년 2월 문자개혁위원회와 교육부는 사회과학원 어언연구소와 함께 북경에서 공동으로 보통화 연구반을 열었다.

1977년 9월 UN 제3차 지명표준화회의는 중국이 제출한 한어병음자모로 중국 지명을 표기하는 것을 국제로마자모병음표준으로 삼겠다는 결의안을 통과시켰다. 이때부터 중국의 지명표준화 사업은 신속하게 발전했다. 1979년 1월부터 중국은 대외문서번역문에 「한어병음방안」으로 중국 인명 지명을 표기하기 시작했다. 문자개혁 사업의 수요가 늘어남에 따라 국무원은 문자개혁위원회를 강화하겠다는 결정을 내렸다.9)

결국 중국문자개혁 사업은 점진적으로 전개되고 있으며 한어병음화의 연구실험도 많은 사람들의 관심을 모으고 있다. 각 성(省)의 문자개혁기관도 이미 부활했고 고등학교 문자개혁 과정도 강화시켜, 중국전역에 쓰이는 한자개혁 교재를 만들어 학습에 사용했다.

이제 이러한 시대적인 상황을 개괄한 데 이어 구체적으로 1977년의 「제2차한자간화방안(초안)」 제정을 살펴야 한다. 「제2차한자간화방안(초안)」의 제정은 중국이 문화대혁명의 공백기를 딛고 새롭게 어문개혁을 시작했다는 상징성을 지니고 있기 때문이다. 그러나 「제2차한자

---

9) 馬大猷, 王竹溪, 朱德熙, 陳翰伯, 張友漁, 張志公, 周有光, 錢偉長, 倪海曙, 曾世英 등 10명을 文字改革委員會 위원으로 보강했다. 이와 함께 董純才를 文字改革委員會 주임위원, 또 胡愈之, 張友漁, 呂叔湘, 王力, 葉籟士를 부주임위원으로, 倪海曙를 비서장으로 결정했다.

간화방안(초안)」은 결과적으로는 초안 자체가 폐지되는 불운을 겪으면서 신시기 언어문자 사업이 맞닥뜨리고 있는 개혁의 좌절을 예고했다. 「제2차한자간화방안(초안)」의 제정부터 오늘날에 이르는 신시기 언어문자 사업의 현황과 전망을 살펴본다.

2) 「제2차한자간화방안(초안)」의 발표

1977년 12월 20일 「제2차한자간화방안(초안)」이 인민일보와 광명일보에 발표되었다. 「제2차한자간화방안(초안)」은 일본 미국의 방중단(訪中團)과 중국 문자개혁위원회와의 좌담회를 통해 77년 이전에 준비된 것으로 확인되었다. 문자개혁위원회 관계자들은 "1975년 9월 주은래 총리가 중병 중에도 직접 초안을 심사하고 간화자의 글자 수 및 편방을 줄여야 한다고 지적했다. 그러나 초안은 결정부터 심사에 이르는 과정에서 4인방의 방해와 파괴를 받았다. ……장춘교(張春橋)는 직권을 이용해서 무리하게 초안을 밀어내고 초안에 대한 보고나 심사를 방해해서 파괴했다."고 밝혔던 것이다. 광명일보 사설은 "이번 수록된 간화자는 대중노선을 크게 받아들였다"고 밝혀 「제2차한자간화방안(초안)」 결정에 대중노선이 크게 작용했음을 분명히 인정했다.

「제2차한자간화방안(초안)」은 「한자간화방안」 발표가 광명일보와 약간의 어문잡지에 발표했던 것과 달리 인민일보, 광명일보, 해방군보(解放軍報)와 각 성, 시, 자치구 등 지방 신문들에 실렸다. 또한 1500여만 부의 「제2차한자간화방안(초안)」에 관한 책자를 인쇄해 전역에 배포했다. 중국문자개혁위원회는 발표 후 2개월 내에 1만 통이 넘는 편지를 받았다. 그중 3통의 편지만이 계속 간화하는 것을 반대했다.[10]

---

10) 陶倫, 「關於第二次漢字簡化方案(草案)的幾個問題」, 『中國漢文』 1978년 제1기.

발표된 초안의 내용은 두 가지 표로 나누어진다. 제1표에 수록된 간화자는 모두 각지에서 유행되고 있는 것이다. 제2표에 수록된 간화자는 일부 지역이나 업종에서 쓰이는 것이 대다수이다. 이 밖에 상용자로서 원래 글자의 필획이 비교적 복잡한 것을 대중의 간화방법에 기초해 만든 것이다.

초안에 수록된 간화자는 제1표에 193자, 유추된 간화자는 55자이다. 모두 248자이다. 제2표는 269자, 유추된 간화자는 336자로 모두 605자이다. 초안 전체로는 853자, 편방을 간화한 것이 61자, 정선(精選)해서 감소시킨 것이 263자이다. 초안 중에 간화가 유추된 범위는 비교적으로 상용된 4,500자에 한정시켰다. 간화대상의 상용자 4,500자 중 10획 이상이 1,300자이다.11)

중국문자개혁위원회가 1978년 1월 30일 인민일보에 발표한 「해석 (解釋)」에 따르면 「제2차한자간화방안(초안)」에 수록된 간화자는 3종류에서 연유했다. 하나는 1960년 교육부, 문화부, 중국문자개혁위원회가 간화자를 수집한다는 통지를 발표한 뒤 각 성, 시, 자치구와 부대에서 추천한 대중 사이에 유행한 것이다. 또 다른 하나는 1956년 「한자간화방안」을 공포한 뒤 대중이 편지를 보내 제공한 것이다. 나머지 하나는 1972년 중국문자개혁위원회에서 각 성, 시, 자치구에서 수집한 것이다.12)

1978년 6월 16일 광명일보에 주유광(周有光) 논문이 발표된 것을 시작으로 출판물에서의 시용이 중지되었다. 주유광은 "「제2차한자간화방안(초안)」을 자세히 보지 않았지만, 내 고향에서 불평을 쉽게 들을

---

11) 예를 들면 '衡, 醒, 題, 篇, 豪, 群, 融, 薪, 慧, 謹' 등이다.
12) 「第2次漢字簡化方案(草案)的解釋」, 人民日報, 1978년 1월 30일.

수 있다."고 말했다. 간화자와 간화개혁사업의 모순이 「제2차한자간화방안(초안)」에서 드러났다.

1960년 중국공산당 중앙위원회는 주음식자(注音識字)를 보급하는 것에 관한 지시에서 이렇게 표현하고 있다. "문맹퇴치를 가속화하며 어린이들의 학습부담을 줄이기 위해 현행한자는 어느 정도 간화해야 한다."13)

「제2차한자간화방안(초안)」은 바로 이러한 중앙위원회의 정책에 따라 진행된 것이다. 중앙위원회는 한 걸음 더 나아가 쓰기 어렵고 읽기 어렵고 기억하기 어려우며 잘못 쓰기 쉽고 잘못 읽기 쉽고 잘못하기 쉬운 글자는 점차 도태시켜야 한다고 지시했다. 쓰기 어렵고 읽기 어렵고 기억하기 어려운 것은 중국어문학계가 인정하는 한자학습의 최대 난제이다. 그럼 「제2차한자간화방안(초안)」은 이 난제를 어떻게 해결했는지를 살펴보자.

간화자의 대전제는 한자의 필획을 될 수 있는 대로 10획 이하로 줄이는 것이다. 필획을 줄일수록 자형(字形)이 비슷해지는 글자도 자연 많아진다. 자형의 개별 특수성도 자연 감소한다. 자형이 비슷해지다 보니 신경 써서 읽어야 하고 기억에서 혼란을 일으킬 수 있다. 예를 들어 살펴보자.

① 제2표 중의 嚀은 宁로 간화되었다.
　　「한자간화방안」에서 寧자를 宁로 간화시켰다.
　　그렇다면 宁가 寧의 간화자인지, 嚀의 간화자인지 혼동된다.
② 제1표 중의 宣은 亼로 간화되었다.
　　번체(繁體)의 宁자는 亼로 쓰는데 亼과 똑같아 혼동된다.

---

13) 爲了加速歸盲, 和減輕兒童學習負擔, 現有的漢字必須再簡化一批.

③ 제1표 중의 寮와 寥를 宁로 간화시켰는데, 宁와 宁는 모양이 쉽게 구분되지 않는다.

④ 제1표에서 遇를 迂로 간화시켰는데 迂과 혼동하기 쉽다.

⑤ 愉를 忏로 간화시켰는데 忏과 혼동하기 쉽다.

⑥ 제2표에서 愚를 忎로 간화시켰는데 忈와 혼동하기 쉽다.

⑦ 隅를 阝로 간화시켰는데 阡과 혼동하기 쉽다.

⑧ 제1표에서 潛을 汗로 간화시켰는데 汗와 혼동하기 쉽다.

⑨ 謙을 訐로 간화시켰는데 玗와 혼동하기 쉽다.

⑩ 제1표에서 感을 忎로 간화시켰는데 忈와 혼동하기 쉽다.

「제2차한자간화방안(초안)」은 주로 동음대체법(同音代替法)에 따라 자수와 필획을 줄였다. 다음은 동음대체자로 20개가 늘었다.

邦(邦, 帮)	芘(蓖, 篦, 蔽)	芽(萊, 蔡)
笈(籍, 笈)	江(豇, 江)	交(跤, 交)
午(舞, 午)	希(稀, 希)	息(息, 熄)
旦(蛋, 旦)	茭(茭, 椒)	太(泰, 太)
付(副, 付)	兰(蓝, 篮)	沅(源, 沅)
浂(灌, 盥)	岐(歧, 岐)	上(綢, 鞠, 上)
合(盒, 合)	欠(歉, 欠)	

이렇게 새롭게 발표된 간화자에 대해 여러 가지 논의가 일어났다. "동음대체자는 후세사람들이 책을 읽는 데 큰 어려움을 가져올 것이다." "4, 5년도 못 가 교실에서 '이 息자는 옛날에는 熄과 息이었는데 이 경우는 어느 쪽인가'라는 질문이 잇따를 것이다."라는 등 의견이

많이 나왔다.

이와 함께 「제2차한자간화방안(초안)」의 문제점으로 부호 '一'의 남용을 들 수 있다. 간화방식의 하나로 상징부호를 써서 원래 글자의 한 부분을 대신하는 것이 있다. 상징부호가 상징하는 편방이 일치하지 않아 혼동을 일으키는 예가 많다 예를 들면 '一' 부호는 「제2차한자간화방안(초안)」에서 5, 6종 이상의 부위나 편방을 대신했다.

① 尸一展에서 𧘇를 대신하고 있다.
② 宀一宣에서 亘을 대신하고 있다.
③ 𭥍一蒙에서 豕를 대신하고 있다.
④ 氻一演에서 寅를 대신하고 있다.
⑤ 羽一翼에서 異를 대신하고 있다.
⑥ 北一冀에서 異를 대신하고 있다.
⑦ 灬一蕉, 煮, 庶, 烈 등의 모든 灬字

이렇게 상징부호를 남용한 결과 한자가 원래 가지고 있던 표의(表意)의 능력이 사라졌다. 필획을 감소시키려는 데 집착해 '一'로 너무 많은 의부(意符)를 대신했다. 형상이 너무 비슷해 제대로 글자를 알아보지 못하는 결과를 빚었다. 이상은 「제2차한자간화방안(초안)」의 두드러진 결점이다. 「제2차한자간화방안(초안)」 발표 뒤 논쟁이 뒤따랐음은 물론이다.

3) 「제2차한자간화방안(초안)」 발표 뒤의 논쟁

1977년 「제2차한자간화방안(초안)」 발표 이후 논쟁이 계속되었다. 70년대 이래 중국의 과학기술 발전에 발맞춰 특히 한자정보 처리기술

연구의 발전이 거듭됨에 따라 보다 많은 과학기술자들이 한자문제에 관심을 가지고 연구를 시작했다. 그들은 한자정보 처리의 수요에서 출발해 수많은 요구사항을 제기했다.

「제2차한자간화방안(초안)」은 일부 간화한자가 합리적으로 포함되어 있어 글자를 구별하거나 문자사용에 큰 도움을 줄 수 있다. 그러나 이런 새 간체자를 사용할 경우 출판물, 특히 자전, 사전, 백과사전, 전자계산기의 한자자모 등에 큰 어려움을 준다는 의견이 지배적이었다. 1986년 소집된 전국어언문자공작회의가 「제2차한자간화방안(초안)」을 폐지하도록 건의한 것은 이러한 이유가 가장 큰 원인이었다.

가장 두드러진 문제는 한자간화를 계속해야 하는지 그만두어야 하는지였다. 「제2차한자간화방안(초안)」의 폐지[14]가 「한자간화방안」을 둘러싼 논쟁을 단적으로 드러내고 있다. 이 문제를 둘러싼 논쟁의 시초는 1978년 「제2차한자간화방안(초안)」의 간화필획을 반대한 주유광과 그와 맞선 장소화(張昭華)이다. 주유광은 1978년 6월 16일 광명일보에 「한자간화 문제의 재인식」이란 제목의 글을 발표했다. 그는 한자의 필획간화는 이 정도에서 끝내야 한다는 새로운 의견을 내놓았다. 그의 논거는 이렇다.

> 필획을 간화하는 것은 폐단이 없지 않다. 간화자의 폐단은 3가지다.
> 첫째, 필획이 줄어들수록 자형(字形)이 비슷해진다. 성부(聲符)를 새로 만들면 성조를 매기기 어렵다. 동음대체로 뜻이 혼동되기 쉽다. 간화의 결과가 독음을 번잡하게 하거나 뜻이 혼란스러워지고 형체를 알아보기 어렵게 만든다.
> 둘째, 한자의 특징은 죽되 사라지지 않으며 없어지되 끊이지 않는다

---

14) 「제2차한자간화방안(초안)」 발표 후 9년이 지난 1986년 찬반양론 끝에 국무원은 폐기했다. 그러나 아직도 간화에 대한 논쟁은 계속되고 있다.

는 점이다. 결국 번체자와 간화자가 병존하는 만큼 두 가지를 모두 배워야 한다. 학생의 부담이 늘어난다.

셋째, 「한자간화방안」을 보급한 지 20년이 흘렀다. 글자를 알게 된 사람이 크게 늘었다. 새롭게 바뀌어 다시 공부해야 하는 것을 사람들이 싫어한다.

그러나 그의 주장은 장소화 등의 반대에 부딪혔다. 장소화는 "간화를 계속해 나가는 일이 필요하다"15)며 "한자응용이 쉽지 않은 상황에서 단순히 필획을 줄이는 것은 옳지 않다. 반드시 병음화의 길로 가야 한다. 이것이 옳은 방향이다.(漢字應用不方便的狀況, 單靠簡化筆劃是不行的, 必須走拼音化的道路, 這是方向)"라고 주장했다. 그의 입장은 모택동 주석이 1951년에 말한 "문자는 개혁해야 한다. 세계문자가 공통으로 쓰고 있는 병음방향으로 나아가야 한다.(文字必須改革, 要走世界文字共同的拼音方向)"를 따른 것이다. 한자간화는 한자병음화의 과도기에 지나지 않는다는 입장이다. 장소화의 주장은 이렇다.

필획을 줄이는 임무는 끝나지 않았다. 현대한자는 필획이 10획 이상인 글자가 많다. 『현대한어사전』을 예를 든다면 모두 11030자를 수록하고 있는데 번체자, 이체자 2535개를 뺀다면 실제는 8495자이다. 그중 필획이 10획 이상인 글자가 5109자로 60.14%이다. 「제2차한자간화방안(초안)」 후 10획 이상인 글자는 4480자로 51.56%이다. 「제2차한자간화방안(초안)」은 「제2차한자간화방안(초안)」 이후 4천5백 개의 비교적 많이 쓰이는 글자 중 10획을 넘는 것이 1300자이다. 가능하면 한 글자의 필획이 10획을 넘어서는 안 된다는(1960년 중국공산당 주음식자(注音識字)를 보급하는 것에 관한 지시) 것과는 상당한 거리가 있다.16)

15) 張昭華, 「漢字筆劃的簡化可否就此結束」, 『語文論叢』, 上海敎育出版社, 1981.
16) 張昭華, 「漢字筆劃的簡化可否就此結束」, 『語文論叢』, 上海敎育出版社, 1981.

그는 한자간화는 글자마다 10획을 넘어서는 안 된다는 원칙에 지나치게 매달렸다. 이런 원칙을 제대로 지킨다면 한자의 80%는 10획을 넘지 않을 것으로 보았다. 그래야만 한자가 표의기능을 잃게 돼 한자를 소멸시키는 대업도 이루어질 것이고 빨리 중국어 병음화의 길로 나아갈 수 있다고 본 것이다. 이 논쟁은 결국 한자의 간화를 계속할 것이냐는 핵심적인 논쟁으로 번졌다. 주유광으로 대표되는 간화중단론의 논지를 정리하면 이렇다.

첫째 과거 공포한 간화자는 기본적으로 사람이 읽고 쓰고 응용하는 어려움을 해결했다. 문화교육, 문맹타파, 인쇄조판, 한자의 기계처리와 한자정보 처리방면에서 이미 효력을 거두었다. 앞으로 다시는 한자의 간화를 진행할 필요가 없다. 계속해서 한자를 간화하려면 현실을 고려하지 않을 수 없다. 한자간화는 실제 현행한자의 숫자를 늘렸다. 청소년들이 배우는 것은 간화자이다. 그런데 그들이 간화 전에 출판한 책을 읽으려면 모르는 번체자를 따로 배워야 한다. 이것은 그들의 학습 부담을 가중시켰다. 뿐만 아니라 열독효과에 영향을 미칠 수 있다. 계속 간화를 한다면 간화자의 수량은 더욱 많아질 것이다. 간화자가 많을수록 청소년의 부담은 더욱 가중될 것이다.

둘째 한자가 끊임없이 간화된다면 책은 규범을 맞추기 위해 끊임없이 새로 찍어 내야 한다. 그러나 현재 인쇄기술 조건과 재력을 본다면 위의 요구에 따를 수 없다.

장소화로 대표되는 간화계속론자들의 논지는 이렇게 정리할 수 있다. 「한자간화방안」을 통해 현행한자의 구조는 더욱 뚜렷해졌다. 필획도 줄었다. 「간화자총표」에 수록된 2천2백36개 간화자는 총 필획 수가 2만 3천50획이다. 평균 글자마다 10.3획이다. 간화된 2천2백64개 번체자는 총 필획 수가 3만 6천2백91획이다. 평균 글자마다 15.6획이다. 간화자는 번체자보다 평균 글자마다 5.3획이 줄었다. 간화자 구조의 명료함과 필획의 줄어듦은 사람들이 읽고 쓰기에 적잖게 쉬워졌다.

그러나 현행한자의 숫자에서 본다면 간화의 자수가 그다지 많지 않다. 읽기와 쓰기가 어려운 글자도 많다. 구조가 복잡한 글자를 간화하지 않은 탓이다. 번체자 평균필획과 대비해 본다면 필획을 줄인 것이 충분하지 않다. 예컨대 「간화자총표」에 실린 2천2백36개 간화자 중에서 1천7백52개 글자만이 전체 글자의 부수를 줄였을 뿐이다. 부수 외의 번잡한 부분은 간화하지 않았다. 이러한 글자들은 간화를 더 해야 한다. 정보처리 교환용 한자격자 자막의 설계 등의 측면에서 볼 때 역시 계속해서 한자를 간화해야 한다.

2. 신시기 언어정책의 위기

1) 삼란(三亂) 현상

중국은 신시기[17] 문자 그대로 혁명적인 변화를 겪었다. 등소평(鄧小平)은 4개 현대화(농업, 공업, 과학기술, 국방의 현대화)[18]를 추진

---

17) 중국문헌에 많이 나타나는 '新時期'는 1978년 12월 중국공산당의 11期3中全會 이후를 가리킨다. 于根元, 『新時期的推廣普通話工作』, 語文出版社, 11쪽.

18) 이 용어는 1954년 주은래 당시 총리가 제1차 전국인민대표회의 제1차 회의에 제출한 정부활동보고서에 가장 먼저 쓰였다. 그는 공업, 농업, 교통운수, 국방의 현대화를 추진해야만 중국은 낙후하고 빈곤한 상태에서 벗어날 수 있으며 우리의 혁명은 달성할 수 있다고 밝혔다. 그러나 문화대혁명을 거치면서 이 용어는 완전히 잊혀졌다가 문화대혁명의 폭풍이 그럭저럭 가라앉은 1975년 1월 13일 제4차 전국인민대표회의 제1회 회

하면서 실용주의를 표방했다. 경제적으로 개혁개방 정책을 펴면서 외국자본을 과감히 유치하고 경제특구를 만들어 새로운 사회주의 경제체제의 틀을 마련했다. 경제우위의 사고방식은 개혁개방 정책에 힘입어 경제력이 상대적으로 앞선 광동성(廣東省), 복건성(福建省) 등 남부지방에 보통화의 보급을 한결 어렵게 만들었다.19)

이와 함께 컴퓨터 등 과학기술의 발전은 한자간화 문제를 해결할 수도 있다는 점에서 어문개혁에 새로운 요소로 작용했다. 서구화의 영향으로 수많은 상품이 외국 이름을 달고 나오고 있는가 하면 라틴자모의 줄임말을 잘못 쓰고 있는 경우도 있다. 신시기의 이러한 변화는 한자간화, 「한어병음방안」 보급, 보통화 보급 등 그동안 중국정부가 추진해 온 어문개혁에 결정적인 영향을 미친 것이다.

11기 3중전회 이후 만 7년 만에 열린 1986년 전국어언문자공작회의는 바로 좌절의 위기에 빠진 어문개혁에 새로운 바람을 불어넣으려는 중국정부의 안간힘이었다.20)

전국어언문자공작회의에서 집중 거론된 것이 이른바 삼란(三亂) 현상이다. 번체자를 남용하고 간체자를 마구 만들어 쓰며 이체자를 함부로 사용하는 것으로 규범에 맞지 않는 언어현상이다.

의에서 주은래 총리가 재차 금세기 말까지 농업, 공업, 국방, 과학기술의 현대화를 전면적으로 실시하고 중국의 국민경제를 세계선진국 수준으로 끌어올리겠다고 천명하면서 일약 주목을 받았다. 『신중국은 어디로 가고 있는가』, 立花丈平, 신원기획 옮김, 도서출판 예본, 153～154쪽.

19) 이들 지역은 홍콩의 광동방언을 함께 쓰고 있는 것에 대해 일종의 우월의식마저 가지고 있었다. 번체자를 쓰고 있는 대만의 경제에 대한 부러움으로 한자의 간화, 정리가 설득력을 잃었다.

20) 이에 앞서 1984년 10월 전국문자개혁좌담회(全國文字改革座談會)에서 호교목(胡喬木) 서기는 서면연설을 통해 "사회에서 쓰이는 언어의 혼란상은 하루빨리 해결해야 한다"고 강조한 바 있다. 이에 각계에서 언어혼란상을 바로잡자는 요구가 줄을 이었다.

규범에 맞지 않은 글자가 생겨나는 원인은 어디에 있는가. 사회영향을 무시할 수 없다. 요즘 들어 간화자를 버리고 번체자를 쓰는 분위기가 두드러지고 있다. 국무원에서 시행하는 간화한자의 법정문건은 버려두고 영화나 텔레비전 자막에 점점 번체자가 나타나고 있다. 많은 간행물에도 번체자로 제목을 달고 있다. 상점 등의 간판에도 크게 쓴 번체자가 등장한다. 중소도시에 번체자를 쓰는 현상이 신속히 퍼져가고 있다. 이 '소리 없는 호소'는 직접적으로 문자규범화를 방해하고 있다. 사상인식 문제를 꼽을 수 있다. 마구 글자를 쓰는 것은 범법(犯法)이 아니라고 생각하고 있어 제멋대로 기분 나는 대로 거리낌 없이 쓰고 있다.

글 쓰는 사람의 문화수준이 낮은 것도 규범에 맞지 않은 글자가 많이 생겨나는 원인의 하나이다. 집단이나 개인기업이 밀집되어 있는 구역은 불규범자가 비교적 많으며 난조자(難造字)나 착별자(錯別字)도 비교적 많다. 글자체도 졸렬한 경향이 있다. 문명도시를 건설하기 위해 도시 서비스부문 인원의 문화수준을 높이는 것도 급선무이다.[21]

삼란 현상으로 대표되는 문자의 불규범 실태를 살펴보고 신조어(新造語) 범람이라는 새로운 불규범 현상까지 고찰한다.

(가) 번체자(繁體字) 남용

삼란 현상 중 가장 두드러진 것이 번체자를 남용하는 현상이다. 통계로 볼 때 전체 불규범 언어현상 중 50% 이상을 차지하고 있다. 93년 현재 「한자간화방안」의 공포 이후 37년이 흘렀으나 갑자기 번체자

---

21) 1977년 공포된 「제2차한자간화방안(초안)」이 가져온 후유증으로 「제2차한자간화방안(초안)」 등의 글자가 자주 보이는 것도 이러한 이유 때문이다. 『新時期的語言文字工作會議』, 332~333쪽.

의 물결이 일고 있는 것은 중국문자의 '해외화' 때문이다. 경제특구에서 내륙으로, 남부에서 북부지역으로 몰려든 번체자의 바람은 어느덧 전 중국을 뒤덮고 있다.

번체자를 자주 쓰는 곳은 기업, 공장, 상점 등으로 경제의 개방정책과 밀접한 관계가 있음을 알 수 있다. 외국기업과의 합작기업, 즉 중외합작기업이 늘어나면서 홍콩, 대만 바람이 불어 간판, 상표, 광고, 상품포장, 상품소개 설명서에 번체자가 숱하게 나타났다.

① 북경의 호텔 51개 중 번체자 간판을 쓰고 있는 곳이 84%인 43개이다. 북경의 고등학교 48개 중 52%인 25개가 교문에 번체자를 쓰고 있다. 萬國美髮, 興盛電器, 樂友餐廳, 服務處 등 번체자 간판이 거리를 휩쓸고 있다.

② 潤膚霜류의 화장품광고는 경제특구에서 쉽게 볼 수 있는 번체자이다.

③ 국산품의 광고에 萬事可樂, 萬家樂, 廣味香賜라는 표현을 써 마치 홍콩이나 대만의 수입품 같은 이미지를 풍겼다.

④ 북경의 유명한 음식점은 번체자 간판을 달고 있다가 당국의 여러 차례 강권 끝에 마지못해 간화자 간판으로 바꾸었다.

⑤ 번체자로 쓴 批發處, 美術服務部, 駐京辦事處 간판도 외국과 관련이 있음을 암시하려고 애쓰고 있다.

⑥ 일부 간판은 반간반번체(半簡半繁體)의 형식을 띠기도 한다. 의약복무부 간판은 의약(醫藥) 두 글자 중 醫는 번체자로, 藥은 간화자로 썼다. 이와 함께 영화, TV, 신문, 책 이름에도 번체자가 자주 보였다.

안휘성(安徽省) 합비시(合肥市)에서 두 지역의 광고를 조사했는데, 1984년 세워진 장강(長江) 노상의 10개 광고는 모두 간화자였다. 그러나 1985년에 세워진 금융 중심지는 무역회사 건물이 많은 곳으로 이곳 광고는 90% 이상이 간화자 대신 번체자를 쓰고 있었다.

중외(中外)합작기업은 번체자가 자라는 최상의 오아시스였다. 대외개방이 바로 번체라는 경향이 두드러진 때문이었다. 번체자 사용의 또 다른 원인으로 한자의 예술성이 새롭게 부각하고 있다는 점을 들 수 있다. 한자의 예술성이 뛰어난 만큼 한자의 규범성을 무시해도 무방하다는 의견이 힘을 얻고 있다. 서예가들이 작품과 간판서문을 쓸 때 번체자를 즐겨 쓰는 것도 새로운 변화이다.

(나) 이체자(異體字) 사용

이체자는 음과 뜻이 같으면서도 형체는 다른 글자를 일컫는다. 이체자정리는 어문개혁 핵심내용의 하나이다. 어문개혁을 촉진하기 위해 한자를 배우고 사용하는 데 편리하도록 하기 위해서이다. 이체자정리가 제대로 되어 있지 않으면 사전마다 글자의 처리가 달라 사람들이 사용할 때 특히 학생들에게 불필요한 부담을 준다.[22]

중화인민공화국 성립 이후 이체자정리 작업은 꾸준히 이루어졌다. 1955년 12월 22일 문화부와 중국문자개혁위원회는 연합으로 「제1차이체자정리표」를 발표했다. 이체자 8백10조 1천8백65개의 이체자를 정리한 「제1차이체자정리표」는 교육계, 출판계 등 유관부문의 환영을 받았다. 이어 1956년 3월 23일 문화부와 문자개혁위원회는 「제1차이체자정리표」에서 阪, 挫 두 글자를 제외한다고 발표했다. 중국정부는 이체자정리에 관해 1964년 「간화자총표」, 1965년 「인쇄통용한자자형표」를 발

---

22) 傳永和, 「한자의 정리와 간화」, 『新時期的語言文字工作會議』, 95쪽.

표한 데 이어 문화대혁명 기간의 어문개혁의 공백을 뛰어넘어 1988년
「현대한어통용자표」를 확정했다. 이러한 이체자정리는 읽거나 인쇄,
타자 방면에서 인력과 돈의 낭비를 크게 줄였다.[23]

수십 년간에 걸친 한자 정리와 간화를 통해 대다수의 한자는 규범
화되었으나 아직껏 일부 어문학습서는 서로 이체자정리가 달라 이용
자들에게 혼란을 안겨주고 있다.

예를 들면 婾자는 음이 2개로 그중 하나를 tōu로 읽을 수 있으며
나타내는 뜻이 물건을 훔치다의 偷와 같다. yú로 읽는 것은 나타내는
뜻이 유쾌하다는 愉와 같으며 주로 사람 이름에 많이 쓰인다. yu의
음과 뜻이 현대중국어에는 많이 쓰이지 않아 婾글자는 偷의 이체자로
없어졌다.

글자가 도태된 후 실제사용에서 도태된 이체자가 가장 많았다. 이음
대체가 때로 다른 뜻을 지니게 됐다. 예를 들면 유자가 偷의 이체자로
없어지면서 문선공이나 교열하는 사람들은 원고에 유字가 나오면 婾
따라 유자를 偷자로 바꾼다. 과거 小婾라는 여성의 이름이 小偷(도둑)
로 바뀌어 출판되었다는 우스갯소리도 있다. 「제1차이체자정리표」에는
일부 잘못 고른 글자가 있었다. 징벌한다는 罸자의 경우 罚자가 이체
자로 도태되었다. 그런데 지금 와서 보면 당시의 결정이 잘못되었음을
알 수 있다. 罚자가 현재 쓰이는 罰자보다 말하기 수월하기 때문이다.
지금도 적지 않은 표어에 罚자를 罰자보다 더 많이 쓰고 있다.

이체자와 성격이 비슷한 이체사(異體詞)는 음과 뜻이 같으면서도
형체가 다른 낱말이다. 예를 들면 人才-人材, 交代-交待, 像片-相
片, 辭典-詞典, 制伏-制服 등이다. 또 '必恭必敬'(매우 공손한 태도를
취하다)의 '必'은 일종의 서면형식으로 필수적인 뜻의 '必'은 졸업한다

23) 徐偉民, 『語文建設』, 91년 7기, 30쪽.

는 뜻의 '畢'로 바꿀 수 있다. '故步自封'(제자리걸음을 하다)의 '故'는 완고하다의 '固'로 바꿀 수 있다. 이러한 낱말의 사용은 혼란스럽다.

정보처리용 어휘를 엮을 때 이러한 이체사의 정리가 제대로 되어 있지 않아 혼란현상을 빚을 수 있다. 예를 들면 정보처리용 『현대한어 어휘집』의 3음절어표에는 다음과 같은 혼란현상이 있다. 이체사가 한꺼번에 수록되어 있는 것이다. 編者案-編者按이 함께 수록되어 있다. 또 이체사 처리에 일관성이 없다. 예를 들면 照相機, 照相紙, 印相紙의 '相'과 錄像機, 錄像片, 撮像機, 撮像管의 '像'이다. 订措施, 订守则의 '订'과 定計劃, 制定出의 '定'이 그것이다. 이런 혼란상은 정보처리에도 불리하다.

어문교육은 더욱 많은 규범한자를 필요로 한다. 이체자, 이체사의 존재는 아동들의 학습과 문맹퇴치에 부담을 늘렸다. 규범자가 정리되어 있지 않아 교사들이 가르치고 학생들이 배우는 도중 이체자와 이체사의 달리 쓰는 법을 익혀야 한다. 매우 어려운 일이다.

중학교사가 작문을 평할 때 학생이 쓴 '倒楣(재수 없다)'의 '楣'자를 잘못 썼고 霉로 써야 한다고 표시했다. 학생이 노신(魯迅) 저작에 나오는 낱말을 예로 들면서 변명하자. 교사가 자전, 사전을 기준으로 삼아야 한다며 『현대한어사전』을 찾아보라고 말했다.

사전의 '倒霉' 밑에는 '倒楣'도 쓸 수 있다고 풀이되어 있었다. 이쯤 되고 보니 교사가 정말 '재수가 없는 꼴(倒霉)'이 되었다. 사실 학생들이 이체자, 이체사를 완전히 파악하는 것은 불가능하다. 전문가라도 이런 이체현상을 모조리 안다는 것은 쉬운 일이 아니다. 정리를 하지 않으면 어문교육에도 불리하다.

학계에서도 이체자, 이체사 정리의 범위, 정리원칙과 방법, 정리방향 등에 대해 의견이 엇갈려 있는 상태이다. 따라서 일부 학자들은 이체자, 이체사 정리범위를 확대하고 새로운 규범을 확정지어야 한다고 주장한다.

이체사의 숫자도 비교적 많다. 『현대한어사전』 안에 500개 정도가 실려 있다. 이체사는 어문학습이나 문맹퇴치에 혼란과 부담만을 준다. '照像館'도 '照相館'이라고 쓸 수 있다. 둘 다 맞다. 문자개혁 주장자들은 대중에게 익숙한 글자를 채용하고 익숙하지 않는 글자를 도태시켜 한자의 규범화를 하루빨리 이루어야 한다고 밝히고 있다.

(다) 간체자 난조(亂造)

간체자를 30여 년 사용하는 과정에서 수많은 간체자가 국가의 승인을 받지 않고 마구 생겨났다. 이와 함께 2235자를 간화시킨 「간화자총표」(1984년판)가 간화원칙에 일관성이 없어 난조현상이 많이 일어나고 있음을 알 수 있다.

「간화자총표」의 모순을 살펴보면 다음과 같다.

① 購는 购로, 講은 讲으로 간화했으나 자형이 같은 遘는 간화하지 않았다.

② 監 방의 글자를 모두 监으로 유추 간화하면서도 艦은 전혀 다른 舰으로 간화했다.

③ 揀, 煉, 練은 拣, 炼, 练으로 간화했다. 그러나 똑같이 柬을 갖고 있는 諫, 楝, 闌, 瀾 등은 다 같이 유추 간화하지 않았다.

④ 歡, 勸, 觀, 權은 이미 欢, 劝, 观, 权으로 간화했으나 灌, 罐, 獾, 鸛 등은 간화하지 않았다.

「간화자총표」의 모순으로 이용자들은 많은 혼란을 일으키고 있다.

예를 들면 遼, 療자는 현재 辽, 疗로 정식 간화되었으나 대중은 더 나아가 僚, 燎 등을 仃, 灯등으로 마구 만들어 쓰고 있다. 과일을 파는 노점행상인들은 '苹果, 香交'라고 내걸고 있고 식품가게에는 '乞水, 亻高' 야채가게에는 '艽芽, 大冲'라는 간판이 내걸려 있다. 橄欖(올리브)을 '干岜'이라고 하며, 葡萄를 '卜缶', 磨姑를 '幺古', 飜領(밖으로 꺾어 넘기도록 만든 옷깃)을 '反令', 甁裝을 '幷庄', 盒饭(도시락)을 '合反', 凉拌(냉채)을 '凉办'이라고 제멋대로 간화시켜 거리에 내놓는다.[24]

2) 신조어(新造語)의 범람

언어란 사회의 변화에 따라 바뀌는 것이다. 11기 삼중전회 이래로 개혁, 개방 바람에 국제교류가 날로 빈번해지고 사회발전 규모도 커지고 변화도 다양해졌다. 이러한 새로운 상황하에서 언어의 변화도 크다. 따라서 새로운 낱말, 새로운 용법이 끊임없이 생겨나 규범논쟁을 일으키고 있다.

언어와 사회구조는 함께 변화하는 과정 속에서 언어와 사회라는 두 변수가 서로 영향을 미치고 서로 제약을 하기도 한다. 사회생활의 변화는 언어가 갖고 있는 여러 요소에 영향을 미치고 있다. 특히 어휘는 언어의 여러 요소 중 사회발전 변화에 가장 민감한 부분이다. 사회가 어느 방향으로 변화하면 어휘에 가장 직접적이고 재빠르게 나타난다. 사회생활에 나타나는 새것, 즉 신제조, 신체제, 신조치, 신사조, 신물질, 신관념 등 이러한 새로운 것들은 모조리 언어에 나타난다.[25]

근 10년 동안 중국의 사회구조는 급격한 변혁을 겪어 왔다. 새로운

---

24) 辛奇, 「繁体字大回潮─中国文字 "海外化"」, 『어문건설』 1992, 2기, 40쪽.
25) 陳原, 『社會言語學專題四講』, 語文出版社, 206쪽.

사물, 새로운 현상 등이 대거 나타났다. 현대중국어의 어휘도 전례 없
는 발전을 보여 엄청난 신조어가 양산됐다. 이러한 신조어의 출현은
사람들이 전에 겪지 못한 사회심리 상태와 밀접한 관련이 있다. 일부
낱말은 사회의 변화, 사회생활의 변화를 나타낸다.26)

　여러 방면의 심리적 특징을 반영한다. 신조어를 만드는 것과 밀접한
사회심리 상태를 중심으로 신조어의 범람현상을 살펴보고자 한다.

　첫째, 경제를 중시하는 사회심리 상태가 있다. 신시기 이래 개혁의
추진과 대외개방의 가속화로 중국은 정치, 경제, 문화, 과학기술, 교육,
위생과 사람들의 사상관념, 생활방식 등에서 엄청난 변화를 겪었다. 특
히 경제개혁은 의심할 바 없이 이러한 변화의 핵심이다. 경제상태의
변혁은 사회의 모든 부분을 지배했다. 상업의 움직임은 사회의 모든
모세혈관으로 흘러들어가 사람들은 더 이상 상업을 경시하지 않고 경
제의 번영을 자본주의의 부패라고 보지도 않았다. 이러한 현상이 옳은
가 그른가 하는 가치문제를 떠나 사람들은 눈 깜짝할 사이에 비즈니스
마인드를 갖게 되었다. 더 이상 돈을 더러운 것으로 보지 않게 되었다.

　따라서 경제적인 성격을 띤 신조어가 대량으로 출현했다. 特區, 個
體戶, 外向型, 脫貧(빈곤탈피), 浮動工資, 合資企業, 商品經濟, 市場化,
開放型, 閉銷型 등등 이루 헤아릴 수 없다. 상품경제의 발전에 따라
상응하는 어휘가 일상생활에 많이 나타났다. 債卷, 保險, 經濟人, 辭職,
名片(명함), 股票(주식), 合同股分, 拍賣(바겐세일), 專利(특허), 承包
(청부경영) 등등이다. 상업적인 성격의 신조어가 이미 일상대화 중에
상당히 스며들었으며 이제는 없어서는 안 될 존재가 되어버렸음을 알
수 있다. 이러한 신조어는 바로 경제를 지향하는 사회심리를 충분히
나타낸다.

---

26) 陳原, 위의 책, 258쪽.

예를 들어 調價(가격현실화)라는 낱말은 원래 의미가 값이 오르거나 내리는 것이었다. 그러나 실제사용은 값을 올린다(漲價)는 의미로만 쓰인다. 상품 값이 내릴 때 降價, 削價라는 낱말을 쓰지 調價(가격현실화)라는 말을 쓰는 경우는 거의 없다. 이 낱말은 어느 정도는 눈가리고 아웅 하는 상인심리를 나타낸다. 사람들을 자극하는 값을 올린다는 표현을 쓰지 않고 사람의 주의를 끌지 않는 가격현실화라는 낱말을 선택한 것이다.

예를 들면 市場疲軟(시장무기력)이라는 낱말이 있다. 실제로는 시장의 불경기를 나타내는 말이지만 이러한 不景氣, 蕭條라는 뚜렷한 표현을 피하기 위해 비교적 부드러운 疲軟(무기력)이라는 표현을 쓴다. 微型小說은 짧고 재치 있게 쓴 단편소설인 콩트로 小小說인 셈이다. 그런데 一分鐘小說이라는 명칭을 쓴다. 읽는 데 단지 1분이면 된다는 뜻에서 이런 명칭을 붙였다. 소설 읽는 데 걸리는 시간이 짧다는 면을 강조함으로써 시간을 중시하는 사회심리를 나타낸 예이다.

이러한 경제지향의 사회심리 상태는 외래어의 번역에도 나타난다. 迷你裙은 반음반의(半音半意)의 mini skirt 번역어이다. mini는 작다는 뜻이지만 중국어로 바뀌면서 미소하다는 뜻은 사라지고 사람을 끈다는 상업색채가 짙은 이름으로 변했다. 스웨덴 자동차 볼보(Volvo)는 자동차판매상들이 푸하오(富豪)라고 이름을 붙였다. 사람들에게 부호와 같이 일확천금을 벌 수 있다는 인상을 심어주기 위해서이다. 비싼 물건으로 자신의 능력을 나타내고 재력을 과시하는 상업사회의 심리상태에 영합하는 것이다. 이것은 훌륭한 판촉방법이다. 또 保齡球는 영어의 볼링(Bowling)에서 온 것이다. 이 운동을 함으로써 당신의 건강을 책임진다는 의미로 의역된 것이다. 최근 들어 나타난 몇 가지 대표적인 음역어인 可口可樂(Coca cola)[27], 百事可樂(Pepsi Cola), 雪碧

(Sprite) 등도 상업색채가 짙은 낱말이다.

새로운 언어현상으로 신축생략어(伸縮省略語)의 대량생산을 들 수 있다. 이러한 생략어에는 두 종류가 있다. 하나는 2음절로 줄인 것이다. 科學技術을 科技로, 扶持貧困戶를 扶貧으로, 代爲培養을 代培로, 成培地增加를 培增으로, 人工流産을 人流로, 外國香煙를 外煙으로, 色彩照片은 彩照로, 公共關係는 公關으로, 物理治疗를 理疗로, 挖掘潜力를 挖潜으로, 筹集資金을 集資로, 硏究制造를 硏制로, 调查处理를 查处로 줄인 것 등이다.

다른 하나는 음절이 비교적 많은 복잡한 구를 음절이 간단한 낱말로 바꾸었다. 예를 들어보자. 寃案, 假案, 錯案을 寃假錯案으로, 名牌産品, 特色産品, 優質産品, 新産品을 名特優新産品으로, 傳遞, 幇助, 帶領을 傳幇帶로, 老革命地區, 少數民族地區, 邊疆地區, 穷困地區를 老少邊穷地區로, 東北地區, 華北地區, 西北地區를 三北地區로 줄인 것 등이다.

상업사회에서 사람들은 작업효율을 추구한다. 말을 할 때 시간을 줄이고 싶어 하고 글을 쓸 때에도 함축적인 구조로 하고 싶어 한다. 새로운 축약의 출현은 상업사회에서 사람들이 시간효율을 중시하는 사회심리 상태를 나타낸다. 이러한 심리상태가 때로는 너무 간단해서 무슨 말을 하는지 모르는 축약어마저 만드는 부작용까지 빚고 있다. 예를 들면 短技萬寶路香煙(말보로담배)를 短萬으로 줄인 것 등이다. 상업을 지향하는 사회심리 상태는 최근 대중심리 상태 중 가장 강력한 부분이다. 물론 다른 사회심리 상태도 신조어발생과 관계가 있다.

둘째, 새로운 것을 찾는 심리상태이다. 새로운 것에 호기심을 갖는 것은 인간의 본래 심리이다. 최근 들어 중국에도 이러한 심리상태가

---

27) 可口可樂은 1930년대 이미 나타났다. 그러나 근년에 들어와 널리 쓰여 신조어에 넣은 것이다.

매우 강렬하게 나타났다. 예를 들면 이발소는 理髮店, 理髮室이라는 이름을 쓰지 않는다. 심지어 한때 유행했던 理髮廳이라는 용어도 쓰지 않는다. 대신 髮屋, 髮廊, 髮型屋이다.

기본적으로 의미는 같으나 새로운 낱말을 쓰고 싶어 하는 심리에서 신조어가 많이 생겨났다. 反省 대신 反思를, 公布 대신 出臺를, 積累 대신 績淀을, 交談 商討 談判 대신 對話를 선호한다. 이러한 신조어의 출현은 언어의 정밀도를 높이는 것 외에 새로운 것을 찾고자 하는 심리를 반영한다.

예를 들면 爆滿(만원이다, 꽉 차다)은 客滿, 滿座와 나타내는 의미가 기본적으로 같다. 그러나 爆滿은 돌발성을 강조함으로써 공포의 색채를 지니고 있어 기존의 낱말보다 더 선호한다. 선수교체를 의미하는 낱말로 최근 換血이라는 단어를 선호한다. 선수교체를 한다는 내용을 이전에는 '隊進行賽後調整, 補充新隊員'이라고 표현했다. 그러나 지금은 '隊進行大換血'이라는 표현을 쓴다. 새로 투입된 선수를 '輸入新血', '新隊員'을 新血이라고 하는 등 아주 자극적이고 공격적인 표현을 즐긴다.

최근 들어 신조어를 사용하면서 일종의 신기한 현상이 일어나고 있다. 외래어를 도입하는 과정에서 2개나 2개 이상의 다른 역어가 나타난 것이다. 그중 한 개의 역어가 이미 자리를 굳힌 상태에서 몇 년 전 일찌감치 사라졌던 또 하나의 역어가 도로 쓰이는 기현상이 빚어지고 있다. 이러한 현상을 회귀(回歸) 현상이라고 부른다.

디스코(Disco)는 80년대 초 2개의 역어(譯語)가 있었다. 迪斯科와 的士高이다. 후자는 월(粤)방언구에서 유행하던 외래어로 당시에는 열세를 보여 일상생활과 소설 등에서는 절대적으로 迪斯科를 썼다. 그러나 최근 1, 2년 사이에 的士高의 사용빈도율이 점차 높아져 보통화의 발음이 디스코에 더 가까운 迪斯科를 대신 쓰이고 있다.

레이저(Laser)는 激光으로 번역됐다. 당시에 꽤 유행해서 激光武器, 激光治療, 激光切割 등 낱말도 생겨났다. 그러나 해외화교사회에서는 레이저를 镭射(또는 雷射)로 음역해 사용했다. 개방개혁 이전에 激光은 대륙에서, 镭射는 해외에서 사용됨으로써 서로 충돌하는 길이 없었다. 그러던 것이 개혁개방 이후 최근 들어 镭射가 먼저 의역한 激光보다 젊은이들 사이에 즐겨 쓰이고 있다. 또 월(粵)방언구에서 쓰였던 크래커(cracker)라는 의미의 克力架가 아직 보통화에 편입되지 않았지만, 克力架의 사용은 이미 대세가 되어 饼干을 넘어서고 있다.28) 電飯(전기밥솥)과 電飯锅의 흥망은 중국어선택의 사례로 전기밥솥이 처음 나왔을 때는 2개의 낱말이 함께 쓰였다. 일정 기간이 지난 후 煲라는 방언어가 锅보다 알아듣기 어려워 도태되었다. 그러나 최근 電飯煲라는 낱말이 새로 등장하고 있다. 사람들이 발음하기도 어렵고 알아보기도 힘든 煲자를 즐겨 사용하려 든다.

택시를 出租汽車 대신 的士로, 버스를 巴士로 쓰는 것도 이러한 회귀현상을 나타낸다. 회귀현상은 대외개방과 경제특구의 건설과 떼어놓을 수 없다. 강력한 남방경제의 큰 파도와 상대적으로 폐쇄된 내륙지방에 충격을 줌과 동시에 경제력이 앞선 곳의 문화도 필연적으로 따라 들어왔다. 월방언이 최근 몇 년 사이 현대 중국어에 미친 충격은 유례가 없을 정도로 강렬하고 빨랐다. 홍콩의 월어음역어와 중국 내에서 상대적으로 앞선 월방언 지역을 기초로 한 뒤 상품경제의 큰 물결이 밀려왔다. 내륙과 특구, 홍콩과의 잦은 상업적 교류는 월어음역어가 부유함과 새 물결의 상징이 되었다. 이로부터 현대 중국어의 일부 낱말들이 독특한 회귀현상을 보였으며 이러한 현상은 경제를 지향하

---

28) 李明, 「關于卡拉OK, 收銀台和镭射影碟的思考」, 『어문건설』, 1991년 12기, 11~13쪽.

는 심리상태와 새것을 바라는 2가지 심리상태가 맞물린 결과라고 할 수 있다. T恤(티셔츠), BB仔(갓난애) 등 신조어의 사용은 흔히 보는 사례이다.

새로운 것과 변화를 바라는 사회심리 상태는 의심할 바 없이 사회 진보, 개체의식이 높아지는 표현이다. 그러나 언어에는 좋지 않은 영향을 미쳤다는 점을 부인할 수 없다. 신조어가 대량으로 밀려드는 것과 동시에 일부 제멋대로 만든 글자도 생겼다. 따라서 어휘사용의 규범화에 주의해야 한다. 단순히 새것을 바라는 욕구가 원칙에 맞지 않는 새로운 낱말의 범람을 막아야 한다는 노력이 새삼 강조되고 있다.

셋째, 민주화를 하려는 심리상태이다. 최근 半邊家庭(반쪽가정), 單親家庭이라는 신조어가 유행하고 있다. 半邊家庭은 부모가 별거하고 부친이나 모친 한쪽만 있는 가정이다. 單親家庭도 이 뜻이다. 이러한 신조어는 가정에서의 어떤 변화를 반영하고 있다. 어린애와 당사자의 입장에서는 심리적인 손실을 일으키지만 사회관념으로 볼 때 이혼은 더 이상 부끄러운 일이 아니게 되었다. 離婚이라는 낱말 대신 비교적 완곡한 표현인 離異가 사용되고 있다.

家庭婦男, 家庭主夫(가정부남, 가정주부)의 출현은 또 다른 사회관념을 반영한다. 이 두 낱말은 가정부녀, 가정주부를 모방한 것으로 모방어이다. 유머와 해학적인 의미가 있다. 현대 중국남자들은 더 이상 가사노동 분담을 부끄럽게 여기지 않으며 주방에 들어가는 것도 여자들의 전적인 권리가 아님을 뜻한다. 大丈夫主義(대장부주의)도 더 이상 힘을 발휘하지 못하고 부녀자들의 지위를 받아들여 사회적으로 보편화된 관념이 새로워지고 있음을 나타냈다.

도덕관념도 날이 갈수록 개방되고 있다. 혼인과 연애방면에서의 표현이 두드러진다. 예를 들어 姦通(간통)이란 표현 대신 婚外戀(婚外情

事)(혼외혼, 혼외정사), 外遇(外道)(외우, 외도) 등 부드러운 신조어로 바뀌었다. 또 情夫(정부)와 情婦(정부)라는 낱말 대신 완곡한 표현인 第三者(제삼자)로 바꾸었다.

이러한 신조어가 출현하는 것은 사회분위기가 양극화나 이원화의 사유방식이 사라지고 있고 민주화하고 있음을 나타내고 있다. 사람들은 다원화된 가치관을 터득했고 인도적이고 관용이 많은 태도로 사회문제를 바라보고 있음을 뜻한다. 이러한 사회심리 상태는 사회심리의 문명취향을 반영하고 있기도 하다.

이러한 심리상태는 전문술어에서 나타난다. 최근 몇 년 동안 사회과학기술의 정도가 심화하고 대중이 전파하는 도구의 발전에 따라 수많은 전문술어가 일상생활에서 흔히 쓰이게 되었다. 예를 들어 회귀(回歸)라는 낱말이 최근 들어 아주 유행하고 있다. 정치 외교적으로 쓰이는 것은 물론 문학용어로도 쓰인다. 회귀는 원래 생물학 용어였다. 老化(노화)는 원래 아교, 도료 등 고분자화합물이 빛, 열, 공기, 기계의 힘을 받아 부드러워지거나 딱딱해지는 것을 뜻하는 것으로 화학공업 용어였다. 그러나 지금은 인구노화 등에 쓰인다.

전문술어의 유행과 발맞추어 대량의 외래어가 유행했다. 이러한 유행어는 전문술어와 밀접한 관련이 있다. B超(B형초단파검진기), 愛滋病(후천성면역결핍증), CD唱片(콤팩트디스크), CT(컴퓨터단층촬영), OA(사무자동화), TQC(품질관리), UFO(미확인비행물체), 背景音樂(배경음악), 黑馬(다크호스), 强人(실력자), 公共關係(홍보), 熱點(현안) 등등이다. 博士後(박사후)라는 낱말도 새로 생겨난 신조어이다. 미국학제를 본뜬 것인데 大學後나 學士後(postgraduate)라는 낱말이 연구생을 가리키는 낱말로 이제는 신문이나 문서에서 흔히 볼 수 있다. 50년대는 소련학제를 본뜬 副博士(부박사)라는 단어가 널리 쓰였었다. 이런 낱말들은 이미 현대 중국어의 어휘로 굳어진 것이다.

意識(의식)은 영어로 consciousness라고 한다. 원래는 철학용어였다. 아주 완전하면서도 고도의 조직을 갖춘 인간두뇌의 기능의 일종이다. 인간이 특별히 갖춘 객관적인 현실에 대한 반영을 가리킨다. 그런데 현재는 의식이라는 낱말을 사용한 단어들이 범람하고 있다. 예를 들자면 主體意識, 消費意識, 下意識, 潛意識, 商品意識, 質量意識, 決策意識, 民主意識, 進攻意識, 法制意識, 當代意識, 自覺意識, 自我意識, 批評意識, 企業意識, 首都意識, 共存意識, 詩意識 등 20여 가지 신조어가 생겨났다. 심지어 吃茶意識, 講課意識, 聽講意識 등 외국어로 제대로 옮길 수도 없는 새로운 낱말들이 양산되고 있다.[29] 國脚(스트라이커, 골잡이)은 최근 생겨난 낱말이다. 國手(국수)라는 낱말을 모방한 것이다. 생겨날 때만 해도 약간의 논쟁이 일어났다. 어떤 학자들은 脚의 낱말 구성 능력이 手만 못하기 때문에 國脚이라는 낱말이 규범에 어긋난다고 주장했다. 그러나 이 낱말은 날이 갈수록 널리 쓰였다. 마침내 國脚獎(골잡이상)이라는 신조어가 인민일보에 실림으로써 합법적인 지위를 얻게 되었다.

吃大锅饭(철밥통의 밥을 함께 먹다)이란 단어가 있다. 경제체제 개혁이 본격적으로 진행되자 사람들은 분배제도의 평균주의가 빚는 폐단을 심각하게 느끼게 되었다. 이 평균주의를 吃大锅飯이라고 불렀다. 군중들이 분배제도의 개혁을 강력하게 요구하면서 打破大锅飯(철밥통을 부수자)이란 신조어가 생겨났다. 이 신조어에 대해 어떤 이들은 철밥통은 부술 수 있고 솥(锅)도 부술 수 있지만 밥(飯)은 부술 수 없다며 문법상의 잘못을 지적하고 있다.[30] 士多店이 상점 간판에 빈번

---

29) 陳源, 「樂異和規範化」, 『어문건설』 1987년, 4기, 3~5쪽.

30) 顧語, 「語言規範瑣議」, 『어문건설』 1987년 2기, 29~31쪽.

하게 등장한다. 土多는 영어 store의 음역어이다. 土多店은 역음과 표의성분으로 구성되어있다. 그러나 土多는 이미 상점이다. 거기에 다시 土多店이라고 한다면 店은 쓸데없는 말이 된다. 현대중국어 중에는 실내에서 물건을 내다 놓고 파는 장소에 대한 용어로 이미 商店과 百貨店이라는 용어가 있다. 굳이 土多店이라는 단어를 새로 만들 필요는 없는 것이다.

중국사회에는 최근 ××熱이라는 단어가 널리 광범위하게 쓰이고 있다.

> (仙游市를 가리킴)太幸運了. 剛剛昇格爲市, 便又列入對外開放的門戶. 一波及全國的各種熱. 彩電熱. 電氷箱熱. 牛仔褲熱. 羊毛衫熱. 西服熱. 麻編冷鞋熱. 霍元甲熱. 山口百惠熱. 射雕英雄傳熱. 快餐熱. 美容熱. 文憑熱. 迪斯科熱. 早戀早婚熱. 一應該熱的熱和不應該熱的熱. 熱了又冷的熱和熱了又熱的熱. 使這個小城市始終處于一種持續的高熱狀態[31]

西服熱. 氣功熱. 亞運熱. 早戀早婚熱. 出國留學熱 등이 있다. 이렇게 새로 나타난 단어는 과감하게 받아들이자는 주장도 있다.[32]

신시기는 비록 기간은 짧지만 현대중국어의 신조어가 대량으로 나타났다. 게다가 어휘는 엄청난 변화를 겪었으며 이러한 신조어의 출현은 사회의 변화와 불가분의 관계가 있다. 사회가 대변화, 대혁신, 진보를 낳는 것과 동시에 언어도 이에 따라 변화하고 있기 때문에 사회변화가 언어에 반영되는 것이다. 결론적으로 말하면 현대중국어 신조어의 끊임없는 출현은 개혁개방 정책과 시장경제를 추구하는 중국의 현실을 그대로 드러낸다는 점에서 철저하게 연구할 만한 가치가 있다.

---

31) 李雲良「山游」,「小說選刊」, 1986년 제2기.
32) 龔千炎「發展鏈. 語言規範的本質」,『어문건설』1991년 5기, 4쪽.

3. 신시기 언어정책의 노선수정

1) 전국어언문자공작회의 소집

전국어언문자공작회의(全國語言文字工作會議)가 1986년 1월 6일부터 13일까지 국가교육위원회(國家敎育委員會)와 국가어언문자공작위원회(國家語言文字工作委員會) 공동 주최로 북경에서 열렸다. 지난 30년간의 어문개혁을 총결산하는 자리이기도 했다. 해방군총정치부(解放軍總政治部), 전국총공회(全國總工會), 전국부련(全國婦聯), 공청단(共青團) 중앙과 약간의 성(省), 시(市) 책임자와 호승(胡繩), 주덕희(朱德熙), 장지공(張志公), 나죽풍(羅竹風), 진원(陳原) 등이 회의에 참가했다. 회의에 출석한 전국 각 성, 시, 자치구의 교육, 어문계 대표와 국무원 각 부의 대표는 모두 2백80여 명이었다.

우리의 관심을 끄는 것은 이 회의가 언어정책의 성공을 자축하는 수사로 가득 찼지만 사실은 중대한 방향전환을 예고했다는 점이다. 회의는 문자개혁을 위한 새로운 사업을 벌이기보다는 사회적으로 일어나고 있는 문자의 혼란상을 바로잡는 데 언어정책의 초점을 맞추자는 결론을 내렸던 것이다.

이 회의는 지나치게 성급했던 「제2차한자간화방안(초안)」의 사용중지를 국무원에 건의했다. 또 사회적인 문자혼란상을 바로잡기 위해 규범에 맞는 간화자 사용을 적극 추진하는 것이 어떠냐는 견해를 국무원에 질의했다.

호교목 정치국원은 폐막사에서 "이번 회의에서 우리의 사업은 실제에 발을 딛고 안정과 전진의 기초를 마련했다."고 말했다. 미래를 향한 전진보다 언어문자의 현실에 눈을 돌려야 할 때라고 진단한 것이다.

만리(萬里) 당시 당 정치국원 겸 국무원 부총리는 회의개막사[33]에서 "현재 언어규범 실태가 매우 혼란스럽다. 번체자가 남용되고 간화자를 마음대로 쓰고 심지어 글자를 잘못 쓰는 경우가 일어나고 있다."고 지적하고 "적절한 조치를 펴서 바로잡아야 한다"고 지시했다. 그는 당중앙과 국무원이 신시기 언어문자 사업의 방침과 당면한 주요임무로 언어문자 규범화, 표준화의 촉진을 꼽았다고 말했다.

이 회의는 결국 「제2차한자간화방안(초안)」과 병음화라는 초기 문자개혁 제2단계의 중지를 선언한 셈으로 1964년 발표된 「간화자총표」 준수를 촉구하는 등 어문개혁의 필요성이 어느 때보다 높다는 사실을 재확인하는 데 그쳤다.

---

33) 30년 동안 당중앙, 국무원의 영도와 배려 아래 각급 영도와 많은 어문사업가들의 노력과 많은 군중의 지지와 참가로 우리나라의 언어문자 사업은 두드러진 성과를 거두었다. 현대중국어규범화 방면에서 보통화를 보급하는 측면에서 현행한자를 연구하고 정리하고 「한어병음방안」을 만들고 보급하는 데 많은 일을 했다. 우리 나라 사회주의 건설사업을 위해 상당한 공헌을 했다. 언어문자는 사람들이 교제하는 도구이며 정보를 담고 있는 것이다. 언어문자의 규범화, 표준화를 강화하는 것은 사회발전과 과학기술의 진보와 교류, 문화교육 수준의 제고에 중요한 의미를 지닌다. 언어문자의 운용이 규범, 표준에 맞는지 여부는 한 국가, 한 민족의 문명정도를 반영한다. 지금 사회에서 쓰이는 문자가 비교적 혼란스럽다. 번체자를 남용하고 간화자를 마구 만들어 쓰고 심지어 잘못된 글자를 쓰기도 한다. 이런 현상에 우리는 주목해야 한다. 적절한 조치를 취해 바로잡아야 한다. 각 지방마다 보통화 보급을 강화하도록 요구해야 한다. 당중앙과 국무원은 언어문자 사업을 줄곧 중요시했으며 관심을 가져왔다. 1982년 신헌법은 "국가는 전국에서 통용되는 보통화를 보급하라"로 명확히 규정했다. 당중앙과 국무원은 최근 신시기 언어문자 사업의 방침과 당면 주요임무를 규정했다. 언어문자 규범화, 표준화를 촉진하고 문자개혁 사업을 계속 추진하며 언어문자가 사회주의 현대화건설에서 제대로 활동할 수 있도록 만드는 것이다. 또 언어문자 사업은 사회 각 계층과 관계를 맺고 있으며 개인, 국가경제 및 국민생활과 직결되어 있다. 자손후대와도 관련이 있으니만큼 아주 중요한 사업이다.

신화사와 인민일보 등 관영 언론들은 회의개막을 대대적으로 보도했다. 어문개혁의 기틀을 마련하는 회의인 만큼 국민들의 관심을 촉구했다. 국가어언문자공작위원회 주임 유도생(劉導生)은 「신시기의 언어문자 사업」이라는 제목의 보고를 통해 언어문자 사업의 현황을 개괄했다.

유도생은 보고를 통해 신시기 언어문자 사업의 방침은 국가가 언어문자 규범화, 표준화를 촉진해 언어문자가 사회주의 현대화건설에서 더욱 영향을 미칠 수 있게끔 끝까지 집행하는 것이라고 정의를 내렸다. 이에 따라 그는 언어문자 사업의 주요 임무를 현대한어 규범화 사업추진, 보통화의 적극적인 보급, 현행한자 연구 및 정리, 「한어병음방안」 보급이라고 규정했다. 이 밖에 실제 사용 중에 생기는 문제들을 연구하고 해결하는 것도 주요 임무에 속한다고 지적했다. 이를테면 중국어, 한자정보 처리문제를 연구하고 관련성과를 평가하며 언어문자의 기초연구와 응용연구를 강화하고 사회조사와 사회자문을 잘하는 데 있다는 것이다.

유도생은 앞으로의 방침과 임무에 대해 세부적으로 나누어 설명했다. 주요한 점은 이렇다.

'문자개혁'
앞으로 상당히 오랜 기간 한자는 국가의 법정문자로 계속해서 영향력을 발휘할 것이다. 현행의 「한어병음방안」은 한자를 대체하는 병음문자가 아니다. 그것은 중국어를 배우는 데 도움을 주고 한자와 보통화를 보급하는 주음도구이다. 한자를 사용하기에 불편하거나 사용할 수 없는 곳에 쓰인다.

'보통화 보급'
금세기 안으로 노력해야 할 분야이다. 각급 각종의 학교는 보통화를 가르쳐 보통화가 교실언어가 된다. 각급 각종의 기관은 일할 때 보통화를 사용한다. 보통화가 선전언어가 된다. 방송, TV, 영화 연극은 보통화를 사용한다. 보통화가 선전언어가 된다. 다른 방언을 사용하는 사람은 공공장소의 교제 때 보통화를 사용한다. 보통화가 교제언어가 된다. 보통화를 보급하는 것은 인위적으로 방언을 없애자는 것이 아니라 주요한 것은 방언의 장벽을 없애 사회교제에 유리하도록 하는 데 있다.

'한자의 연구와 정리'

앞으로 한자간화에 대해서는 신중한 태도를 유지해야 한다. 문자는 일정한 기간 안에 상대적으로 안정성을 갖춰 사회응용에 유리하도록 해야 한다.

'한어병음방안 보급'

한어병음방안은 국가가 제정 공포한 법정표준이다. 그것의 제정은 역사경험의 총결산이다. 국내외에서 널리 응용되고 있다. 탄탄한 역사적인 기초와 군중의 기초를 갖추고 있다. 그것은 하나의 과학적인 실용방안이다. 앞으로 보급에 노력해야 한다.

회의 이후 중국의 문자개혁은 새로운 사업의 전개보다 사회적으로 일어나고 있는 사회용자 혼란현상을 바로잡는 데 집중되었다. 국가어언문자공작위원회는 1986년 2월 25일 국무원에 '「제2차한자간화방안(초안)」을 폐지하고 사회용자 혼란현상을 바로잡는 것에 관한 질의'를 보냈다.

올해 1월 열린 전국어언문자공작회의에서 참가자들은 「제2차한자간화방안(초안)」이 오랫동안 결론을 내리지 못하고 있고 현재 사회에서 쓰는 문자의 심각한 혼란현상에 대하여 국가어언문자공작위원회가 서둘러 해결하도록 요구했다. 지금 유관문제를 다음과 같이 질의한다.

첫째, 전(前) 중국문자개혁위원회가 제정하려 했던 「제2차한자간화방안(초안)」은 국무원의 비준을 거쳐 1977년 12월 20일 중앙과 성(省), 자치구, 직할시 일급신문에서 시험 사용되었다. 1978년 4월과 7월, 교육부와 중앙선전 부문은 각각 통지를 발표했다. 교과서와 신문, 출판물, 도서 등 방면에서 제1표의 간화자 시험사용을 중지하도록 했다. 그러나 이 초안은 아직 폐지된 것은 아니다. 몇 년 동안 전 중국문자개혁위원회는 각종 방식을 동원해 여러 방면 인사의 의견을 널리 구했고 이와 함께 이 초안에 대해 여러 번 수정을 가했다. 그러나 이 과정에서 사회적으로나 학술적으로 정식공포를 할 것이냐 새로운 간화자를 사용할 것이냐 하는 문제는 의견이 엇갈렸다.

우리 판단으로는 1956년 공포한 「한자간화방안」과 1964년 펴낸 「간화자총표」의 간화자는 이미 여러 해 사용했지만 어떤 글자는 지금까지 사람들이 정확히 사용하지 못하고 있다. 일정한 기간 소화를 하고 다져야 한다. 동시에 한자의 형체를 일정 기간 상대적인 안정성을 유지하도록 고려해야 한다. 이것은 사회응용과 오늘날 사회용자의 혼란현상을 바로잡는 데 비교적 유리하다. 이 밖에 현재 규모가 최대인 『한어대자전(漢語大字典)』, 『한어대사전(漢語大詞典)』, 『중국대백과전서(中國大百科全書)』와 기타 여러 권의 공구서가 벌써 출판됐거나 출판되고 있다. 전자계산기의 한자자판은 이미 고정격막스크린을 채택해 저장하고 있다. 현재 새로운 간화자를 다시 늘린다면 인력, 재력, 물리력의 큰 낭비이다. 따라서 우리는 국무원이 「제2차한자간화방안(초안)」 폐지를 비준하도록 건의한다.

둘째, 오늘날 사회에서 번체자를 남용하고 간화자를 마구 만들어 쓰는 현상이 비교적 심하다. 한어병음을 사용하는 것도 부정확한 것이 많아 이미 국내의 각계인사의 관심을 불러일으켜 곳곳에서 비판의견을 제시했다. 만리(萬里) 부총리는 전국어언문자공작회의 연설에서 이렇게 지적했다. "이러한 현상은 우리의 관심을 불러일으킨다. 유효한 조치를 취해 바로잡아야 한다." 이를 위해 우리는 사회용자에 대해 다음과 같이 규정할 것을 건의한다. 고서적을 찍고 정리 출판할 때 번체자를 사용할 수 있으며 성씨(姓氏)에는 없어진 이체자를 사용할 수 있다. 위에서 말한 상황과 어떤 특수한 수요를 제외하고는 문자의 규범을 엄격히 준수해야 한다. 규범한자를 사용하고 마음대로 간화된 번체자와 없어진 이체자를 사용할 수 없다. 규범에 어긋난 간화자를 사용할 수 없다. 규범 간화자는 1964년 펴낸 「간화자총표」를 기준으로 사용해야 한다.

구체적인 요구사항은 다음과 같다.
① 신문, 잡지, 출판물, 대·중·초등학교 교재는 규범한자를 엄격히 사용한다.
② 영화, TV의 프로, 연기자 소개와 자막설명은 규범한자를 사용한다.
③ 문서, 포고, 통지, 표어와 상표, 광고, 간판, 가로명패, 역명패, 뒷골목 명패는 규범한자를 사용한다.
④ 한자정보 처리는 규범한자를 사용한다.
⑤ 서예가들은 규범에 맞는 간화자를 써야 한다.
⑥ 한어병음을 사용할 때는 정확히 사용한다.

1986년 6월 24일 국무원은 '국가어언문자공작위원회의 「제2차한자간화방안(초안)」과 사회용자 혼란현상을 바로잡자는 질의에 대한 회신'에서 이렇게 지시했다.

국무원은 국가어언문자공작위원회가 「제2차한자간화방안(초안)」을 폐지하고 사회에서 쓰는 문자 혼란현상을 바로잡자는 요청을 한 데 대해 동의한다. 지금 여러분에게 통고하니 철저히 집행할 것.
1977년 12월 20일 발표한 「제2차한자간화방안(초안)」은 이 통지가 하달된 날로부터 사용을 정지한다.
앞으로 한자의 간화에 대해 신중한 태도를 가져 한자의 형체가 일정기간 상대적인 안정을 유지하도록 해야 한다. 사회응용에 편리하기 위해서이다.

현재 사회적으로 번체자를 남용하고 간화자를 마구 쓰고 마음대로 글자를 잘못 쓰고 있어 이러한 사회에서 쓰는 문자혼란 현상은 각별한 관심이 필요하다. 국무원은 국가어언문자공작위원회에 일임해 하루빨리 관련부문과 만나 연구해서 각 방면이 사회에서 쓰는 문자관리 방법을 제정할 것. 점진적으로 사회에서 쓰는 문자 혼란의 비정상적인 현상을 없앨 것.

사람들이 간화자를 정확하게 사용하는 데 편하도록 인민일보, 광명일보와 기타 신문들이 다시 한번 「간화자총표」를 발표하도록 할 것.

국무원이 「제2차한자간화방안(초안)」을 없애도록 지시한 것은 한자를 연구 정리하는 것이 오늘날 어문사업의 절박한 임무임을 상징적으로 나타내고 있다. 이에 따라 한자의 부수, 구조를 분석 정리하고 낱말빈도 통계, 실제글자 사용조사 등이 주요임무로 떠올랐다. 이와 함께 각종 표준, 규범을 제정하는 것도 포함되었다. 예컨대 상용자표, 통용자표, 인명지명용자표, 한자획순, 필형(筆形) 등등이다. 상당히 오랜 기간 문자개혁은 이미 공포한 간화자를 소화, 공고히 하는 데에 있음을 확인할 수 있다. 결국 중국의 어문정책은 이 회의를 계기로 새로운 간화자를 다시 공포하지 않고 한자의 상대적인 안정성을 유지하는 것으로 정책방향이 바뀌었다.

2) 「제2차한자간화방안(초안)」의 중지

「제2차한자간화방안(초안)」을 둘러싸고 벌어진 논쟁에 대해 당의 입장은 한자간화의 성과를 인정하면서도 과거의 한자간화 방식의 결점 역시 고쳐야 한다는 중도적인 입장을 보였다. 시기적으로 거슬러 올라가지만 호교목은 1982년 1월 23일 중국문자개혁위원회의 주임회의에서 중국의 어문정책 전반에 대해 당의 입장을 천명했다. 이 자리

에는 사회과학원어언연구소(社會科學院語言硏究所)의 2명의 부소장,
중앙선전부(中央宣傳部)의 신문국장, 인민일보, 광명일보, 신화사 관계
자들이 나왔다.

그는 한자의 정리와 간화사업에 대해 기존의 한자개혁이 올바른 길
을 걷고 있다고 평가했다. 그는 주임회의 연설에서 건국 이래의 한자
의 정리와 간화사업은 기본적으로 성공을 거두었으며 정당했다고 회
고했다. 그러면서도 문화대혁명의 후유증으로 생겨난 대중들의 간화자
는 전문가들의 철저한 검토를 거쳐야 한다고 지적했다. 그는 한자간화
의 성과를 인정하는 동시에 결점도 똑바로 인식해야 한다고 강조했다.
과거 한자간화의 지엽적인 방법, 한 글자씩을 검토했던 방식을 바꾸어
한자의 정리와 간화에 대한 전반적인 검토를 해야 한다고 지적했다.
과거 한자를 간화하던 원칙과 방법은 보완해야 할 점이 많다면서 그
는 이렇게 밝혔다.

> 과거 간화는 한자의 필획을 줄이고 자수를 줄이는 것이었다. 간화의
> 원칙은 대중들이 널리 받아들여 상용하는 것이다. 이것만으로는 완벽하
> 지 못하다. 또 동음대체(同音代替)라는 간화방법이 있다. 일부는 대중들
> 이 널리 받아들여 있는 것이지만 일부는 인위적인 동음대체이다. 단순
> 히 한자의 필획과 자수를 줄이는 문제에만 집착해 하나하나의 글자를
> 어떻게 간화할 것인지 개별적으로 생각해서는 안 된다. 그러기보다는
> 몇 가지 중요한 원칙을 연구하여 한자의 정리와 간화를 전반적으로 이
> 해하여 한자정보화의 요구에 대응해야 한다. 한자의 정보화는 한자의
> 교육, 학습, 타자, 문선, 조판, 인쇄와 검색을 포함한다. 특히 컴퓨터로
> 한자를 이용할 수 있어야 한다. 이 문제가 해결되지 않는다면 공업화,
> 근대화는 매우 불리하다.

「제2차한자간화방안(초안)」은 특히 기호를 많이 사용해서 기계적인

한자간화를 했다는 잘못을 앞서 지적한 바 있다. 이에 대해 호교목은 간화자는 될 수 있는 대로 기호자를 줄여야 한다고 천명했다. 기호자의 자형(字形)은 조자(造字)원칙에 비추어 이치에 맞지 않고 비원칙적이라는 설명이다. 현재 간화자 중에서 가장 많이 사용되고 있는 것은 'ㆍ'와 '又'의 2개 기호이지만 「제2차한자간화방안(초안)」은 '느(宣)' 'ㄕ(層)'처럼 'ㅡ'이라는 기호가 더욱 늘어났으나 이들 기호가 어떤 의미를 나타내고 있는지 설명하기 어렵다.

사실 한자의 간화를 보면 'ㆍ'와 '又'의 남용이 너무나 많다는 점을 알 수 있다. 그것은 한자의 발전과정에서 진보라기보다는 오히려 일종의 퇴보라고 표현하는 것이 타당하다는 인상을 준다. 이것도 '대중 사이에서 널리 받아들여 상용되고 있을 것'을 주요원칙으로 삼은 데서 빚어진 나쁜 결과이다.

호교목은 국가가 새로운 글자의 조자법을 규정해 군중들이 새로운 글자를 함부로 만드는 일을 막아야 한다고 개혁적인 발상을 비쳤다. 조자법에 맞지 않는 글자는 승인하지도 말고 자전에도 싣지 말아야 한다는 그의 생각이 제대로 지켜질지 의문이었다. 물론 11년 전의 일이기는 했지만 지금 와서 보면 탁상공론에서 벗어나지 못했다는 느낌이 든다. 언어문자는 일정한 개혁의지로써 이루어질 수도 있지만 반대로 거의 불가능할 수 있다. 그만큼 대중에 대한 통제가 어렵기 때문이다.

그의 발언은 문화대혁명의 후유증을 겪고 있던 당시 사회 언어생활에 대한 규범의 기준을 내렸다는 점에서 주목을 받았다. 그는 중도적인 입장을 보이고는 있지만 기존의 한자간화 방법의 결점을 지적하고 대중들이 임의로 정한 간화자를 무조건 따르는 이른바 대중노선은 신중하게 검토한다고 말했다. 결국 이러한 당의 움직임은 1985년에 있는 국가어언문자공작위원회(國家語言文字工作委員會)로의 개명, 한자간화의 안정이라는 이름을 내건 사실상의 간화중단 등 일련의 어문개혁 정책의 선회를 예고하는 발언이기도 했다.

결론적으로 현실은 간화가 더 이상은 필요 없다는 주장이 자리를 굳히고 있다. 컴퓨터 등 과학기술의 발달로 번체자(繁體字)를 사용해도 전혀 부담이 없어질 정도까지 이르렀다. 더욱이 「제2차한자간화방안(초안)」 폐지 이후 중국의 문자정책이 보수회귀로 돌아가는 터여서 더 이상의 한자간화는 당분간 없을 것 같다. 다만 이체자정리 등 한자의 정리부문에 많은 여력이 기울여질 것으로 본다. 이체자의 경우 1955년 12월 「제1차이체자정리표」가 제정된 이래 공식적인 후속조치가 나오지 않은 상태였다. 현재 주로 쓰이는 이체자가 1천5백 자 규모에 이른 만큼 한자의 정리가 새로운 과제로 떠오를 것이다.

3) 한자의 재평가

1988년 북경에서 열린 한자문제학술토론회는 86년 1월 전국어언문자공작회의에 이어 문자개혁 문제를 본격적으로 점검하는 기회였다. 이 회의에서 우리의 눈길을 끄는 것은 한자간화에 대한 신중론이 급격하게 대두하고 있다는 사실이다. 더욱이 한자의 위대성까지 제시하는 학자들마저 등장했다. 50년대 중반 치열했던 문자개혁의 열기를 생각하면 변해도 너무나 변한 학계의 분위기를 느낄 수 있다. 이러한 간화신중론의 대두는 80년대 급격하게 이루어진 과학기술의 발달 덕분이다. 물론 밑바탕에는 중국이 추진하고 있는 개혁개방 정책이 깔려 있음은 두말할 나위가 없다.

강은(康殷)은 「간화자에 대한 감상(對簡化字的一些感想)」에서 "총론으로는 간화를 찬성하지만 각론에 들어가서는 점진적이고도 자연스럽게 간화를 추진해야 한다."고 밝혔다. 「제2차한자간화방안(초안)」의 실패를 교훈 삼아 좁은 범위의 실험을 거쳐 전국적으로 보급하는 전략이 필요하다고 강조했다. 10억 인구를 실험실로 삼을 수 없다는 설명이다. 그는 또 손으로 쓰거나 인쇄용 글자는 번체자를 쓰더라도 무방하다고 보았다. 간화자로 인쇄하면 또렷하게 볼 수 있다고 주장하는 사람도 과학기술 및 생산의 발달, 종이 질이 개선되면서 자체와 관계없이 명료하게 인쇄할 수 있다.

그는 과학기술은 한자를 쉽게 만들 수 있으나 10억 인의 문자습관을 바꾸기는 어렵다고 보았다. 지금은 컴퓨터시대, 신을 발에 맞추는 것이 발을 잘라 신에 맞추는 것보다 더욱 현실적이고 더욱 쉬운 일이 아니냐고 그는 주장했다.

허장안(許長安)은 「한자론(漢字問難)」에서 청말 이래 한자의 공과를 많이 다루었고 중화인민공화국 건국 이후 한자의 긍정적인 업적과 동시에 그것의 과실을 말했지만 한자 자체의 우월성에 대해서는 그다지 신경을 쓰지 않았다고 말했다. 그는 최근에 와서야 한자의 우수성을 논의하기 시작하고 있어 한자에 대한 인식의 심화라는 점에서 매우 긍정적이라고 평가했다.

최근 고개를 들고 있는 '한자만세'에 대해 시기상조라는 견해도 있다. 왕백희(王伯熙)는 「한자특성과 문자개혁」에서 "현대과학기술의 발전으로 한자정보 처리방면에 어느 정도의 진전이 있었으나 '한자만세'라고 부르기에는 이른 것 같다."고 말했다.

첨단과학기술에 한자가 고전하고 있는 것은 사실이다. 언어메커니즘의 어음합성은 한어병음을 입력할 뿐 한자를 입력할 수는 없기 때문이다. 한어병음을 사용하지 않았더라면 기계와의 대화도 어려웠을 것이다. 다른 전기통신 설비에 한자코드를 쓴다고 해도 효율문제가 남는다. 따라서 과학기술의 부단한 발전에 따라 컴퓨터가 한자를 구해 줄지 여부는 좀더 지켜보아야겠다.

한자문제학술토론회는 문자개혁이 당면하고 있는 문제점을 점검한 상징적인 모임이었다고 말할 수 있다.

4. 「한어병음방안」의 폭넓은 성과

「한어병음방안」은 당초 제정 당시에는 한자의 발음을 나타내는 자모에 지나지 않았다. 병음문자에 이르는 하나의 보조수단에 불과했다. 그러나 날이 갈수록 「한어병음방안」은 국제표준으로 자리 잡는 등 원래 예상했던 것보다 훨씬 높은 효과를 거두었다. 여숙상(呂叔湘)은 88년 「한어병음방안」 공포 30주년을 맞아 "문자는 단지 어음을 전하는데만 쓰이고 있으나 한자의 특수성으로 중국어의 어음은 마치 문자의 부속물처럼 여겨졌다."[34]고 개탄했다. 이러한 점에서 「한어병음방안」은 어음과 문자의 관계를 바로잡을 수 있는 좋은 도구인 셈이다.

물론 중국어를 병음으로 표기하는 것이 어느 정도 결점을 가지고 있는 것은 사실이다. 병음자모를 이용할 경우 동음자가 많아 글자에 대한 혼동을 일으킬 우려가 높다. 그럼에도 불구하고 병음방안은 당분간 중국어를 병음하는 가장 유력한 수단으로 자리 잡고 있다. 호교목은 「한어병음방안」에 대해 이렇게 강조했다.

「한어병음방안」은 오랜 기간 광범한 토의를 거친 끝에 매우 신중하게 제정한 것이다. 국가가 엄격하게 제정해서 오랜 기간 실시해 온 법안일 뿐 아니라 세계적으로 공인을 받은 것이다. 우리는 「한어병음방안」의

---

34) 呂叔湘「漢語拼音方案 公布30周年有感」,『어문건설』 88년 1기, 3쪽.

추진에 대해 동요할 아무런 이유가 없다. 지금은 한어병음방안의 실제 응용범위를 넓히는 데 필요한 일련의 기술적인 문제를 해결해야 한다.

그는 현재의 「한어병음방안」이 국무원의 전체회의에서 토의해 채택한 후 전국인민대표대회가 정식으로 비준한 것인 만큼 절대 수정할 수 없다고 못 박았다. 호교목의 발언은 중국이 이미 정한 어문개혁 정책, 즉 세계문자 공동의 병음방안으로 나아간다는 정책이 바뀌지 않았음을 다시 한번 확인했다. 그러나 역설적으로 말하면 어문개혁을 둘러싼 정치 · 경제 · 사회여건이 갈수록 어문개혁을 어렵게 하고 있음을 쉽게 짐작할 수 있다.

당시 「한어병음방안」의 추진은 중국 자체만의 문제가 아니었다. 싱가포르도 이미 이 방안을 채택했다. 1977년 유엔지명표준화회의는 앞으로 라틴자모로 중국지명을 기록할 때는 「한어병음방안」에 따르도록 했다. 1981년 8월에는 국제표준화기구(ISO)의 문헌기술작업위원회가 회원국 전원의 통신투표로 「한어병음방안」을 중국어기록의 국제표준으로 쓸 것을 결의했다.

결국 국제표준화기구 전 회원국의 투표로 「한어병음방안」은 세계문헌작업에서 중국관계의 병음으로 기록할 필요가 있는 모든 전문술어와 철자의 표준이 되었다.

문헌작업의 범위는 대단히 넓어 모든 도서관, 공문서관, 자료관, 국제정보 네트워크 등을 포함한 중국의 인명, 지명 및 중국의 언어문자에 이르렀다. 이 경우 모두 「한어병음방안」에 따라 기록해야 했다.

「한어병음방안」은 중국 내에서 이미 상당히 많이 쓰였다. 새로 출판된 자전(字典)과 사서(辭書)는 모두 병음방안에 따라 음을 달았다. 방언을 쓰는 지역의 사람들, 소수민족과 외국인들이 「한어병음방안」의 도움을 받아 보통화를 배우고 있다.

「한어병음방안」은 이미 소수민족이 문자를 만들거나 개혁하는 데 지침이 되고 있다. 상표, 상점의 간판, 가로이름, 철도의 역 이름 등은 모두 병음자모를 사용하고 있다. 개선을 필요로 하는 결점은 있지만 철도부, 우전부(郵電部), 신화사(新華社) 등은 모두 일찍부터 병음자모를 사용하여 전보를 쳤다.

그러나 병음자모 전보는 줄곧 사용해 온 네 자리 숫자의 전보보다는 훨씬 편리했지만 결국 사용이 중단되었다. 문자개혁위원회의 업무처리 방식이 용두사미로 철저하지 못한데다 띄어쓰기 및 동음어의 구별문제가 해결되지 못했기 때문이다. 결국 정책추진이 일관성을 잃는 바람에 「한어병음방안」의 응용은 생각보다 활발하지 못했다.

호교목은 중국어 병음화에 대해 주의해야 할 경향이 생기고 있다고 지적했다.

> 하나는 병음문자를 서둘러 실현시키려고 하는 경향이다. 머지않아 병음문자가 실현될 것이므로 한자간화에 그리 힘을 기울일 필요가 없다는 생각이다. 일단 병음문자가 실현되면 기계화라든가 정보화는 문제 될 것이 없으므로 한자의 기계화, 정보화 문제연구에 정력을 쏟을 필요가 없다고 보고 있다.
>
> 다른 경향은 중국어 병음화의 추진을 위해 착실한 노력을 기울이려고 하지 않는 점이다. 조금만 어려움에 부딪혀도 후퇴하여 대개 용두사미로 끝내 버리려는 태도이다. 한자는 몇천 년 동안이나 이어져 왔으므로 완전히 없앤다는 것은 사실상 불가능하다. 그러나 병음문자는 반드시 실현할 것이므로 오랜 기간에 걸쳐 병음문자와 한자가 공존하며 서로의 장점을 살리는 상태가 계속될 가능성이 크다.
>
> 만일 상당히 오랜 기간 내에(예컨대 수십 년 또는 백 년 이내에) 그와 같은 상태로 가져갈 수 있다면 그것만도 큰 승리이다. 그러기 위해

서는 「한어병음방안」을 추진하는 과정에서 일련의 엄격하고 착실한 과정을 거쳐야 한다.

1) 한자 주음(注音)과 보통화 병음

「한어병음방안」의 기본용도는 한자의 발음부호를 달고 보통화를 맞춤법에 따라 쓰는 것이다.

1958년 「한어병음방안」 공포 이후 전국의 초등학교는 한어병음 교육을 시작했고 적잖은 곳에서 「한어병음방안」을 이용해 성인들의 문맹퇴치 교육과 보통화 교육을 시작했으나 효과가 크지 않았다. 초기에는 이 방안에 대한 인식이 잘되어 있지 않았기 때문에 교육시간도 짧았을 뿐 아니라 이 방안의 효율성에 대한 믿음도 없었다.

1982년부터 상황은 끊임없이 개선되고 있다. 그해 흑룡강성(黑龍江省)에서 병음방안을 배운 뒤 한자를 익히는 방법(注音識字, 提前讀寫)을 가장 먼저 실험했다. 「한어병음방안」이 적극적으로 수용된 것은 흑룡강성의 실험결과가 발표되고 난 이후의 일이었다.

흑룡강성에서는 1982년에 초등학교 1학년부터 3학년까지 한자를 가르치지 않고 「한어병음방안」을 먼저 교육한 후에 동화, 이야기, 자연, 역사, 상식, 삼국지와 수호지를 포함한 일부의 고전소설 등의 일체의 독서물을 모두 「한어병음방안」으로 작성하여 읽도록 하고 한자는 그러한 연후에 교육하는 실험을 하였다. 이 실험은 한자와 「한어병음방안」을 동시에 교육하는 것과 「한어병음방안」을 먼저 교육하여 어느 정도의 독서량을 확보하고 일정한 기간이 지난 다음에 한자를 교육하는 것 가운데 어느 방법이 한자를 습득하기에 효과적인가를 알아보자는 것이었다.

국가교육위원회(國家敎育委員會)의 규정에 의하면 6년제 초등학교의 의무적인 한자 습득량은 1학년 630자, 2학년 1,513자, 3학년 2,286

자, 4학년 2,677자, 5학년 2,935자, 6학년 3,190자 이상이 되어야 하지만 대부분의 학교에서는 이 규정을 만족시키지 못하였다. 그러나 흑룡강성의 실험교육은 놀라운 결과를 보여주었다. 그 실험교육 결과는 1학년 학생들이 평균 1,097자를 2학년 학생들은 평균 2,363자, 3학년 학생들은 평균 3,001자를 외워 쓸 수 있었다.

이 실험결과는 전국의 보통화 보급에 큰 영향을 주었다. 현재 초등학교 1학년 국어교과서는 「한어병음방안」을 먼저 교육하게끔 구성되어 있다. 1학년 교과서의 3분의 1까지는 한자가 하나도 나오지 않는다. 아동들은 이러한 교육을 통하여 다량의 독서물을 읽음으로써 원래의 보통화 교육의 중요한 목표인 한자 학습과 글짓기 수준이 상당히 높아졌으며 이에 따라 아동들의 지적 수준도 상당히 높아졌다.

「한어병음방안」은 이와 같이 보통화 교육의 중요한 임무를 담당했을 뿐만 아니라 이전의 한자로는 해결하기 쉽지 않았던 여러 가지 문제를 해결해 주었다. 흑룡강성 외에 방언지구와 소수민족 지구를 포함해 다른 곳에서도 즉각 반응이 일어났다. 이것은 어문교육을 개혁한 신경향이다.

보통화를 배운다는 것은 원래 입과 귀를 이용해야 한다. 소위 입과 귀의 학문인 셈이다. 병음자모가 있고난 뒤에 눈과 손을 덧붙여 '입, 귀, 눈, 손'을 같이 쓰면 학습의 효율이 높아졌다. 그러나 병음을 이용해 보통화를 배운 사람은 지금까지 주로 외국인이었으며 효과는 놀랄 정도였다.

현재 초등학교에는 설화과(說話課)가 설치되어 있다. 병음책을 이용하여 보통화를 익히면서 각종 지식을 얻고 있다. 이 방법은 힘은 적게 들고 효과는 크다. 신헌법이 규정한 '국가가 전국에서 통용되는 표준말을 보급한다'를 실행하는 하나의 좋은 방법이다.

2) 국제 표준 표기

현재 미국의 정보회사에는 한국에 관한 사항도 많이 입력되어 있다. 그러나 이러한 정보의 검색에는 문제가 적지 않다. 예를 들면 그들이 수집한 정보에서 이승만(李承晩)을 검색하고자 하는 경우에는 최소한 Lee sung man, Yi sung man, Sungman Lee, Sungman Yi, Man lee sung(미국인들은 Lee sung man이라는 한국 이름을 주었을 경우에 man을 성씨로 파악하여 이렇게 입력하는 경우가 있다.), Man, yi, sung 등의 여섯 개 항목을 찾아보지 않으면 안 된다. 이러한 현상이 나타나게 된 것은 전적으로 우리나라의 인명 등에 대한 국제적 표준 표기법이 통일되어 있지 않았기 때문이다.

중국도 이러한 문제가 발생했으나 중국정부는 인명과 지명을 「한어병음방안」으로 통일하였다. 앞서 언급한 바와 같이 1977년 유엔의 지명표준화회의는 한어병음자모를 중국지명 표기의 표준으로 결정하였고 1982년에 국제표준화기구(ISO)도 「한어병음방안」을 중국어표기의 국제표준으로 결정하였다.

중국 문헌을 국내와 국제정보망을 통해 송신하는 데 편하도록 하기 위해 중국은 1982년 2가지 국제표준을 발표했다. gb-325982 「중문서간명칭한어병음표기법(中文書刊名稱漢語拼音表記法)」과 gb-3304082 「중국각민족명칭(各民族名稱)의 로마자모표기법(字母表記法)과 코드」이다.

국제표준화기구의 결정과정을 살펴보면[35] 1972년 중국문자개혁위원회의 관계자들이 영하 평라(寧夏 平羅)의 5·7간부학교에서 수련을 받고 북경에 왔을 때 헝가리의 라도 선생이 보낸 편지가 이미 와 있

---

35) 周有光 「漢語拼音方案和國際標準」, 語文建設, 88년 1기, 5쪽.

었다.(1972. 11. 26) 편지의 내용은 "국제표준화기구산하 지명표준화회의가 중국지명로마자모표기법의 표준문제를 토론했다. 웨이드식을 표준으로 삼자고 주장한 사람이 있어 자신이 중국은 이미 법에서 정한 「한어병음방안」을 가지고 있는 만큼 중국지명 문제는 중화인민공화국과 관련 없이 결정할 수 없다고 건의했다."는 것이다.

1975년 중국대표가 처음으로 뉴욕의 지명표준화회의 분임조회의에 참석해서 중국지명은 반드시 「한어병음방안」을 표기의 표준으로 삼아야 한다고 밝혔다. 1977년 지명표준화회의가 그리스 아테네에서 열렸는데 「한어병음방안」을 중국지명을 표기하는 국제표준으로 채택할 것을 통과시켰다.

국제표준화기구는 유엔교육과학문화기구(UNESCO)와 합작으로 중국어의 로마자모표기법 표준문제를 토론했으나 여러 해가 흘러도 중국이 기구에 참석을 하지 않아 그동안 결정을 미루고 있었다.

1977년 4월 국제표준화기구는 폴란드 바르샤바에서 제46차(문헌사업표준화) 기술위원회회의를 열었다. 이 기술위원회는 각국 로마자모표기법 표준을 주관했다. 중국대표는 처음 회의에 참가해서 「한어병음방안」을 중국어 표기의 국제표준으로 채택해 줄 것을 제의했다. 이 제의는 프랑스, 일본 등 국가대표들의 지지를 얻어 회의의 동의를 얻었다. 국제표준화기구에 제출할 초안을 결정했다.

1981년 제46차 기술위원회는 중국 남경(南京)에서 회의를 열고 초안 최종본을 심의한 뒤 국제표준화기구의 동의를 요청했다. 그 후 통신방법으로 각 회원국의 서면투표를 결정했으며 1982년 통과됐다. 따라서 「한어병음방안」은 중국어를 표기하는 로마자모의 국제표준이 됐고 코드번호가 ISO-7098이다.

프랑스대표는 기타 국가대표의 동의를 얻어 「한어병음방안」을 국제표준으로 채택하려면 병음의 띄어쓰기 규칙을 포함해야 한다고 제의했다. 중국대표는 중국어 띄어쓰기의 복잡함을 설명하고 표준문건 외에 참고용의 띄어쓰기 규칙을 부록으로 붙이겠다고 답변했다.

국제표준화기구가 로마자가 아닌 각종 문자에 로마자모표기법의 국제표준을 규정해 주는 것은 무슨 작용 때문인가.

첫째, 도서검색에 편리하기 때문이다. 세계 각국의 도서관은 상호 연결해 도서관 연락망을 연결하고 있다. 컴퓨터로 도서카드를 대신하고 있다. 로마자모로 서명, 저자, 목록, 개요 등 모든 것을 표기한다. 국제간 상호 검색에 편리한 이런 신기술을 실시하려면 각종 언어에 표준으로 규정한 로마자모표기법이 있어야 한다. 기타 문헌작업은 예를 들면 공문서의 과학적인 관리도 마찬가지이다. 중국이 책 이름을 한자로 쓰는 것을 제외하고는 한어병음으로 쓰도록 규정한 것은 바로 도서관검색 컴퓨터화를 위한 준비이다.

둘째, 인명, 지명과 기타 고유명사를 단일로마자로 만드는 데 있다. 국제간 항공교통이 발달하고 있다. 한 지명에 여러 개의 로마자모표기법이 있다고 하면 항공산업이 효율을 높이는 데 불리하다. 국제지리학회(國際地理學會)는 반세기 이전에 지명단일로마자화를 건의했으나 근년에 와서야 지명표준화회의가 처음으로 실시했다. 인명도 마찬가지로 표준화를 이루어야 한다. 과거 노신(魯迅) 이름에 12가지 표기법이 있었던 적이 있다. 중국 운동선수가 외국을 돌아다닐 때 나라마다 이름의 표기법이 달라 오해를 불러일으키곤 했다. 중국은 민족명칭의 표기법 표준과 티베트어(藏語), 몽골어와 위구르어 지명의 표기법 표준을 규정했다. 출국여권에는 1979년부터 이미 「한어병음방안」에 따라 중국인 이름을 표기하기 시작했다.

3) 중국어 컴퓨터 사용

「한어병음방안」은 중국어 컴퓨터에 사용돼 컴퓨터에서 단독으로 응용될 뿐 아니라 한자를 입력하는 데 도움을 줄 수 있다. 병음한자전환법은 한어병음을 입력하는 것으로 낱말이나 구를 단위로 컴퓨터에 한자가 나타난다. 이러한 컴퓨터는 홍콩에서 상품화돼 팔리고 있다.

입력방법이 갈수록 호전되는 것은 아니다. 영어는 타자입력 방법밖에 없다. 정규적인 알파벳표기법에 근거한 것이다. 일본어는 자표필촉법과 한자부호법을 시험 사용한 적이 있다. 그러나 1978년부터 카나한자전환법으로 바꿔 사용했다. 카나를 두드리면 컴퓨터에서 자동으로 한자가 출력된다. 새로운 일본어낱말처리기는 카나한자전환법을 완전히 채용하고 있다.

중국어낱말처리기는 오늘날 부호입력 단계에 있다. 앞으로 반드시 부호가 없는 병음한자전환법으로 발전할 것이다. 이것이 대중화된 입력방법이기 때문이다. 그러나 한 가지 전제조건이 있다. 「한어병음방안」을 잘 익혀야 한다는 점이다. 낱말처리기는 근년 들어 매우 빨리 발전했다. 그러나 컴퓨터에 어떻게 한자를 입력하는가는 새롭게 연구해야 할 문제이다.

현재 한자를 입력하려면 자동으로 어음(語音)과 자형(字形)을 식별하는 어음입력과 책에 쓰는 입력 외에 주로 3가지 방법이 있다. 첫째 자표필촉법(字表筆觸法)이다. 수천 개의 한자를 한 장의 큰 글자표에다 써서 필요한 글자를 찾아 입력하는 것이다. 둘째 한자부호법이다. 한자마다 부호를 매긴다. 부호를 입력하는 것이 한자를 입력하는 것이다. 전보에서 쓰는 4자리 부호는 아라비아숫자 4개로 하나의 한자를 대표한다. 일종의 코드이다. 그러나 4자리 부호는 규칙이 없다. 근래 사람들은 각종의 규칙적인 코드를 설계했다. 어떤 것은 한자의 필획이나 부분코드에 근거했고 어떤 것은 한자의 발음과 특징코드에 근거하기도 했다. 코드설계는 이미 5백여 종에 이르렀다.

정보의 종합적이고도 신속한 처리는 현대과학사회의 필수적인 요건이기 때문에 중국정부는 이 문제의 해결을 위하여 일찍부터 노력을 기울여 왔다. 그러나 한자의 입력은 그다지 용이한 일이 아니었다. 한자의 입력방법은 아직도 연구과제이지만 지금까지 개발된 입력방법은 대략 다음과 같은 것들이다.

① 모니터에 몇천 자의 한자도표가 나타날 때 필요한 한자를 커서로 건드리면 그 한자가 자동으로 입력되는 방법이 있다.

② 모든 한자에 고유번호(編碼)를 부여하고 그 번호를 입력한 뒤 이를 한자로 바꾸는 방법이 있다. 그러나 이러한 고유번호는 통일되어 있는 것이 아니라 각 개인이나 단체가 만든 500여 종이 존재한다. 따라서 이 방법은 통일성이 없다.

③ 부수를 포함한 한자의 구성요소를 차례로 입력하면 그 구성요소를 가지고 있는 한 개나 다수의 한자가 화면에 떠오르게 되는데 이때 원하는 한자를 선택하여 입력하는 방법이 있다. 이 방법은 일단 숙련되면 입력속도가 가장 빠르며 표준음을 모르고 방언만을 사용하는 사람도 사용이 가능하다. 그러나 숙련되기까지의 과정이 쉽지 않기 때문에 편집전문가나 입력전문요원들이 주로 사용한다.

④ 병음을 입력하고 글자나 어휘를 단위로 하여 자동적으로 한자로 변환시키는 방법이 있다. 어휘 하나의 병음 전체를 입력하여 한자를 선택할 수도 있지만 일반적인 단어는 병음의 한자를 입력함으로써 하나의 어휘를 선택할 수도 있다. 예를 들면 중국이라

는 어휘를 입력하고자 하는 경우에는 이의 병음인 zhong과 guo 를 타자해도 되지만 약자인 zg를 타자하여 입력할 수도 있다. 그 러나 이러한 방법으로 입력할 수 있는 어휘는 상용어휘로 제한 되어 있다. 현재는 이 방법이 가장 많이 사용되고 있다. 이 방법 을 사용하려면 한어병음으로 된 표준음을 반드시 알아야 하기 때문에 방언을 사용하는 사람들이 불가능하다.

이와 같이 다양한 입력방법이 존재하는 것은 바람직한 일이 아니다. 영어의 경우에는 입력방법이 한 가지로 통일되어 있다. 그러나 중국에 서는 보통화가 철저히 보급되지 않는 한 입력방법이 한 가지로 통일 되기는 어려울 것이다. 중국정부는 컴퓨터의 발전에 유의하면서 이의 효과적인 사용을 위해서도 절대적으로 보통화의 보급이 필요하다고 보고 보통화의 보급을 국가적인 사업으로 추진하고 있다.

4) 전 보

한자로는 전보의 타전이 불가능하다. 이에 따라 이전에는 소위 4자 리숫자전보방법(四碼法)을 사용하였다. 이는 각각의 한자마다 일정한 숫자를 부여하고 숫자로 전보를 친 뒤에 받아 보는 측이 이를 다시 한자로 복원하는 방법이다. 물론 전국의 각 전신국에는 한자의 숫자대 조표가 비치되어 있었다. 그러나 이 방법은 대단히 불편했다. 한자와 숫자의 대조표를 이해하는 사람이라 할지라도 전보내용의 파악에 상 당한 시간이 걸릴 뿐 아니라 지적 수준이 낮은 상당수의 사람들은 전 보를 해득하지 못하여 별도의 경비를 내고 전보내용을 한자로 바꾸는 경우도 적지 않았다.

「주음자모」가 나오면서 전보에 이용됐다. 그러나 여기에도 상당한 불편이 있었다. 예를 들면 외국에서 중국으로 전보를 치는 경우가 그러하다. 「한어병음방안」이 나오자 병음전보가 시작되었다. 병음전보는 이전의 불편을 거의 없애 주었다. 신화사의 해외특파원들이 본국에 기사를 송고할 때 이전에는 영문전보를 치고 이를 본사에서 중국어로 변역하는 방법을 거쳐 기사화하였다. 그러나 이러한 방법을 사용하는 한 엄청난 시간이 요구될 뿐 아니라 경우에 따라 원문과는 다른 기사가 되는 잘못을 피할 수 없었다. 그러나 오늘날은 병음전보를 이용한다. 중국에서 사용하는 모든 텔렉스도 현재는 병음을 이용하고 있다.

동북3성(東北 3省)의 철로전보는 오랫동안 병음자모를 사용한 경험을 가지고 있다. 1925년 泗洮철로가 4자리숫자전보를 대신해 주음자모전보를 사용하기 시작했다. 1950년 라틴화신문자전보로 바꾸어 사용했다. 1958년 「한어병음방안」 공포 이후 다시 한어병음전보로 바꾸어 사용했다. 그러나 철도부가 교통부로 귀속된 후인 1972년부터 한어병음전보를 취소하고 4자리숫자전보로 되돌아갔다.

泗洮철로에서 주음자모전보를 사용하기 시작해 교통부가 한어병음전보를 취소하기에 이르기까지 장장 48년 동안 동북3성의 넓은 철로계통에서 줄곧 병음자모를 사용했다. 이것은 병음자모의 실행가능성을 증명하고 있다. 물론 병음전보는 고무를 바나나로, 마그네슘광산을 탄광으로 잘못 쓸 수 있다. 그러나 이런 문제점은 성조(聲調)(자모나 수자를 사용해서)를 표시해 의미를 구별할 수 있다. 주유광 국가어위위원은 「한어병음방안」의 응용발전에 대해 이렇게 회고했다.

내가 직접 동북철로에 가서 병음전보를 조사한 적이 있다. 성적이 퍽 좋았고 오차는 거의 없었다. 오차율이 4자리숫자전보보다 적었다.

주은래 총리가 1964년 아프리카 10개국을 방문했을 때 신화사 통신 기자는 현지에서 취재 원고를 병음전보로 본사에 타전했다. 주총리의 격려 때문이었다. 지금도 신화사의 일부 특파원들은 병음전보를 이용해 기사를 송고한다. 그들은 4자리전보가 아주 불편하며 중국어 원문의 뜻이 제대로 살지 않는 데 비해 병음전보는 한자로 바꾸면 원문을 그대로 유지할 수 있다고 말한다.

일본은 줄곧 카나를 사용해 전보를 쳐 왔다. 한자부호를 사용하지 않았다. 텔렉스가 널리 사용된 후에 일어로마자전보가 카나전보로 대체됐다. 일본어 동음어는 한어병음의 3배나 많다. 일본은 동음어가 많다고 해서 병음전보를 사용하지 않는 것은 아니다. 전보가 병음의 길로 가는 것은 습관의 문제이지 기술문제는 아니다.

5) 색인배열

한자는 자수가 많고 자형이 복잡하다. 이에 따라 사전이나 색인집에서 한자를 어떻게 배열해야 가장 편리하게 원하는 자를 찾을 수 있는가는 역사적으로 문제가 되어 왔다. 우리나라에서도 원하는 한자를 자전에서 찾아내는 것은 손쉬운 일이 아니다. 경우에 따라서는 부수를 모르기 때문이기도 하고 아니면 획수나 발음을 모르기 때문이기도 하다. 이러한 사정은 중국에서도 마찬가지이다. 그들이 전통적으로 취해 온 방법은 부수에 의한 한자의 배열이다. 그러나 부수는 절대적인 것이 아니라 시대나 편찬자에 따라 변해 왔다.

중국에서 부수법을 처음 사용한 한대(漢代)의 『설문해자』는 9,353자의 한자를 540부수로 나누어 정리하였고 청대의 『강희자전』은 4만 7천여 자를 수록하면서 214부수로 분류하였다. 이는 부수가 시대에 따라 변해 왔다는 증거이며 역사적으로 지켜진 일정한 원칙이 없었다는 의미이기도 하다. 부수는 또한 그 종류만이 문제되는 것이 아니라 어느 한자가 어느 부수에 소속되는가도 문제가 된다. 예를 들면 '弟'字는『강희자전』에서는 弓部에 속해 있지만『신화자전』과『사해』에선 八部에 속해 있다. 이러한 경우는 적지 않다.

이러한 부수에 의한 한자의 배열은 여전히 수많은 문제를 안고 있다. 이에 따라 60년 이후에 발간되는 사전류는 거의 모두 병음에 의한 배열법을 취하고 있다. 병음은 가장 편리하기도 하고 한자의 검색 속도도 가장 빠르다. 병음은 이와 같이 사전이나 색인의 편찬에도 커다란 공헌을 하고 있다.

86년 현재 75권을 출판한 중국대백과전서가 부닥친 문제의 하나는 책의 조목을 어떻게 배열하는가 하는 것이다. 중국대백과전서출판사는 신중히 고려한 끝에 한어병음배검법(漢語拼音排檢法)을 채택했다. 문장의 매 조목마다 병음을 달고 알파벳자모에 따라 순서를 배열한다. 이런 방법은 손쉽고 편리하다. 「한어병음방안」에 의한 색인배열은 중국출판계에 새로운 지평을 열었다.

6) 중국지명 표기의 통일

현재 중국의 지명은 「한어병음방안」으로 표기한다. 특히 지도와 대외간행물 및 공문서상의 지명에 사용하게 되어 있다. 그러나 이러한 문제는 간단히 해결되는 것이 아니다. 우선은 이전의 관습 때문이다. 한어병음으로 지명을 표기하기 이전까지는 웨이드식표기법을 사용했으므로 이를 바꾸는 것이 손쉬운 일은 아니었다.

또 하나의 문제는 소수민족의 지명이다. 소수민족의 지명에는 그들의 민족어가 상당히 스며들어 있기 때문에 보통화의 표기방안인 한어병음으로 표기하기에는 부적절한 경우가 적지 않다. 중국정부는 이 문제의 해결을 위하여 1965년 「소수민족어지명의한어병음자모음역전사법(少數民族語地名的漢語拼音字母音譯轉寫法)」을 제정하였다. 이 작업은 국가측량총국(國家測繪總局)과 중국문자개혁위원회가 담당하였다. 이 법안은 번역음의 정확한 전달을 위하여 보통화 음절의 구성법칙을 무시하고 몽골어, 위구르어, 장어(藏語) 등의 발음을 직접 표기하는 방식을 취하였다. 예를 들면 烏魯木齊를 한어병음으로 표기하면 Wulumuqi가 되지만 이러한 표기가 그들 민족어의 발음에 적합하지 않으므로 그들의 발음을 제대로 나타내는 Urumqi로 표기하고 있다.

이 법안은 소수민족의 환영을 받았다. 이에 따라 지도출판사(地圖出版社)는 1974년과 1977년에 한어병음으로 표시된 전국지도를 출판하였다. 이 중 몽골, 위구르, 장족의 지명은 모두 음역전사법(音譯轉寫法)을 사용하여 그들의 언어로 표기하였다. 이 밖에 제품번호를 제정하거나 수기(手旗), 형광등신호설계, 맹인용 점자철자에도 쓰이고 있다.

한어병음자모는 국제적으로 쓰이는 로마자모이다. 현재 세계의 4분의 3 국가가 로마자모를 그들의 정식문자나 공용문자로 삼고 있다. 그외 4분의 1 국가는 로마자모를 문자로 사용하지 않고 있으나 법정이나 관습적으로 사용하는 로마자모표기법이 있다. 따라서 로마자모는 정보화 시대 전세계 통용의 국제정보 전달의 부호시스템이 되고 있다. 그것을 충분히 이용하면 정보전달과 과학기술 발전의 장점을 얻을 수 있다.

결론적으로 말해 1955년 현대한어규범문제학술회의 이후 80년대에 이르기까지 「한어병음방안」의 활용을 살펴보면 전체적으로는 뛰어난 성과를 거두었으나 부족한 점도 적지 않았다고 말할 수 있다. 단적으로 표현한다면 2보 전진, 1보 후퇴라고 할 수 있다.

「한어병음방안」이 중국 유사 이래 가장 좋은 병음방안이라는 데는 모두 이론의 여지가 없다.36) 「한어병음방안」의 제정은 그동안 각종 다른 병음방안의 장단점을 참고한데다 한민족 공통어인 보통화의 어음계통과 어음특징을 연구한 것이기 때문이다. 병음방안의 과학성과 실용성을 나타내고 있다.

---

36) 詹伯彗, 「進一步發揮漢語拼音的巨大作用」, 『어문건설』, 88년 1기, 10쪽.

제6

장

언어정책의 과제

1. 한자의 운명

1) 간화 문제

94년 현재 「한자간화방안」이 공포된 지 38년이 흘렀다. 90년대에 들어와 어문개혁은 간화한자의 전체적인 방향에 대해 긍정적이다. 간화한자를 규범으로 삼는 정책은 흔들림이 없다.

중국 현행 간체자에서 주요한 것은 필획의 줄임과 형체의 간화이다. 예를 들면 開를 开로 간화했고 聲을 声으로 간화했다. 이는 필획의 간화이다. 또 當을 当으로 간화하고 龍을 龙으로 간화했는데 이는 형체의 간화이다. 그러나 이 2개는 다른 것이면서 동시에 같은 것이라고 할 수 있다. 필획이 줄어든 결과 반드시 원래 글자의 형체가 간화되었고 자형간화의 결과 원래 글자의 필획이 줄었다. 양자의 목적은 한자의 번잡한 구조를 간단명료하게 바꾸는 데 있다. 그러나 바꾼 결과 좋은 점도 있지만 문제점이 많이 나타나게 되었다. 한자간화 문제를 진행시키는 데 여전히 해결해야 할 문제가 남아 있다.

제1차간화자의 대부분은 오랫동안 사용해 전통과 습관에 부합한 것이었다.

물론 내력이 불분명한 것도 있지만 익숙해진 것이다.

필획이 크게 줄고 구조가 간단해졌다. 쓰기 쉬워서 손으로 쓸 때 편해 일반인들이 받아들이지 않을 수 없었다. 적지 않은 간화자는 성공적이라 할 수 있지만 문제점 또한 만만치가 않다. 추려 살펴보면 이렇다.

첫째, 한자가 너무 많아 일일이 기억하고 배우기가 어려워 부담을 준다. 간화 이후 자수가 더 많아지고 부담은 더욱 커졌다.

둘째, 어떤 간화자는 잘못 간화돼 혼란을 가져온다. 이런 예는 일일

이 들 수 없을 정도이다. 어떤 글자는 줄인 필획이 너무 적다.[1]

필획 1, 2개 차이로 글자를 새로 만들어 부담을 주고 있다. 이와 반대로 어떤 상용자는 필획이 너무 번잡하고 쓰기에 불편한데도 간화하지 않았다.[2]

셋째, 간화원칙에도 문제가 있다. 「한자간화방안」에 대해 문제점을 지적하고 있는 인사가 많고, 2,235개를 간화시킨 「간화자총표」(1984년판)에 많은 모순[3]을 발견할 수 있다는 것이다.

넷째, 간화한자에는 확실히 간화규칙에 모순되는 글자들을 볼 수 있다.[4] 이런 현상은 비록 많지는 않지만 현재 한자학습에 불편을 주고 있다.

다섯째, 동음대체(同音代替)이다. 중국어에는 방언이 많다. 그러나 한자는 방언을 뛰어넘는 장점이 있다. 각 방언지역의 사람들은 이 한자를 사용하되 읽을 적에는 각자 제 나름대로 읽는다. 동음대체의 방식으로 한자를 간화했을 때 이 동음에 있어서 방언문제를 좀더 고려했어야 했다. 보통화가 동음이던 글자가 방언에서는 음이 다를 수 있다. 특히 남방방언이 쓰이는 곳은 보통화를 보급하기에 충분하지 않다. 사람들은 현지 방언으로 한자를 읽는 데 문제가 일어날 가능성이

---

1) 예를 들면 国자는 國보다 3획이 줄었고 带는 帶보다 2획이 줄었으며 笔은 筆보다 2획이, 来는 來보다 1획이 줄어드는 데 그쳤다.

2) 疆, 夐, 舞, 繁, 贊, 警, 器, 擅 등이다.

3) 모순되는 점을 보면 다음과 같다. ① 購는 购로 간화되었다. 講은 讲으로 간화되었다. 遘는 간화시키지 않았다. ② 监 旁의 글자를 모두 监으로 유추 간화시켰다. 舰은 舰으로 간화되었다. ③ 拣, 炼, 练은 拣, 炼, 练으로 간화되었다. 그러나 똑같이 柬을 갖고 있는 諫, 棟, 闌, 瀾 등은 다 같이 유추 간화되지 않았다. ④ 歡, 勸, 觀, 權은 이미 欢, 劝, 观, 权으로 간화되었다. 그러나 灌, 罐, 獲, 鸛 등은 간화되지 않았다.

4) 姓 '楊'은 '杨'으로 간화시켰는데 '太陽'은 '阳'으로 간화시켰다. '栏'은 '栏'으로 간화시켰는데 '瀾'은 '澜'으로 간화시켰다.

대단히 많다. 특히 지명의 발음일 경우 왕왕 특수한 역사적 배경이 있어 달리 읽어야 하는데 일률적으로 동음 대체할 경우 실제로는 결코 동음이 아니기 때문에 대체하기가 곤란할 때가 많다.

한자간화에 지나치게 동음대체를 많이 채택하다 보면 많은 통용자가 생겨난다. 「한자간화방안」을 실제 실생활에 쓰자마자 부닥친 문제가 바로 이것이다. 따라서 공포된 간화자 제1, 2, 3표 중에 약간의 주석을 달았다.5) 간화 뒤에 출현한 대량의 통용자는 명확한 설명이 없이 자전이나 사전마다 제각각 따로 해석이 되어 있어 한자를 사용하는 사람에게 번거로움을 준다.6)

여섯째, 1977년 12월 20일에 발표한 「제2차한자간화방안(초안)」은 사전에 충분히 조사연구가 되지 않아 '약정속성의 원칙'이 이루어지지 않았다. 사회에서 널리 유행하지 않은 간체자도 포함시켜 사회에서 쓰는 문자의 혼란만을 가져왔다. 공포 시용된 후에 군중들의 의론이 분분하고 각 방면의 의견이 쇄도해서 국가어언문자공작위원회 보고를 거쳐 1986년 6월 국무원이 시용을 정지토록 했다. 이는 한자간화의 아주 작은 실수라고 할 수 있지만 그 여파가 아직까지도 사회 일각에서 나타난다.

---

5) 예를 들자면 '干'자는 '乾'과 '幹'의 통용간화자로 한다고 한 뒤에 하나의 주석을 덧붙였다. "乾坤, 乾隆의 乾은 qián으로 읽고 간화시키지 않는다." '复'자는 '復' '複' '覆'의 통용간화자로 한다고 한 뒤에 하나의 주석을 덧붙였다. "答覆, 反覆의 覆은 '复'으로 간화시킨다. 그러나 覆蓋, 顚覆의 경우는 여전히 '覆'을 쓰도록 한다."

6) 예를 들면 간화한 뒤에 '布'와 '佈'가 통용되고 '分'과 '份'이 통용되며 '表'와 '錶'가 통용되며 '坐'와 '座'가 통용된다. 그러나 모든 번체자가 다 일률적으로 적용되는 것은 아니다. '份內' '份量'은 '分內' '分量'으로 쓸 수 있지만 '一份飯'은 '一分飯'으로 대체할 수 없다. '一份人民日報'는 '一分人民日報'로 대체할 수 없다. 마찬가지로 '座位' '座席'은 '坐位' '坐席'으로 쓸 수 있다. 그러나 '座鐘' '座右銘'은 '坐鐘' '坐右銘'으로 대체할 수 없다. 따라서 제대로 파악하기가 쉽지 않아 무척 혼란스럽다.

일곱째, 필획을 감소시키는 동시에 자형을 소홀히 생략해 버릴 수는 없다는 점이다. 한자를 알기 어렵다는 것은 한자를 배우기 어려운 주요한 이유의 하나이다. 자형구조를 볼 때 초학자는 점 하나, 필획 하나로 글자를 잘못 아는 수가 많다. 己, 己, 巳의 차이나 戌, 戊, 戍의 차이 등은 실제 초등학교 학생들이 잘못 알고 쓰기가 쉽다. 간화한자가 단순히 필획 감소를 강조하다 보면 필획의 감소 때문에 한자 본래의 표의성이 약화될 가능성이 크다. 이러다 보면 원래는 비슷하지도 않은 글자가 서로 비슷한 형태의 글자로 변해 초학자들에게 분별하는 데 부담을 주기는 마찬가지인 결과를 초래할 수도 있다.[7)]

이것은 한자의 착별자(錯別字) 문제의 심각성을 나타낸다.

> 한번은 유리공장에 들린 손님이 당대 장계(唐代 張繼)의 「枫橋夜泊」 이란 시가 탁본된 것을 읽었다. "月落烏啼—(달 지고 까마귀가 울고 있다.……)"
>
> 이때 한 젊은 점원이 "烏啼가 아니라 鳥啼입니다. 잘못 읽었습니다." 라고 말했다.
>
> 그 손님은 멍해져서 "아, 아, 그런가요, 새가 운다, 새가 운다……"
>
> 그러자 또 다른 젊은 청년이 "'月落烏啼'를 '鳥啼'로 읽는 사람도 다 있군"하며 경멸 투로 말하는 것이었다.

'黃冑(zhou)'를 '黃胄'로 본다거나 또 '劉海粟'를 '劉海票(piao)'로 읽는 경우가 자주 보인다. 공장이나 농촌에서 큰 글자의 표어에 '仓库重地, 严禁烟火' 중의 '仓'을 '仑'으로 잘못 쓰는 경우도 많다. 또한 '抢种

---

7) 예를 들자면 '言'旁은 일률적으로 'ⅰ'旁으로 간략화시킨 뒤 '氵'旁 계열의 글자와 혼동되는 일이 많았다. 活과 话, 设과 犹 등은 본래 모습이 비교적 뚜렷이 구별됐다. 그러나 拟似와 킄, 륙, 류와 究, 穷과 筑, 窃과 忧, 扰, 犹, 拢에서 알 수 있듯이 간화 후의 구분이 쉽지 않다. 이 문제는 고려해야 할 문제이다.

抢收' 중의 '抢'을 '抡'으로 잘못 쓰는 일은 더더욱 예사로운 일이다.

이러한 잘못 읽고 쓰는 글자들은 간화된 자형이 비슷하기 때문이다. 간화로 자형이 비슷한 글자가 많아지고 그 결과로 사회에 잘못 읽고 쓰는 착별자가 눈에 띄게 늘고 있는 실정이다.8)

창평현(昌平縣) 2중의 어문교사 장혜여(張惠如)는 「착별자를 바로 잡는 글(糾正錯別字的講諫)」에서 이렇게 지적했다.

> 학생들이 착별자를 쓰는 이유는 글자의 내력과 뜻을 잘 모르기 때문이다. 동음대체나 필획을 너무 줄인 데서 비롯된 것이다. 간화한자와 한자고유의 체계가 맞지 않기 때문이다. 그래서 간화한자를 설명할 때 『설문해자』나 『설문대자전』에 나오는 육서(六書)의 지식을 응용해서 학생들에게 부수를 가르쳤다. 글자의 내력과 형체변천 과정에다 글자가 만들어진 상황을 따로 설명했다. 결국 번체자를 설명해 준다는 얘기이다. 간체자를 배우는 학생들이 다시 번체자를 배움으로써 착별자를 바로잡을 수 있었다.

현실적으로 이렇게 번체자를 학생들에게 가르치는 것은 흔히 있는 일이지만 제대로 외부에 알려지지 않았다. 처음에는 간화자의 생략을 배우다가 나중에는 도리어 성가시고 시간적인 낭비를 감수해야 했다. 이전에 어떤 이들은 문맹을 감소시키고 교육을 확대시키려면 반드시 간화자를 추진해야 한다고 주장했다. 이런 생각은 오해이다. 현실은 문자개혁을 추진하면서 간화자 시대로 진입했으나 문맹이 줄어들지는 않았다.

이와 반대로 1956년 이전에 사용된 것은 전부 번체자였다. 문맹퇴치 사업이 적극적으로 진행된 결과 문맹이 크게 줄었다. 중국 전역에 걸

---

8) 傳永和, 「形近字分析」, 『漢字問題學術討論會論文集』, 語文出版社, 70쪽.

친 교육사업이 당과 정부의 주도로 성과를 거둔 것이다. 문화대혁명 10년 기간 동안에도 간화자 추진사업에 힘을 쏟았다. 그럼에도 문맹은 오히려 급증했고 교육사업은 쇠락했다. 이 사실은 문맹을 줄이는 것과 교육을 발전시키는 것은 한자간화와 무관하다는 것을 증명하고 있다. 추진된 간화자는 원래 한자의 체계와 부합하지 않아 사람들에게 불편만을 가져다주며 학생들에게 몰이해만을 가져왔다.

추진된 간화자 중에는 1956년의 「한자간화방안」은 대부분 옛날부터 사용된 것이다. 당시에는 이런 문제점을 느끼지 못했을까. 왜 오히려 환영을 받는가. 왜 학생들은 쓰기 쉽다고 여겼을까. 대답은 간단하다. 이전에 사용된 간화자는 일종의 보조수단이었다. 손으로 쓰는 시대에 쓰였을 뿐이었다. 단지 손으로 쓰기에 쉽도록 했다. 정식 출판된 책, 정부의 통고, 문건, 학교교과서는 이른바 번체자를 사용했다. 사람들의 한자에 대한 이해는 정체자(正體字)에 근거하고 있다. 정자(正字)를 표준으로 삼고 있는 상황에서만 간체자가 손으로 쓰는 데 편하다는 사실을 인식할 수 있다.

현재 추진되는 간화자는 먼저 정체자를 없앤 상황에서 간화자가 정체자가 되었다. 사람들은 원래의 정체자가 없어진 상태에서 이해하는 기준도 상실하고 당연히 이해를 제대로 하지 못하게 됐다. 간화자는 본래 번체자에 의지해서 생겨난 것이다. 간화자의 본래 속성은 한자체계의 구조와 부합되는 것을 요구하지 않았다.(번체자를 이해하고 있는 상태이니까). 다만 쓰기에 편하면 좋았다.

글자의 이해는 다음과 같은 조건을 표준으로 삼아야 한다. 이해하기 편하고 쓰기에 쉽고 말을 기록하는 데 좋아야 한다. 한자간화는 이런 근본요구에 부합해야 하며 한자 표의성에 부합해야 한다. 한자간화에 대해 일찍이 상용한자의 필획은 반드시 10획 이하로 줄여야 한다는 의견이 있었다. 이는 단지 글자 쓰는 측면만을 고려한 것이고 글자의 표의성은 생략했다. 한자는 일정한 수량의 필획과 각기 다른 조합방식으로 뜻을 나타낸다. 필획을 너무 많이 줄이면 글자를 알아볼 수 있는 변별력이 크게 떨어져 이해에 영향을 준다. 왕력(王力)은 일찍이(1938년) 아무리 많아도 10획을 넘지 말아야 한다는 신념을 가지고 한자를 바꾼다면 반드시 막다른 골목길로 갈 것이라고 경고했다. 원칙에서 벗어난 간화의 폐해를 경고한 이런 견해는 아직까지도 참고할 가치가 있다.

한자의 표의성은 한자의 명맥이다. 표의성이 일단 근본적으로 파괴되면 한자는 효과적으로 사회에 봉사할 수 없다. 한자간화가 역사발전의 필연이기는 하나 무절제하게 간화할 수 없다.

2) 이체자(이체어) 문제

현행한자는 몇십 년의 정리와 간화를 거쳤다. 절대다수가 이미 규범화되었다. 그러나 일부 한자는 아직 정리가 되지 않았고 명확하게 규범이 세워지지 않아 한자규범화 작업에 곤란을 주고 있다.

예전부터 한자에는 이체자 현상이 많았다. 이체자의 존재는 한자의 학습과 사용에 부담을 더하고 있다. 오늘날 한자의 규범화, 표준화에 따라 이체자는 규범대상이 되었다. 50년대 초 인쇄물에 쓰이는 이체자는 비교적 많았다. 인쇄물의 이체자는 공연히 학습과 사용의 부담을 늘렸다. 인쇄 조판용 글자에서 이체자를 정리하는 사업을 벌인 것도 이 때문이다. 1955년 12월 22일 문화부와 중국문자개혁위원회가 공동으로 「제1차이체자정리표」를 발표해 불필요한 이체자 1,055자의 사용을 금지하도록 규정했다. 이런 결정은 각계의 환영을 받았다. 그러나 일부 잘못 고른 글자가 있기는 했다.

정리가 안 된 이체자가 아직도 많다. 예를 들자면 「제2차이체자정리표」는 이체자 766개를 도태시켰다. 1965년과 1977년 수정을 거친 뒤 두 차례 의견을 모았으나 지금까지 아직 공포되지 않은 상태이다. 아직 정리 되지 않은 이체자를 들어보자. 等의 경우가 대표적인 사례로 꼽힌다.9)

문자개혁 주장자들은 대중에게 익숙한 글자를 채택하고 익숙하지 않은 글자를 도태시켜 한자의 규범화를 촉진해야 한다고 밝히고 있다.

3) 한자와 컴퓨터

병음컴퓨터의 전체이름은 병음−한자변환시스템이다. 한어병음을 알 기만 하면 보통화를 말할 수 있는 사람은 누구나 사용할 수 있다. 전 문적인 훈련이 필요 없다. 입력방법은 간단하며 성조도 필요 없다. 예 들면 이렇다.

입　　력	출　　력
renmin	人民
xuexi	學習
tushuguan	圖書館
yijing	已经
suiran	虽然
fengping−langjing	风平浪静

---

9) 等deng을 보자 戥은 천(평)칭의 뜻만을 지닌다. 等은 a. 등급 b. 종류 c. 대등하다 d. 천(평)칭의 뜻을 지니고 있다. 천(평)칭으로 무게를 달다라 고 말할 때 둘 다 쓸 수 있다. 1955년 이체자를 폐지할 때의 선택기준은 어느 한자가 광범위하게 사용되는가와 어느 한자의 필획이 간략한가에 있 었다. 만약 이 두 가지 기준이 상충되는 경우, 다시 말하면 광범위하게 사 용되지만 필획이 복잡한 경우에는 광범위하게 사용되는 한자를 우선적으 로 선택하였다. 이 원칙에 의거하여 戥이 필획이 많지만 무게를 달다라고 말할 때 일반적으로 戥을 쓰고 있는 현실을 감안해 等의 d. 천(평)칭의 뜻을 없애는 것이 좋다.

이러한 컴퓨터는 수만 개의 규범화된 통용어를 저장하고 있으며 동시에 수천 개의 통용한자를 보유하고 있어 마음대로 사용할 수 있다. 동음어와 동음자는 빈도가 잦아지는 순서에 따라 배열되어 있다.

이러한 컴퓨터는 은연중에 언어에 대해서 규범화를 하고 있다. 예를 들면 己经을 쓸 때 己를 사용해도 된다. 그러나 yijing을 컴퓨터자판에 치면 즉각 己经으로 바뀐다. yi를 치면 일련의 동음자가 나타난다.(물론 빈도율에 따라 배열되어 있다) 다음 화면에서 골라야 한다.

一	以	義	意	己	議	易	移	醫	藝	……
1	2	3	4	5	6	7	8	9	10	

到達을 사용할 때 抵를 쓸 수 있다. 컴퓨터자판에 daoda를 치면 즉각 到達로 바뀐다. di를 치면 화면에는 이러한 동음자들이 나타나 골라야 한다.

地	第	低	敵	底	帝	抵	弟	……
1	2	3	4	5	6	7	8	

단음절의 사정도 이와 같다. 也를 쓸 때 亦도 쓸 수 있다. 그러나 ye를 치면 즉각 也로 바뀐다.(그것은 음절 ye 중에서 빈도율이 가장 높아 선택할 필요가 없기 때문이다) yi를 치면 10여 개의 동음자에서 골라야 한다. 나 자신 외에는 누구도 알아들을 수 없는 형용사 종류의 낱말을 임의로 만든다면 컴퓨터는 아주 많은 괴로움을 안겨다 줄 것이다.

이상에서 말한 예에서 알 수 있듯이 붓으로 한자를 쓰는 시대에는 사람들이 己로 己經을 대체하기를 좋아했다. 반문반백(半文半白)이라고 했다. 이것은 언어경제법칙이 영향을 미친 것이다. 이와 달리 컴퓨터로 한자를 쓰는 시대에는 已經을 사용하는 것이 已보다 간단하다. 이 때문에 사람들은 已經 쓰기를 좋아하며 점점 已자를 버리기 시작한다. 이것도 언어경제법칙이 영향을 미친 것이다.

「한어병음방안」이 점차 사회적으로 보급되고 있어 사람들의 일반상식이 되고 있다. 병음컴퓨터가 소형화되고 값이 싸짐에 따라 사무실, 가정, 심지어 개인에게 1대씩 돌아가는 시대에 접어들고 있다. 병음컴퓨터가 보급될 때가 바로 반문반백(半文半白)의 분위기를 완전히 바꾸는 시작이다.

과학기술이 한자를 해결하는 것은 쉽고 10억 인의 용자습관을 뜯어고치기는 어렵다. 한자간화에 매달리기보다 컴퓨터의 기술혁신이 한자간화의 문제점을 하루빨리 해결할 수 있는 수단으로 떠올랐다.

4) 외래어 문제

외래어가 생겨나고 존재하고 있는 것은 다른 민족 간의 경제문화교류와 그들 언어 상호 영향으로 생겨난 필연적인 현상이다. 일반적으로 사회가 개방적일수록 외래어가 범람하게 마련이다. 중국어 외래어의 역사는 개방과 번영의 한·당대(漢, 唐代)까지 거슬러 올라간다. 예를 들어 蒲陶(葡萄) 師子(獅子) 등은 한대(漢代)에 대완(大宛)과 파사(波斯)에서 온 것이다.10) 또 佛, 塔, 刹那, 波菜 등은 당대(唐代)에 인도와 네팔에서 온 것이다.11)

현대 중국어에 처음 생겨난 대량의 외래어는 청말(淸末)에서 5·4

---

10) 『史記, 大苑傳』, 「其俗土著耕田, 田稻麥, 有葡萄酒.」「漢書, 西域傳上」, 「(鳥戈)有挑拔, 師子, 犀牛.」

11) 佛 塔 刹那는 대량의 불교전적에 나온다. 波菜는 『唐會要』에 「太宗時尼婆國獻波稜菜」라는 글귀가 있다.

시기 전후에 구미와 일본에서 온 것들이다. 그들은 이미 현대 중국어 어휘의 일부분이 되었다. 예를 들어 坦克(탱크), 幽默(유머, 영어에서 온 것이다), 場合(경우), 幹部(간부, 일어에서 온 것이다), 芭雷舞(발레), 沙龍(살롱, 불어에서 온 것이다) 蘇維埃(소비에트, 노어(露語)에서 온 것이다), 阿片(아편, 아라비아어에서 온 것이다) 등이다.

현대중국어의 외래어는 수입되는 초기부터 혼란현상이 일어났다. 첫째 음역어와 의역어가 병행한다. parliament(국회)는 巴力門, 國會, 議會로, cement(시멘트)는 水門汀, 泗門汀, 賽門脫, 賽門德, 賽門土, 士敏土, 紅毛泥, 洋灰, 水泥 등. 둘째 여러 종의 음역어가 병행한다. pint (핀트)는 品脫, 빙脫, 巴篤의 음역사가 있고 ether(에테르)는 以太, 以脫 두 종류의 음역어가 있다. 셋째 여러 종의 의역어가 병행한다. economics(경제학)는 計學, 平準學, 生計學, 資生學, 理財學, 財學, 經濟學 등의 역어가 있다. philosophy(철학)도 愛智學, 智學, 心學, 神學, 理學, 哲學 등의 역어가 있다. 이러한 통일되지 못한 역어가 점차 통일되고 있다. 그러나 많은 외래어는 아직도 통일을 이루지 못하고 있다.12)

2차 세계대전 후 몇십 년간 특히 최근 20년간 세계의 새로운 과학기술은 빠른 속도로 발전했다. 새로운 것들이 끊임없이 만들어지자 더욱 많은 새로운 외래어들이 중국어 속에 파고들게 되었다. 그러나 정치, 지리적 원인으로 중국대륙, 대만지구, 홍콩 싱가포르 등 기타 지역의 화인사회(華人社會)에서의 외래어 차이는 더욱 심각해지고 있다.49)

---

12) Vaseline: 凡士林, 花士令 cream: 乃油, 忌廉 brandy: 白蘭地, 勃蘭地, 拔蘭地 vitamin: 維生素, 維他命 film: 交卷, 菲林 cartoon: 動畵片, 通通片 chocolate: 巧克力, 朱古力 salad: 沙拉, 沙律, 色拉 sandwich: 三明治, 三文治 chewing gum: 口香糖, 香口胶 hormone: 激素, 荷蒙 bus: 公共汽車, 巴士 mini-bus: 小面包車, 小巴 taxi: 出租汽車, 計程車, 的士, 德士 등이 그 예이다.

현대중국어 외래어의 통일은 필요한 것이다. 장기간 외래어 역명(譯名)과 역음(譯音) 문제에 대해 일정한 규범이 없었기 때문에 외래어에 여러 가지 번역어가 존재하는 혼란이 빚어졌다. 예를 들어 「영한역음표(英漢譯音表)」(신화사국제뉴스부자료팀편[新華社國際新聞部資料組編])과 「신영한사전(新英漢辭典)」 「영어성명역명노트(英語姓名譯名手冊)」(신화편(新華編))를 비교하면 역명의 차이가 비교적 크다. 하나의 이름에 다른 역음이 나타난다. Abigail(아비갈리)라는 이름은 阿比盖耳, 阿比盖爾, 艾比盖爾로 옮겨진다. 이 세 가지는 현재 비교적 널리 유행되는 영어 역명(음) 참고서이다. 다른 한 면으로 다른 사회 지역의 방언의 영향으로 외래어가 농후한 지방색채를 띠어 외래어의 지역 차이 현상이 일어나기도 한다. 예들 들어 Yashica(야시카)표 카메라는 홍콩에서는 影撮佳로 옮겨지고 대만에서는 雅撮佳로 대륙에서는 雅西, 亞西의 두 가지로 옮겨진다.

외래어의 규범화는 인류문화의 발전과 교류에 유리하다. 중국어의 언어환경과 사회환경 등 복잡한 요인들로 외래어의 규범과 통일은 다방면의 영향을 받고 있다. 빨리 외래어 규범화에 관한 언어정책이 제정되어야 한다. 권위 있는 전문기구가 책임 있게 외래어의 규범화 작업을 맡아야 할 것이다. 중외대역사전(中外對譯詞典)과 전문술어의 출판과 관리를 맡아야 한다. 서둘러 현존의 「영한역음표(英漢譯音表)」를 정리해서 권위 있는 역음 표준으로 삼아야 한다. 외래어를 옮기는 기술적인 표준과 원칙을 제정해야 한다. 외래어의 규범문제는 단순히 언어학의 문제는 아니며 현대과학기술과 문화사업의 발전과 교류와 밀접한 상관이 있다. 오늘날 외래어의 범람과 혼란은 이미 간과할 수 없는 중요한 문제가 되었다. 심지어 대외개방과 문화교류에 지장을 주기까지 한다. 외래어의 규범과 표준화 문제가 중국의 어문개혁이 풀어가야 할 또 하나의 숙제로 떠올랐다.

한자는 알다시피 중국과는 떼놓을 수 없는 존재였다. 수천 년간에 걸친 찬란한 중화문화는 바로 한자로 기록된 것으로 정도의 차이는 있을망정 한자를 없앤다는 것은 중국의 주체성과 문화를 파괴하는 행동으로 받아들여졌다. 미국의 프란시스 교수가 지적했듯이 중국인에게 한자는 배움에 관계없이 없어서는 안 될 존재라고 믿을 정도로 일종의 미신이었다.

그러나 한자의 폐해, 이를테면 한자가 중국의 근대화를 가로막았다거나 문맹자가 너무 많다거나 하는 비난이 나올 때마다 한자는 중국인들이 바라는 중국이 근대화의 길(목적지가 어딘가에 대해서는 견해가 다양하겠지만)을 가는 데는 걸림돌이 되었다는 사실은 누구도 부인할 수 없는 사실이 되고 말았다.

중국정부가 1956년 간화자 515개를 실은 「한자간화방안」과 1964년 2238자를 포함한 「간화자총표」를 발표한 것은 한자를 없애고 새로운 병음자모를 만들고자 하는 의지의 표현이었다.

그러나 10년간의 문화대혁명 동안 어문정책이 사라졌고 1978년 12월 중국공산당 중앙위원회 제11기 3차 전체회의가 개혁개방 정책을 채택한 이후 어문개혁의 분위기가 되살아나는 듯했으나 개혁개방 정책의 영향으로 도리어 한자개혁은 암초에 부딪히는 위기에 몰리고 있는 것이 지금 중국이 안고 있는 현실이다.

결론적으로 중국공산당 정권 성립 이후 강력하게 추진되던 한자간화 운동은 1986년 열린 전국언어문자공작회의를 계기로 일단락되면서 더 이상의 한자간화나 아예 한자가 없어지는 사태는 일어나지 않을 것으로 보인다.

터키 등 외국의 예에서 보는 것처럼 문자개혁은 정부의 강력한 공권력의 지원 없이는 이루어질 수 없는 것이며 더욱이 혁명의 상황에서 전 국민의 확고한 지지가 뒷받침되지 않고서는 성공의 가능성이 희박하기 때문이다.

개혁개방 정책이 가속화되면서 중앙정부의 손길이 지방정부에 미치지 않게 되면서 한자개혁 문제는 적어도 상당 기간 논의조차 되지 못하는 결과를 빚을 것으로 보인다. 여기에는 1986년 국무원이 시행을 중지한 「제2차한자간화방안(초안)」이 끼친 후유증을 무시할 수 없겠다. 다만 문자학의 규칙대로 문자는 필획이 적은 것으로, 쓰기 쉬운 글자로 흘러가는 추세인 만큼 한자의 간화 노력은 계속될 것 같다.

더욱이 80년대 눈부신 경제발전을 자랑했던 아시아의 4마리 용이 모두 한자문화권(漢字文化圈)이며 한자를 겸용하고 있는 세계최대의 경제대국 일본의 경제력이 알려지면서 한자폐지무용론이 새로 고개를 들고 있다. 과학기술의 발달로 컴퓨터가 한자의 번잡함 등 여러 가지 문제점을 해결할 수 있어 한자의 존속이 그만큼 힘을 얻고 있는 것도 사실이다.

여금희(黎錦熙)가 "언젠가는 없어질 것이요, 언제까지 남겨둘 수는 없다. 잠시는 꼭 남겨두어야지, 당장 서둘러 없앨 수는 없다.(終於必廢而不能久存, 暫時必存而不可遽廢.)"라고 한 한자, 곽말약(郭沫若)이 "박물관에 영원히 보존할 것"이라고 예언했던 한자는 끈질긴 생명력을 자랑하며 존재를 과시하고 있다.

2. 보통화 보급과 라틴화의 길

1) 보통화 문제와 방언

언어의 통일은 병음문자를 실행하는 데 필수조건이 된다. 「한어병음 방안」은 북경어를 표준으로 한 공통어를 음절로 쓰는 근거로 삼았기 때문에 공통어를 확대하여 언어의 통일을 촉진하는 것이 중국어 병음 화를 실행하는 선결조건인 것이다.

중국정부는 1955년 현대한어규범학술회의는 현대한어 보통화의 기준 을 "북경어음을 표준음으로 하며 북방어를 기초방언으로 하고 모범적 인 현대백화문저작을 어법규범으로 삼는다."고 명확히 정의를 내렸다.

북경어음을 표준음으로 삼는 것은 필연적인 결과이다. 민족공통어의 어음계통은 기초방언 중 영향력이 가장 큰 곳의 방언의 어음계통을 기준으로 삼았기 때문이다. 오랫동안 북경어음의 표준적인 지위는 일 찍이 대다수 사람들의 공인을 받은 것이다. 7, 8백 년 동안 특히 3, 4 백 년 동안 북경은 중국의 정치, 경제, 문화 중심지였으며 여기에다 북경어음은 간명해 배우기 쉽고 받아들이기도 쉬웠다. 따라서 각지에 대한 영향력이 컸던 5·4 운동 이래 연극, 영화와 방송 등 모두 북경 어음을 사용했다. 이러한 조건에서 중국이 북경어음을 표준음으로 고 른 것은 당연한 결과일 뿐만 아니라 자연스러운 일이다. 북경어음을 표준음으로 한다는 사실은 북경어음의 음계를 말하는 것이지 모든 북 경어음이 표준음이라는 뜻은 아니다.

따라서 특수한 방언성분을 반드시 배제해야 한다. 예를 들면 북경방 언은 隔壁를 jiebier, 板凳을 bantang, 告訴를 gaosong으로 각각 읽는 다. 또 보통화가 "這個人太tai好啦"라고 하는 말을 북경토박이말은

"這個人太tui好!"라고 한다.

이러한 토박이말 성분은 중국이 보급하려는 표준음이 아니다. 이밖에 북경어음에는 적지 않은 이독어(異讀語)가 있다. 예를 들면 波浪(파랑)은 bolang으로 읽지만 Polang으로 읽을 수도 있으며 供給(공급)은 gonggei나 gongji로 읽을 수 있다. 秘魯(페루)의 秘는 bi나 mi로 읽었다. 이독어에 대해 보통화심음위원회(普通話審音委員會)가 이미 심사를 해서 하나의 발음을 규범에 맞는 발음으로 확정했다. 방언지역의 사람들이 북경어음을 배우는 데 근거와 표준을 마련한 것이다.

북방화의 근원은 뿌리가 깊다. 고대 문학언어의 풍부한 유산을 계승한 북방화는 이러한 기초 위에 커다란 발전을 보였으며 끝내는 한민족의 공동어음이 됐다. 북방화를 말하는 사람은 한족(漢族) 전체인구의 70%로 북방화 어휘는 가장 보편성을 가진 방언이다. 그러나 북방화의 모든 낱말이 보통화에 편입된 것은 아니다.

북방화 지역이 넓고 지역마다 사용하는 낱말이 다르다. 예를 들면 向日葵(해바라기)는 하북성당산(河北省唐山)에서 日頭轉, 승덕(承德)은 朝陽轉 산동제남(山東濟南)은 朝陽花, 妻子라고 하며 산서, 섬서(山西, 陝西) 일대는 婆姨, 사천(四川)은 堂客, 云南, 貴州서는 婆娘이라고 한다. 사천 말은 猫鷹을 鬼燈哥兒이라고 한다. 북경토박이말은 太陽(태양)을 老爺兒이라고 한다. 脚을 丫子라고 한다. 산동에서는 甘薯(감자)를 地瓜라고 하고 拳頭를 皮錘라고 한다. 지나치게 토속적인 낱말은 보통화 중 완전히 뜻이 같은 낱말이 있으면 버려야 한다. 북방화 중 곳에 따라 용법이 다를 경우 비교적 보편적인 낱말을 표준으로 삼는다. '玉米, 棒子, 包米, 珠米, 包谷, 馬纓子, 玉芡子, 玉蜀黍'는 玉米(옥수수)를 표준으로 삼아야 한다.

보통화 어휘를 풍부하게 하기 위해 북방방언이 아닌 방언에서 따온

것도 있다. 예를 들어 拉 報, 尷 尬, 頭는 오(吳)방언에서 따온 것이며
名堂, 過硬은 상(湘)방언에서 高는 사천(四川)방언에서 흡수한 것이
다. 보통화는 고대어와 외래어에서 흡수한 생명력 있고 사용범위가 넓
은 낱말을 포함했다. 예를 들면 瞻仰, 誕辰, 沙 發, 咖 啡, 芭 蕾 등이
다. 이러한 낱말을 어떻게 정확히 받아들이며 일부 일탈현상을 배제하
는가도 어휘규범화가 연구해야 할 분야이다.

보통화에는 절대적인 동의어가 함께 병존하는 경우가 있다. 예를 들
면 講演과 演講, 大夫와 醫生이다. 일부 낱말은 쓰는 형식이 다르다. 예
를 들어 交代와 交待, 身分과 身份, 絶着와 絶招, 洪亮과 宏亮 등등이다.

소위 모범적인 저작이란 대표성을 지닌 저작물을 가리킨다. 예를 들
면 수많은 저명한 문학작품과 과학논저들이다. 이러한 저작물은 언어
규범을 자리 잡게 하는 데 크게 보탬을 준다.

현대백화문저작은 이러한 백화문 저작이 반드시 현대적이어야 함을
말한다. 언어는 끊임없이 발전하기 때문에 조기 백화문 저작인『수호
전(水滸傳)』『홍루몽(紅樓夢)』등은 이미 현대중국어 어법에 맞지 않
는 곳도 있다.

따라서 어법규범은 반드시 모범적인 현대백화문저작 중의 일반 용
례여야 한다. 특수한 용례나 건전하지 못한 용례가 아니다. 노신(魯
迅)은 자신의 작품에 대해 겸허하게 이러한 비평을 한 적이 있다. "나
의 초기작품은 상당수 오래되고 기이한 글자로 물들여 있으나 글이
아니라 모래에 불과하다. 나의 백화(白話)는 마치 전족을 보통 발로
늘이는 것과 같아 불순하고 불건전하다."

인민해방군이 중국의 고전적인 방언으로 작전상 엄청난 어려움을
겪는 것은 어제오늘의 일이 아니다. 인민해방군의 구성원들은 각 지방
에서 몰려왔기 때문에 방언토속말, 남북사투리가 뒤섞여 빚어지는 언

어의 차이는 사상교류를 가로막는 고질병이다. 중국에는 북방(北方)방언, 오(吳)방언, 상(湘)방언, 감(贛)방언, 객가(客家)방언, 민(閩)방언, 월(粵)방언 등 7대 방언이 있다. 서로 다른 지방에서 몰려든 군대는 언어가 통하지 않는 어려움에 맞닥뜨리며 심지어 작전에 영향을 미치고 작전상황을 그르칠 수 있다.

> 어느 통신부대 분대장은 전화로 야외작업을 하던 전화가설병에게 명령을 하달했다. "연습을 개시하라, 전화선을 확실하게 점검하라." 방언이 어음의 혼란을 빚어 전화가설병은 "전화선을 확실하게 절단하라"로 잘못 들었다. 따라서 제때 가설한 전화선을 모조리 절단하는 오해가 빚어졌다. 한국전쟁 중 모 부 작전참모는 1차 격전 후 상급부대에 "○○진지에는(거의 모두 전사하고) 한 명(一個人)만 남아 있습니다."고 보고했다. 동북방언이 오해를 빚어 상급부대는 "1개 대대(營)가 남아 있다."고 잘못 알아들었다. 따라서 제때 증원이 이루어지지 못해 진지를 잃는 손실을 입었다. 또 한번은 모 부대 1차 포병실탄 사격훈련에서 관측소는 "목표지점에 맞지 않았다(不見彈)"며 포대에 사격제원을 수정하도록 보고했다. 그러나 어음이 명확하지 않아 상대방은 "멈추지 말 것(不間斷)"으로 잘못 알아듣기에 이르렀다. 그 결과 포대는 연속으로 포탄을 발사해 목표지점이 평지로 바뀔 정도였다.

인민해방군이 방언문제에 대해 내린 결론은 이렇다. 이런 병폐를 이겨내려면 모두 보통화를 배워야 한다. 보통화의 어음, 어휘, 어법은 모두 전문가들의 연구검정을 거쳐 통일된 표준, 과학, 규범, 순결, 건강함을 모조리 갖추고 있다. 모두 유창하게 보통화를 말할 수 있다면 상황통보, 명령전달, 연락소통, 행동협조 등을 순조롭게 진행하는 데 도움을 줄 수 있을 것이다. 이러한 의미에서 군대는 보통화 사용을 규범통일의 수단으로 삼으며 그것은 전투력 제고의 주요한 요소이기도 하다.

군이 군대의 예를 들지 않더라도 보통화를 보급하는 것은 이미 현대화건설의 절박한 필요조건이었다. 중화인민공화국 헌법은 1982년 "국가는 전국에서 통용되는 보통화를 보급한다."고 명확히 규정하고 있다. 그러나 신시기(新時期) 이후 제반여건이 바뀌었다.

여기서 지적할 점은 북방방언이 북경어를 포함하지만 북경어가 보통화는 아니라는 것이다. 북경어에도 보통화 규범에 맞지 않은 성분이 적지 않게 포함되어 있다. 따라서 외지인들이 보통화를 할 줄 안다 해도 북경에 와서 북경시민의 말을 이해하지 못할 때가 있다. 다른 북방언어도 상당히 복잡해 보통화와 영 거리가 먼 경우도 있다. 교동어(膠東語), 진중어, 섬어, 난은어 등이다. 그래서 북방방언이 쓰이는 곳에도 보통화를 보급해야 한다. 보통화 보급은 인위적으로 방언을 소멸시키려는 것이 아니다. 방언 간의 틈을 메워 사회교제에 이로움을 주려는 데 있다.

오늘날 중국학생들의 보통화수준은 높지 않은 편이다. 보통화수준에 대한 자체 조사 보고서에서는 중학교의 졸업생 가운데 상당수가 조리 있는 말을 하지 못하고 어휘의 사용이 부정확하며 방언의 사용이 많고 기본적인 문장력이 부족하다는 사실을 지적하고 있다. 중국정부는 보통화 교육의 기초가 소학 및 중학교에서 이루어져야 함을 지적하고 있다. 이에 따라 보통화를 사용하며 보통화를 가르칠 수 있는 교사의 양성이 기본적인 문제로 등장하고 있다.

중국에서 초등학교와 유치원의 교육을 담당하는 교사의 양성기관은 중등사범학교이다. 이 학교는 보통화의 발음으로 교육을 할 수 있어야 한다. 이들은 졸업 시에 보통화시험을 보아야 하며 이 시험에 합격하지 못하면 보충교육을 받아야 하고 이 보충교육에 합격해야만 졸업증이 주어진다. 고등학교의 교육을 담당하는 고등사범학교의 졸업생도 당연히 보통화로 교육을 할 수 있어야 한다. 보통화는 교사들의 직업 언어이기 때문에 교사양성기관에서는 보통화를 필수과목으로 선정하여 교육시키는 훈련계획이 마련되어 있다. 그러나 전국의 각지에 있는 사범학교 학생들이 모두 보통화를 할 수 있는 것은 아니다. 이는 보통화를 교육할 수 있는 충분한 인력을 그 지역의 사범학교에 배치할 수 없기 때문이다. 이것이 현재의 중국의 상황이다. 그러므로 이러한 훈련계획은 규정상의 문제일 뿐 실제로는 잘 지켜지지 않고 있다.

이러함에도 불구하고 일단 초등학교를 졸업한 사람이면 일정한 수준의 보통화를 할 수 있다. 중국인들은 방언을 모르는 지방을 여행하는 경우에 어른보다는 어린 학생들에게 길을 묻는다. 이는 어린이들이 사용하는 언어가 학교교육을 통하여 배운 보통화이기 때문이다.

사회적으로 보통화의 사용이 엄격히 요구되는 곳이 있다. 방언이 복잡한 대소도시, 특히 개방지구나 관광도시의 당정기관과 상업, 서비스업, 철도, 관광업, 전신전화국, 경찰국 등에서는 보통화를 할 수 있어야만 간부가 될 수 있으며 간부 이외의 영업원이나 서비스요원, 매표원, 열차원, 방송요원, 전화안내원, 관광안내원, 경찰관 등에게도 보통화의 사용이 엄격히 요구되고 있다. 중국의 라디오나 텔레비전에서는 원칙적으로 보통화만을 사용하게 되어 있다.

대만(臺灣)의 텔레비전 연속극에는 표준어 자막이 화면에 제시되지만 중국에서는 이와 달리 텔레비전연속극에 보통화 자막이 방영되지 않는다. 중국에서 보통화 자막이 방영되는 것은 뉴스의 요약문과 대담 프로그램의 출연자가 방언을 사용하거나 보통화의 발음상태가 좋지 않은 경우이다. 이 외에 보통화의 성조(聲調)가 무시되는 노래의 가사, 혹은 고대어(古代語)나 방언이 많이 사용되는 민속극이 방영되는 경우에도 보통화 자막이 제시된다. 영화에도 당연히 보통화 자막은 제시되지 않는다. 그러나 지방을 소재로 하여 부득이 그 지방의 방언이 많이 사용되는 영화에는 보통화 자막이 제시된다.

지금까지 이 글은 중국의 보통화 정책에 관하여 언급하면서 특히 문자와 발음표기의 문제를 집중적으로 다루어왔다. 그러나 이것이 보통화의 모든 문제는 아니다. 이 외에도 중요한 것은 어휘의 통일문제가 있다. 동일한 상황을 나타내는 말이 방언마다 존재할 때 어느 어휘를 표준어로 할 것인가의 문제는 아직 학계의 연구 차원에도 올라 있지 않다. 오늘날 나와 있는 대부분의 중국어사전은 발음의 표기에 있어서 원칙적인 발음만을 표시하고 있을 뿐 앞뒤의 글자에 따라 성조가 변화하는 상황을 표기하지 못하고 있다. 중국어에서 아주 흔하게 나타나는 경음화(輕音化) 현상이나 아화(兒化) 현상도 표기하지 못하고 있다. 이는 아직도 이러한 부분에 대한 표준발음이 정해지지 않았기 때문이다. 이러한 문제가 해결되기 위해서는 앞으로 더욱 많은 시간의 연구와 노력이 필요할 것이다.

2) 동음어 문제

중국어는 발음이 같은 동음어가 많다. 따라서 동음 대체로 잘못 쓰기가 쉬운 것이다. 다음 인민해방군이 겪은 사례는 동음어문제의 심각성을 나타내고 있다.

설날이 다가오자 모 연대 이(李) 정치위원은 기관간부들을 데리고 각 중대를 둘러보았다. 중대마다 병영문에 대련(對聯)을 걸어놓았는데 가로쓴 플래카드는 모두 '환도춘절(歡渡春節)'이라는 금박 입힌 4글자였다. 이(李) 정치위원은 곁에 있던 선전담당지도원 장명(張明)에게 "설날이 벌써 지났단 말이오." 하고 물었다. 장(張) 지도원이 "아직 지나지 않았습니다. 물이 떨어져야 설날을 지날 수 있습니다." 하고 대답했다. 이(李) 정치위원은 웃으면서 말했다. "그렇다면 좋소. 각 중대에 가서 물을 빼도록 하시오. 모두들 설날을 잘 보내야지." 일부 중대간부들은 장지도원이 대련의 渡를 삼수변이 없는 度로 바꾸는 것이 좋겠다고 하자 이해할 수 없다는 듯이 투덜댔다. "이 渡자는 저희가 해마다 사용해 왔는데 올해는 왜 바꾼다는 거죠." 장(張) 지도원이 유권해석을 내렸다. "그것은 그동안 글자를 잘못 썼기 때문이죠. 渡의 뜻은 배로 강을 건너다는 것입니다. 渡江, 渡河와 같은 것이죠. 이런 의미에서 확대할 수 있는 것이 이곳에서 저곳으로 가다는 뜻입니다. 과도시기(過渡時期)같이 말이죠. 그러나 度는 보내다, 지내다는 뜻입니다. 度日, 度假처럼 말입니다. 우리가 쓰는 '歡度春節'이 가리키는 것은 '歡歡喜喜過春節(설날을 즐겁게 보내자)'의 뜻입니다. 따라서 度를 써야 합니다." 장 지도원이 이렇게 해석을 내리자 모두들 기꺼이 '渡'를 '度'로 바꿔 달았다.

이 일은 일부에서 글자를 잘못 쓰는 주요 원인이 단어의 뜻을 깊이 이해하지 못하고 제멋대로 동음자로 대체하는 데 있음을 알 수 있다. 예를 들면 發人深省을 發人深醒으로, 原形畢露를 原形必露로, 欣欣向榮을 新新向榮으로 잘못 쓰는 사람이 있다. 이러한 착오는 단어의 뜻을 제대로 알지 못한 데서 비롯된 것이다. 예를 들면 省은 반성하다는 뜻이며 必은 필수적이다, 반드시라는 뜻이다. 欣欣은 초목이 왕성하다는 모양을 나타내고 新은 새롭다는 뜻이다. 따라서 단어 뜻을 명확히 아는 것이 글자를 잘못 쓰지 않는 관건이다. 주목할 것은 일부 잘못 쓰는 글자는 획수의 차이가 별로 없이도 원래의 뜻과 전혀 달라질 수 있다. 예를 들면 漠不關心을 莫不關心, 務必出席를 勿必出席로 쓰면 오해가 생겨난다. 따라서 동음자로 원래 글자를 대체해서는 안 된다.

모 부의 지휘관이 차를 타고 긴급사고를 처리하러 ○○기지로 가던 길이었다. 차가 길을 굽이도는 순간 갑자기 앞에 오리 떼가 나타났다. 운전병이 응급조치를 취하려 하자 지휘관이 손으로 앞을 가리키며 "야!

야!(ya! ya!)"하며 급히 고함을 질렀다. 운전병은 상황이 긴급하다고 잘못 알아듣고는 액셀러레이터를 힘차게 밟고는 오리 떼를 향해 돌진했다. 많은 거위 떼가 차에 깔려 압사했다.

"무슨 짓이야, 일부러 오리 떼가 있다고 야, 야(ya, ya) 하고 주의를 주지 않았나."

"저보고 받아버리라고 명령을 내리시지 않았습니까."

"뭐라고, 나는 자네에게 앞에 오리가 있으니 주의하라고 한건데 말이야."

이 지휘관은 얼떨결에 어음이 같은 말을 혼동해서 사용하는 바람에 오리를 죽이는 사고를 일으켰다. 오리를 가리키는 鴨가 중국어로 '야'로 발음되는 동시에 누르다는 壓도 같은 발음이기 때문이다.

한자는 동음자가 많아 사용할 때 특히 주의해야 한다. 오해를 불러일으키기 쉬운 상황에서는 동음자 사용을 최대한 피해야 한다. 위의 경우도 지휘관이 '야, 야(ya, ya)'라고 하지 말고 '停車'라고 했더라면 오리 떼를 압사시키는 사고가 일어나지 않았을 것이다. 흔히 그렇듯 갑자기 상황이 일어날 때면 사람들은 지나치게 긴장한 나머지 이런 일이 벌어진다. 당시 오리 떼가 아니라 닭이나 양, 소 떼를 만났다면 지휘관이 鷄鷄나 牛牛, 羊羊이라고 해 운전병이 오해를 하지 않았을 것이다. 그러나 당시는 壓과 발음이 같은 오리 떼였던 것이다. 이 일은 특히 지휘관이 긴급한 상황을 처리할 때 마음을 가다듬고 사용하는 언어도 주의를 기울여 정확한 발음으로 오해를 사는 일이 없어야 한다는 교훈을 남겨주고 있다. 그렇지 않으면 작전을 하는 데 손실을 가져올 것이다.

동음어는 어느 언어에나 다 있는 것이다. 중국어도 예외는 아니다. 그러나 동음어는 현대 중국어의 중요한 학술문제의 하나이다. 1920, 1930년대 국어로마자와 북방화라틴화신문자토론에서 제기되어 이 문제는 토론과 쟁론을 벌인 지 반세기가 지났으나 일치된 접근에 이르지 못하고 있다. 70년대 중기 이후 중국어와 한자는 새로운 과학기술 발전에 따라 동음어문제를 새롭게 제기하고 있다. 전보, 타이프라이터, 컴퓨터 등 방면에서 동음자 및 동음어를 구별하도록 요구하고 있기 때문이다.

동음어문제는 반드시 연구 해결해야 할 문제라는 데는 모두 동의하지만 인식상에는 차이를 보이고 있다. 예해서(倪海曙)는 "동음어 현상은 언어문자의 자연스러운 현상으로 병이나 결점이 아니라고 보고 있다. …… 이러한 곤란을 과대하게 보지도 말고 이러한 어려움을 부인도 하지 말자." "한자와 서양의 병음문자에도 많은 동음어가 있다. 실제응용 중에는 혼란을 느끼지 않는다. 이것은 언어문자의 이해이다. 전체로써 부분을 보기 때문이다."고 주장한다. 조백한(曹伯韓)은 "동음어는 일반인이 생각하는 것처럼 심각한 문제는 아니다."고 밝혔다. 유택선(劉澤先)은 "동음어문제는 크지 않다. 사람들이 여러 방법으로 혼란을 피할 수 있다. 동음어의 혼란을 강조하는 동지들이 든 예들은 절대다수가 언어실천 중 피할 수 있는 것들이다."며 '동음어무해론'을 부르짖었다.

이에 대해 진문빈(陳文彬)은 "동음어는 중국어 병음문자의 최대관건이다. 그것의 실천여부가 중국어 병음문자의 성립여부를 결정한다."고 강조했다.

주유광(周有光)은 "병음문자를 반대하는 사람은 동음사의 문제를 지나치게 심각하게 보고 병음문자의 치료할 수 없는 치명상으로 보고 있다. 이에 비해 다른 한편은 동음어문제를 지나치게 축소시켜 별문제가 아니라고 보고 있다. 그러나 사실은 그렇지 않다. 병음문자가 네모난 한자보다 더 많은 동음어를 가지고 있음을 부인할 수 없다. 동음어는 말할 때와 글 쓸 때 다른 면을 지니고 있음을 알아야 한다. 말할 때는 어조가 있고 표정, 동작 등의 도움을 받아 제대로 알아들을 수 없을 때는 질문할 수 있다. 문장은 이런 보조적인 수단이 없다. 이것이 바로 글을 쓸 때는 정확하고 치밀하게 써야 한다는 뜻이다."며 중립적인 입장을 보였다.

척목(拓木)은 동음어를 2개 이상의 단어 중에서 어음이 같고 뜻이 다른 것을 말한다. 주유광(周有光)은 한어병음 동음어의 범위는 음도 같고 성조도 같은 단어를 말하며 음이 같되 성조가 다른(同音異調) 단어는 포함하지 않았다. 주유광은 1958년의 『漢語倂音詞彙草稿』에는 20,133개 단어가 수록돼 있으며 이 중 음과 성조가 같은 단어는 2,125개로 10%를 차지했다. 그중 단음절동음어는 1,168개, 다음절동음어는 957개였다. 일본의 망월팔십길(望月八十吉)은 「한어병음어휘」에서 45,200개 단어를 수록한 성조를 구별하는 동음어는 5,249개, 11.6%를 차지하며 성조를 구별하지 않는 한 동음어는 17,435개, 38.6%를 밝혔다.

한자라틴화의 전망은 두 가지 문제를 포괄한다. 하나는 라틴화병음문자가 실현될 수 있느냐, 둘은 라틴화문자가 한자를 대신할 수 있느냐이다. 라틴화병음문자가 실현될 수 있을까 하는 문제는 역사를 이용해서 설명해야 한다. 청말의 절음자(切音字)는 보조문자로 제정한 것이어서 문자성질을 갖고 있다. 민국 초기의 주음자모는 주음도구로 만들어져 문자성질을 갖고 있지 않다. 5·4시기 국어로마자와 30년대의 라틴화신문자는 문자로서 제정된 것으로 전자는 보급이 되지 않았지만 후자는 보급되었다.

건국 이후 모택동 주석의 "문자는 개혁해야 하며 세계문자 공동의 병음방향으로 나아가야 한다."에 관한 지시에 근거해서 1955년 이전에는 한자필획식방안이나 라틴화방안이거나 모두 문자방안으로 제정한 것이며 목표는 모두 병음문자를 실현하는 것이었다. 1956년 초안이 공포됐을 때 주은래 총리는 '당면한 문자개혁임무'에서 "「한어병음방안」은 한자를 대체하는 병음문자가 아니다."라고 보고를 하면서 모택동 주석의 병음방향에 관한 발언을 인용조차 하지 않았다. 이와 동시에 오옥장(吳玉章)은 「당면한 문자개혁 사업과 한어병음방안에 관한 보고」에서 "앞으로는 결국 세계문자 공동의 병음방향으로 나아가야 한다." "어문사업자는 병음방안으로 한자병음화의 각종 연구와 실험작업을 계속 진행해야 한다."고 강조했다.

그러나 80년대 들어 한자라틴화의 길에 대한 확실한 결론을 내리려면 오랫동안 실천하면서 보다 많이 보다 깊은 연구를 해야 한다는 공통된 인식에 이르렀다. 그래서 1986년 1월 소집된 전국 언어문자공작회의는 신시기 언어문자 사업의 방침임무를 제정하면서도 병음화방향을 제기하지 않은 채 주은래 총리의 1958년 보고를 거듭 천명했다. 동시에 「한어병음방안」을 더욱 보급하도록 요구했다. 「한어병음방안」의 응용범위를 점차 확대하는 한편 사용 중의 실제문제를 해결한다. 예컨대 한어병음의 동음자와 동음어의 구별, 한어병음 띄어쓰기의 표준, 한어병음 기술응용상의 성조표시 등등이다. 한어병음화 연구라는 표현법은 쓰지 않았지만 연구내용에 대해서는 구체적인 논술을 하고 있다.

여기서 볼 수 있는 것은 1986년 한어병음에 관한 제기방식은 1958년과 기본적으로 일치한다는 점이다. 그러나 1958년보다는 구체적이다. 상술한 역사적인 설명에서 알 수 있듯이 라틴화병음문자가 실현 가능한가 하는 문제는 장기적인 탐색과 반복적인 실천에 의해서만 해결할 수 있으며 쉽게 긍정하거나 부정할 수 없는 민감한 사안이다.

다음은 라틴화병음문자가 한자를 대체할 수 있는가 하는 문제이다. 청말은 절음자로 한자를 보조하라고 주장했다. 한자를 대체하는 것은 아니었다. 5·4시기 한자를 없애고 국어로마자로 대체하라는 주장이 나왔다. 30년대도 한자를 폐지하고 라틴화신문자로 대체하라는 주장이 있었다. 그러나 즉각 없애라는 얘기는 아니었다. 1931년 오옥장 등이 시험 삼아 만든 「중국한자라틴화의 원칙과 규칙」에서 "신문자를 실행하라는 것은 한자를 즉각 없애라는 것은 아니다. 점차적으로 신문자가 보급되어 대중생활 속으로 파고들었을 때 적당한 시기가 오면 한자를 없앨 수 있다."고 밝혔다.

건국 이후 한자를 없애자는 제안은 없었다. 50년대의 제기방식으로는 "병음문자 실행 이후 상당히 오랜 기간 신구문자 병용의 과도기가 있게 된다. 이 과도기 안에 새로운 병음문자와 오래된 한자는 모두 사회에서 통용되는 합법적인 문자가 되는 셈이다."는 정도였다. 1984년 문자개혁 사업좌담회는 「한자와 한어병음의 장기보존」을 제출한 적이 있다.

나중에 「한어병음방안」이 문자가 아니어서 이러한 제기방식은 옳지 않다는 점을 고려해서 1986년 신시기 언어문자 사업의 방침임무안에 는 병존병용을 제기하지 않았다. 이리하여 "앞으로 상당 기간 한자는 국가의 법정문자로 그 작용을 계속할 것이다. 「한어병음방안」은 한자 가 사용하기 어렵거나 사용할 수 없는 곳에 쓰인다."고 논술했다. 여 기서 볼 수 있는 것은 오랜 기간 한자와 「한어병음방안」은 공동으로 기능을 발휘하는 것이며 한어병음방안은 한자를 대체하는 것이 아니 라 한자를 보충하는 것이다.

결론적으로 한자라틴화는 역사적으로 유구한 강이다. 그것이 단기간 에 병음문자로 발전하기를 바라는 것은 비현실적이다. 마음대로 그것 을 부정하는 것도 불가능하다. 내가 보기에는 이 문제는 한자라틴화의 탄생이 역사적으로 결정된 것과 같이 앞으로 그것의 운명이 어떤지도 역사가 결정할 것이다. 실제로 라틴화의 한어병음은 이미 일찌감치 주 음도구의 작용은 넘어섰고 각 방면의 응용은 물론 이미 세계로 나아 가 중국어의 음을 표기하는 국제표준이 되었다. 광의로 말하면 이것은 실제로 한자의 라틴화인 것이다. 이러한 뜻으로 말한다면 그것은 일종 의 나아가야 할 방향이 아니라 현실이다.

제 7 장

대만의 언어정책

중국과 대만의 어문정책은 거시적으로는 같다. 국민당정부는 1949년 대륙에서 대만으로 철수하자마자 현재 중국대륙과 대만에서 같이 쓰고 있는 표준어, 즉 국어(國語)를 보급시키는 데 최대의 역점을 두었다.[1]

당시(지금도 같은 상황이지만) 대만 원주민은 3대 방언을 사용하고 있었다. 바로 민남어(閩南語), 객가어(客家語), 고산족어(高山族語)이다. 방언끼리 서로 소통되지 않음은 물론 대륙에서 온 사람들도 전혀 소통이 되지 않았다. 국민당정부가 대만으로 철수하자마자 가장 역점을 두었던 국가시책이 바로 국어보급이었음은 당연한 일이다.

이와 함께 청일전쟁 이후 50년(1895~1940년) 동안 일본지배에 있었던 역사의 때를 벗기는 데 힘을 쏟았다. 일부 상인, 직원들은 심지어 일본 이름을 사용하기도 했다. 이러한 국면을 맞아 대만정부는 국어(보통화, 대만은 아직까지 옛 이름을 사용하고 있음)보급이라는 강제조치를 채택했다. 초등학교에서부터 각종 대학, 중학에 이르기까지 일본어사용을 엄금했다. 방언사용도 허용하지 않았다. 초기에는 심지어 학생감독제도를 실시해서 위반자는 벌금을 물거나 다른 처분을 받도록 했다.

40년이 지나면서 대만성의 언어주류는 이미 보통화이지 방언은 아니었다. 교육, 상업, TV, 광고, 영화 등 방면에서 보통화를 사용하는 것은 물론 가정생활에서도 보통화로 말하는 것이 일반화되었다. 방언을 말하는 것은 특수상황이었다.

중국에서 보통화 보급을 어문규범화의 궁극적인 목표로 삼은 것과 일맥상통하는 점이 있다. 그러나 미시적으로는 적지 않은 차이가 있다. 대만은 중국대륙과 달리 번체자를 그대로 쓰고 있으며 표음부호로

---

1) 許璧, 『中華民國의 國語研究機構』, 1990, 國語研究所, 94쪽.

서 주음부호(注音符號)를 버리지 않고 있다. 간화자 사용을 둘러싸고 논쟁이 벌어지기도 했으나 역시 전통을 지키려는 보수적인 세력이 완강하기 때문이다.

40년 동안 간체자라는 말은 대만에서 정치문제였고 감정문제였지 단순한 학술문제는 아니었다. 특수한 정치환경이었기 때문에 간체자를 지지하는 모든 의견은 '爲匪張目'이나 '隔海唱和'의 위험으로 간주되었다. 이 때문에 간체자를 찬성하는 주장을 거의 들을 수 없었다. 마찬가지로 간체자를 반대하는 논조도 대부분 정치와 감정적인 관점에서 출발해 간체자운동은 조국문화를 파괴하는 음모로 설명되었다.2)

따라서 대만은 국어개혁에 중점을 두기보다 국어교육에 보다 많은 관심을 쏟고 있다. 대만의 국어정책은 대륙의 그것과 비교하면 다음의 4가지로 요약할 수 있다.3)

첫째, 국어를 추진한다. 중국에서는 보통화를 추진하는 것으로 바꾸었다.

둘째, 백화문을 추진한다. 중국에서는 한어규범화(漢語規範化)를 추진하는 것으로 바꾸었다.

셋째, 간체자를 제창한다. 중국에서는 간화자를 추진한다.

넷째, 주음자모를 추진한다. 중국은 「한어병음방안」을 추진한다.

중국과 대만 어문정책에서 가장 큰 차이는 간화자와 번체자를 들 수 있다. 아직까지 간화자는 중국대륙에서만 사용하고 대만은 완전히 번체자를 사용한다는 오해가 있다. 그러나 실제로 대만인들은 서신과 필기 등 일상생활에서 적지 않게 간화자를 사용한다.4)

---

2) 周質平(미국 보스턴대), 「爲簡體字重新定立」, 『語文建設』, 1989년 2기, 24쪽
3) 許長安, 「海峽兩岸用字比較」, 『語文建設』 1992년 1월 13쪽.
4) 言은 i으로, 門은 门으로 이러한 편방부수는 아주 보편적이다. 게다가 樓는 楼로, 買는 买로, 號는 号로 되는 간화자를 사용하고 있다.

　공산당 정권 성립 이전 간화한자는 이미 민간에 유행했던 것이다. 국무원이 정식으로 공포한 「한자간화방안」(1956. 1)과 「간화자총표」 (1964. 5)는 민간에서 사용되는 상당수의 간화자를 정리해서 규범화한 것에 지나지 않는다.(동시에 이체자를 폐지했다). 정식으로 통용할 수 있는 문자라고 볼 수 있다. 일부 대만인들은 간화자가 문화의 혈맥을 단절하는 것이 아니냐는 의구심을 가졌다. 현재 대륙의 수많은 문학과 학술출판물이 이미 대만서점에서 대량으로 팔리고 있어 책에 쓰인 간화자가 대만독자의 소화와 적응을 거친 후에는 대만민간이 쓰는 간화 경향을 부채질할 것이다. 당연히 한자간화의 이해득실에 대해서는 지금 여러 사람들이 서로 다른 의견을 제시하고 있다.

　그러나 대체로 이러한 공동인식을 갖고 있는 것 같다. 즉 한자간화는 적당한 선에서 그쳐야 하며 글쓰기규범한자는 문명예절 행위의 하나가 되어야 한다. 간화자를 난조(亂造)하는 경향도 조장되어서는 안 된다. 한자의 컴퓨터 정보처리가 획기적인 진전을 이루기 전에는 가능하면 현재 한자의 안정상태를 유지했어야 했다. 현재 세계 언어문자학계가 한자문화에 대해 재인식을 하고 있는 새로운 단계에 있으며 전자계산기의 응용 탓으로 한자가 낙후된 것이 아니며 한자체가 컴퓨터 집적회로와 같이 축약적이면서도 명확한 도구임을 사람들이 깨닫게 됐다.

　이와 달리 대륙 각 방언구의 적지 않은 지방의 상황은 상당한 차이가 있다. 심지어 대회연설이나 TV취재 등 공식적인 자리에도 줄곧 보통화를 말하지 않거나 일상생활에서도 현지인이 보통화를 말하면 '티를 낸다'는 비난을 받는 실정이다. 대만은 민남(閩南)방언구로 보통화와의 차이는 상당히 크다. 보통화는 21성모, 39운모, 4성조가 있는 반면 민남어는 14성모, 75운모, 7성조여서 보통화 보급을 추진하는 어려움은 충분히 짐작할 수 있다. 그럼에도 불구하고 대만정부는 강력한 국어보급운동을 추진해 전성(全省)의 행정관리, 무역, 문화교육에 최대의 편리를 가져왔다. 대만에서의 보통화 보급 의의는 심지어 언어 자체를 넘어선다. 초창기 식민지 문화침략의 상처를 회복했고 오늘날은 민족대통일의 관념을 공고히 하고 있다고 대륙 쪽에서는 보고 있다.

당연하게도 다른 방언구와 마찬가지로 대만 사람의 보통화도 완벽하지 않을 수도 있다. 대부분의 사람은 정도의 차이는 있지만 각자 자기 방언의 발음을 가지고 있다. 대만인 대부분은 민남 이민의 후예이다. 따라서 그들의 가장 두드러진 발음은 f와 h가 혼동을 일으키기 쉽고 다음으로 n과 l이 혼동을 일으키기 쉽다. 그 밖에 남방 대부분의 방언구와 비슷하다. 知zh와 資z 遲ch와 磁c 師sh와 私s는 구별하기 어렵다. 菌in과 英ing, 根gen과 更geng도 구별이 어렵다. 각자 일부의 사전을 출판했는데 어음심사에서 적지 않은 차이를 드러냈다. 예를 들면 『신화자전』(북경, 1971)과 『표준국어자전』(대만, 1977)은 둘 다 상대의 일부 글자 독음을 다르게 읽는다. 다만 예전에 읽었다는 표시로 수록하고 있다. 중국과 대만 간 민간교류의 자료필름 등에서 이러한 어음의 차이를 발견하기는 어렵지 않다.

일반어휘 방면에서 사회제도의 차이로 서로 다른 군사와 정치술어가 나타나고 문화상의 차이로 대만신문에는 자주 등장하는 訴求, 導正 등의 술어는 대륙에서 비교적 적게 쓰고 있다. 근래와 같은 것은 문언의 용어에 치우쳐져 있어 대륙의 신문들이 잘 쓰지 않고 있다. 외교차용어 방면의 차이도 뚜렷하다. 영어 information과 consensus는 대륙의 『신영한사전(新英漢辭典)』(상해, 1976)은 信息과 일치, 합의로 옮겼으나 대만의 『대사전(大辭典)』(대북, 삼민서국(臺北, 三民書局), 1985)은

資訊과 共識으로 번역했다. 근년 북경, 상해, 항주(杭州) 등의 도시에서 버스(公共汽車)와 택시(出租汽車)가 의역을 이용하는 것이 좋으냐, 음역이 더 좋으냐는 문제를 둘러싸고 한바탕의 논쟁이 일어난 적이 있다.

낱말 방면에서 대만도 비교적 민족공통어를 중시했다. 그러나 홍콩문화의 식민지색채와 방언경향은 더욱 대단했다. 방언가곡, 광동어(廣東語) 영화는 국어(國語) 영화와 가곡을 훨씬 넘어섰다. 그중에는 영어낱말도 끼어 있었다. 그래서 중국 쪽에서는 뭉뚱그려 홍콩대만문화라고 했다.

1867년 영국외교관 웨이드가 한자표기식을 만든 것부터 1918년 독음통일회(讀音統一會)가 공포한 주음자모(注音字母)에 이르기까지 그리고 조원임(趙元任), 구추백(瞿秋白) 등이 각각 만든 「한어병음방안」과 1958년에 이르기까지 모든 것이 역사상 지나온 자취이다. 중국의 국무원이 공포한 「한어병음방안」은 점차 이전의 중국어 주음과 표기부호를 대신하면서 대륙 각지 각급 학교 중국어 교습의 가장 중요한 보조도구가 되었다. 이와 함께 전보, 항운, 계산기 등 각종 영역에서 커다란 역할을 했다. 그것이 세계적으로 자주 보이는 로마자모를 채용했으므로 음운학 이론의 기초 위에 맞춤법이 간단하고 정확하며 직접 서방문자로 쓰인 문헌으로 들어갈 수 있어 외국의 중국학자와 중국어를 배우는 사람의 환영을 받았다.

이에 비해 대만이 사용하는 주음자모는 국제적으로 통용될 수 없다. 토마스 웨이드가 1백여 년 전에 만든 웨이드식표기법이나 소위 수정주음부호 제2식으로 한자를 표기한다. 전자는 부가부호 ' '가 인쇄할 때 자주 생략돼 결과적으로 波와 撥, 德과 特이 구별되지 못해 각각 po와 te로 써야 하거나 基와 知는 성모 j를 쓰며 欺, 吃이 성모 ch,

希, 師는 성모 sh를 써 혼동을 빚을 수 있다.(다시 운모를 덧붙여 구별한다). 게다가 영문자모의 발음에 구애받아 중국어의 평설, 요설음 대응의 특징을 나타낼 수 없다.

그 밖에 예일식표기법 등이 있으나 권위를 갖춘 것은 없어 상술한 수정주음 제2식에 따르면 臺北 2글자는 Taibei로 써야 하지만 지금 대만의 문건은 여전히 웨이드식표기법인 Taipei로 쓰고 있다. 따라서 지금 대만에서는 한자마다 개인의 방언과 중국어와 외국어의 지식수준에 따라 여러 가지의 다른 표기법이 나타나 일대 혼란이 빚어지고 있다. 이러한 혼란상태는 지금 대만 경제문화의 개방발전 국면과는 협조를 이루지 못한 것이다.

1. 간화한자 토론

50, 60년대 중국이 간화자를 제정하고 추진했을 때 대만도 간화한자에 관한 토론이 진행됐다. 대만에서 제일 먼저 간화한자 문제를 꺼낸 사람은 성참의원(省參議員) 마유악(馬有岳)이다. 그는 1951년 6월 성참의회대회(省參議會大會)에서 정부가 상용간이(常用簡易)한자를 정해서 어렵고 잘 쓰이지 않는 글자사용을 제한해 대중이 한자를 알아보기 쉽게 해달라고 제안했다. 마유악이 내세운 구체적인 방법은 이렇다.[5]

첫째, 전문가들이 상용글자이면서 알아보기 쉬운 글자를 선정, 통용자로 공포할 것.

둘째, 정부의 모든 공문이나 간행물, 학교교과서에 일률적으로 통용자를 채용하고 벽자(僻字)를 쓰지 말아야 한다.

5) 張博宇, 『臺灣地區國語運動史略』, 臺灣 商務印書館, 1974년판.

셋째, 어렵고 잘 쓰지 않는 글자는 전문가들의 고전연구에만 쓰도록 한다.

이 제의는 대회의 결의를 거쳐 통과되었다. 그러나 1953년 3월 성 (省)정부는 교육부의 명령을 받들어 각 학교 학생들이 간체자를 쓰는 것을 금지시켰다. 이 금지령이 발표되자 사회 각계의 큰 반향을 일으켰다. 교육부는 민의기관의 호소와 성교육청의 요청에 부응하기 위해 4월에 문자전문가들이 간화문자간담회를 열도록 했다. 좌담회 결과 그 해 6월 전문가 15명으로 구성된 간체자연구위원회가 탄생했다.

같은 해 9월 10일 국민당 중앙위원회는 총리기면회를 열어 당사편찬위원회(黨史編纂委員會) 주임위원이자 고시원(考試院) 부원장 나가륜(羅家倫)에게 중국문자 간화문제에 대해 강연을 부탁했다. 나가륜은 이렇게 말했다.

> 중국문자는 반드시 보존되어야 한다. 그러나 중국문자를 보존하려면 반드시 중국문자를 간화해야 한다. 그래서 광대한 민중들이 배우기 쉽도록 해야 한다. 장개석(蔣介石) 총통도 일찍이 표어용자에서는 10획 이상의 어려운 글자는 피해야 한다고 하셨다. 10획 이상의 글자는 일반적으로 글자가 많지 않은 고등학생과 중학생들이 알기는 다소 어렵다. 대중을 위해 쓰는 글자가 대중화되지 않는다면 어떻게 효과를 기대할 수 있겠는가. 문자란 대중의 의사를 표현하고 지식을 얻고 생활을 위한 도구이다. 간체자의 요구는 생활의 요구이자 시대의 요구인 것이다.

같은 해 12월 장개석 총통은 1차 회의에서 "간체자의 제창은 매우 필요하다."고 말했다. 1954년 2월 입법위원 요유심(廖維藩)은 나가륜의 간체자 주장에 불만이었다. 오유심 등 입법위원 106명은 "중국문자를 훼멸하고 전통문화를 파괴하고 국가명맥을 위급하게 하는 것을 제지하기 위해 문자제정정서법을 제정할 것을 제안한다."라는 내용의 문

자제정정서안(文字制定程序案)을 제출하여 신문자 및 이를 바탕으로
한 자서(字書), 운서(韻書)는 반드시 입법원의 심의를 거쳐 통과한 후
총통의 재가를 받아 공포 시행하게 해야 한다고 주장했다. 나가륜의
간화문자에 관한 견해에 대해 비판했다.

나가륜은 그해 3월 17일 중앙일보에 「간체자의 시행이 절실히 요구
된다」는 긴 글을 발표해 간화자 반대론자들의 비판에 답했다. 이 글은
반중규(潘重規), 호추원(胡秋原) 등 반대론자들의 비난을 샀고 엽청
(葉青), 모자수(毛子水) 등과 『자유중국』 반월간의 사론은 간체자를
찬성하는 주장을 잇달아 발표했다. 간화자 반대론자의 대표 격인 반중
규의 논지는 이렇다.

> 현재 쓰고 있는 해서는 자주 쓰는 것을 골라 표준자전을 만든다. 학
> 교에서 가르칠 때와 출판, 인쇄 및 정부공문에는 일률적으로 해서를 쓴
> 다. 속체간자(俗體簡字)는 쓰지 않는다. 다만 조판인쇄 때는 송체(宋體)
> 를 쓸 수 있으며 민간에서 사용하는 것은 그대로 둔다.

간화자 찬성론자인 모자수는 이렇게 맞섰다.

> 이미 오랫동안 써온 간체자는 교육부나 행정원이 공, 사문서와 각종
> 시험답안에 쓸 수 있도록 정해야 한다. 이른바 정체(正體)를 쓰고자 하
> 는 사람은 임의로 선택할 수 있도록 하고 고서적에 쓰이는 자체(字體)
> 도 그대로 둔다.

이 입법원에서는 열렬한 토론이 벌어졌다. 많은 사람들이 제안 이유
에 대해 동의하지 않았다. 결국 입법원은 이 문제를 교육, 내정, 법제
3위원회에서 심사해 주도록 넘겼다.

50년대 이러한 토론은 뚜렷한 결론 없이 일단락됐다. 60년대 말에 이르러 다시 이 문제가 거론됐다. 1969년 4월 하응흠(何應欽)은 국민당 중앙평의위원회(中央評議委員會) 회의에서 「교육부가 중앙연구원과 간필자를 연구 정리해 실제 어문수업에 적용해서 대륙을 광복시킨 뒤의 문교설비안을 준비하도록 건의한다.」를 제출했다. 이에 대해 장개석 총통은 '이 안은 매우 중요하다. 교육부 등 유관기관들은 전문가 학자들을 모아 이 문제를 다루는 모임을 만들어 과학방법을 응용해 신중히 연구할 것'을 지시했다.6)

후에 국민당 중상회(中常會)는 하응흠의 제안에 대해 행정원이 연구 처리하도록 했고 각계는 이 안에 호감을 나타냈다. 그러나 소수의 학자 전문가들은 다른 의견을 나타냈고 5월 임어당(林語堂)도 중화문화부흥운동위원회상위(中華文化復興運動委員會常委) 회의에서 간체자를 정리하도록 건의했다. 회의는 이 건의에 대해 교육부 개혁촉진위원회에서 연구 처리하도록 할 것을 결정했다. 1970년 12월 교육부는 전문가 학자를 불러 연구에 참여하도록 했다. 연구모임은 3가지 원칙을 정했다.

첫째, 정부는 상용자를 연구 공포해야 하고 간필자를 제창해서는 안 된다.

둘째, 표준자모를 적극 연구, 제정해 인쇄체를 획일화한다.

셋째, 중국어 타자기의 개량을 연구해 간화 응용에 편리하도록 한다.

이에 대만의 간화한자에 관한 토론은 상용자를 연구하고 한자 표준을 제정하는 것으로 바뀌었다. 그 결과 두 개의 용자표준이 나왔다. 하나는 인쇄용 해서(楷書)표준으로 「상용국자표준자체표(常用國字標準字體表)」이며 다른 하나는 손으로 쓰는 행서(行書)표준으로 「표준행서범본(標準行書范本)」이다. 전자는 번체자를 썼고 후자는 대량의

---

6) 張博宇, 앞의 책.

간체자를 썼다. 이로써 번체자 간체자 병용이 대만의 용자 현상으로 완전히 자리를 잡았다.

특히 지적할 것은 대만의 글쓰기 한자는 대량의 간체자를 채택해 표준으로 규정했다. 그러나 간체자라는 명칭을 꺼려 행서(行書)라고 불렀다. 간체자와 상대되는 번체자도 대만은 번체자라는 호칭을 쓰지 않고 정체자(正體字)라고 불렀다. 중국의 「간화자총표」에는 간화자 2235개가 있으나 대만의 「표준행서범본」에는 간체자가 대략 1580여 자이다. 중국의 간화자와 완전히 같은 자는 약 640여 자이다. 기본이 같은 것은 약 400여 개이다. 나머지 400여 개는 중국에서는 간화하지 않은 것들이다. 대만의 간화자 수량은 중국의 70%이다. 그중 1천여 자는 중국과 완전히 같거나 기본적으로 같다.

대만과 중국의 간화자가 이렇게 비슷한 것도 그들이 같은 뿌리에서 나왔다는 것을 설명해 준다. 오옥장은 "글자의 선택에 있어 약정속성 (約定俗成)의 원칙에 근거해 군중들에게 이미 보편적으로 유행하는 간화자를 선정했다"고 밝히고 있다. 위의(韋懿)도 "간체자의 선택은 약정속성의 원칙에 따라 취사여부를 결정했다. 이는 간체자가 이미 통행했었는가의 여부가 선정여부를 결정한다. 아직 통행되지 않은 간체자는 거의 채택하지 않았다."7)고 밝혔다. 군중들 사이에서 보편적으로 유행한 간체자는 손으로 쓰는 행서이다. 그래서 중국의 간화자와 대만의 간체자는 대다수가 같다.

그러나 행서를 표준으로 삼기를 주장한 진립부(陳立夫)는 「표준행서범본」의 서문에서 다음과 같이 말했다.

대만은 대륙이 추진하는 간체자에 동의하지 않는다. 필획감소가 반드

---

7) 韋懿 「略談漢字簡化工作」, 『中國語文』, 1955년 1월호.

시 인민들의 인식을 용이하게 한다고 볼 수 없기 때문이다. 전문가들이 이미 실험으로 이를 증명하고 있다. 자원(字源)을 훼손해 가며 글쓰기의 빠름만을 꾀하는 것은 문제가 있다. 표준행서는 글자마다 근거가 있어야 한다.

그는 중국의 간화자에 반대의 의사를 나타냈다. 장개석 총통은 중국 가로쓰기를 제외하고는 국어운동의 각 방면(국어보급, 백화문추진, 주음자모 보급, 간체자 제창 등을 포함한다)에 대해 지지했다. 그래서 중국과 대만은 한자를 간화해야 한다는 원칙에는 일치한 셈이지만 대만은 인쇄는 번체자를 하되 간화자로 쓰고 있으나 중국은 인쇄나 글을 쓸 때 모두 간화자를 써야 하며 번체자를 쓸 수 없다는 차이가 있다.

대만이 상용자를 연구하고 한자표준을 제정한 것은 1970년대에 시작된다. 1972년 대만 교육부는 한자표준화의 계획을 정했다. 계획은 3단계로 제1단계는 상용자를 정리한다, 제2단계는 표준자체를 정한다, 제3단계는 자모(字模)를 주조한다는 내용이다.

1973년 1월 교육부는 정식으로 대만사범대학 국문연구소에 상용자와 표준자체의 선정을 위탁했다. 상용자의 선정은 우선 『중문대사전(中文大辭典)』(49,905자), 『사원(辭源)』(11,033자), 『사해(辭海)』(11,769자), 『국어사전(國語辭典)』(9,286자) 등 20여 종의 자료를 조사했다. 그러고 나서 중학교 소학교교과서와 사회 일반 독서물 예를 들자면 중앙일보, 연합보 등 신문잡지 등에서 80여만 자를 선정, 그 출현빈도에 따라 등급을 매겨 나중에 4,808개 상용한자를 선정했다. 표준자체의 선정원칙은 당시 대만의 교육부장 주회삼(朱匯森)의 문장에 근거했다.

첫째, 여러 체 중에서 가장 많이 쓰이는 것을 정체(正體)로 한다. 예를 들면 '個 个, 箇' 중에서 個를 취한다.

둘째, 정자(正字), 속자(俗字) 두 자가 다 쓰일 경우는 육서(六書)

에 부합하는 것을 선택한다. 예를 들면 '耽, 躭'은 躭을 취한다.

셋째, 정자와 속자가 다 六書에 부합할 경우에는 가장 간략한 것을 선택한다. 예를 들면 '炮, 砲, 礮' 중에서 炮를 선택한다.

넷째, 필획이 번간(繁簡)과 무관한 경우에는 조자(造字)의 원리에 부합하는 것을 구한다. 예를 들면 '闆'을 취하지 '潤'은 취하지 않는다.

다섯째, 정체가 번잡하고 쓰이지 않으나 속체는 간략하고 쓰이며 또 육서에 부합할 경우에는 속체를 표준체로 취한다. '灶'를 취하고 '竈'를 취하지 않는다.

「상용국자표준자체표」의 내용은 한자마다 표준자체와 필획 수가 있고 또 설명란이 있다. 설명란에는 이체자와 규범자형에 대해 주를 달았다. 이 「상용국자표준자체표」는 이체자정리표와 자형정리표라고 할 수 있다. 상용자 제정의 기초 위에 차(次) 상용자와 드물게 쓰이는 글자 연구작업을 진행했다. 1973년부터 1982년까지 「상용국자표준자체표(常用國字標準字體表)」와 「차상용국자표준자체표(次常用國字標準字體表)」를 완성했다. 전자는 갑표(甲表)라고 일컬어지고(4,808자), 후자는 을표(乙表)와 병표(丙表)로 나누어진다. 을표(乙表)는 차(次)상용자 6,341자이고 병표(丙表)는 드물게 쓰이는 글자 4,399자이다. 3표 총 15,548자이다.

(1) 자형표준에는 이체자정리와 자형정리가 포함된다. 중국의 이체자정리는 맨 처음에는 「한자간화방안」의 한 부분이었으나 나중에 단독으로 한 부분을 이루었다. 1955년 12월 정식으로 「제1차이체자정리표」를 공포해 1,055개 이체자를 폐지했다. 대만 「상용국자표준자체표」의 설명란에서 주를 단 이체자와 대륙의 「제1차이체자정리표」를 비교해 보면 다음과 같은 사실을 알 수 있다.

대만과 중국의 이체자정리가 같은 것은 44자이다. 예를 들면 乃(迺), 床(牀), 痴(癡), 韭(韮), 遍(徧), 群(羣) 등이다. 서로 다른 것은 34字이다. 예를 들면 偓과 婑(중국은 전자를 골랐고 대만은 후자를 취했다. 아래의 경우도 이와 같다). 够와 夠, 炮와 礮, 秘와 祕 등이다. 두 곳의 차이는 대만은 육서(六書)에 부합되는지를 고려했고 중국은 간단하고 배우기 쉬운지를 염두에 두었다는 점이다.

중국의 자형정리는 1962년 3월에 시작했고 정리범위는 인쇄통용한자였다. 내용은 글자마다 필획구조와 필획 수를 확정하는 것이다. 목적은 연자자형(鉛字字形)의 표준을 통일하는 것이었다. 반복되는 연구를 거쳐 1964년 5월 「인쇄통용한자자형표」를 편성해서 6,196개자의 글쓰기를 구체적으로 규정했고 1965년 1월 정식 발표했다.

중국의 자형표(字形表)와 대만의 자체표(字體表)를 비교하면 두 곳의 자형정리가 대동소이함을 알 수 있다. 굳이 차이점을 들자면 대만은 자원에 치중해서 본의에 합하는 것을 골랐고 중국은 간이에 치중해서 군중의 학습에 편한 것을 취했다.

(2) 자량(字量)표준에 대해 중국은 1987년 11월과 1988년 3월 「현대한어상용자」와 「현대한어통용자」를 공포했는데 전자는 3,500자, 후자는 7,000자를 수록했다. 글자선정의 범위는 1928년부터 1986년까지의 출판물 중에서 단지 현대중국어용자를 수록했고 전문적인 고대중국어용자를 수록하지는 않았다.

그러나 대만이 선정한 글자의 양은 많다. 상용자는 당대 책, 잡지 등의 간행물 외에 『중문대사전(中文大辭典)』 『고대한어(古代漢語)』, 『갑골문자집석(甲骨文字集釋)』, 『금문편(金文編)』(正, 續), 『사원(辭源)』, 『사해(辭海)』, 『일본기본한자(日本基本漢字)』 등의 자료가 대상이며

차(次)상용자는 『중문대사전(中文大辭典)』과 현대학술서적이나 『십삼
경(十三經)』, 『사사(四史)』, 『초사(楚辭)』, 『문선(文選)』, 『회남자(淮
南子)』, 『노자(老子)』, 『장자(莊子)』, 『순자(荀子)』, 『한비자(韓非子)』,
『여씨춘추(呂氏春秋)』, 『관자(菅子)』 등이 선정대상에 들어 있다. 중
국은 현대한자에 한정하고 고대한자는 별도로 처리해서 고금(古今)을
분류한 데 비해 대만은 고금을 같이 수록했다. 이 점이 두드러진 차이
점이다.

(3) 자서(字序)표준에 관해 대만의 상용국자표준자체표는 『강희자
전(康熙字典)』의 214개 부수로 순서를 삼았다. 중국은 부수법에 대해
개혁을 해서 1983년에 「통일한자부수표」(시안)를 정했는데 201개 부
수였다. 지금까지 아직 안을 결정하지 못한 상태이다. 이 외에 중국은
필획법(筆劃法), 호마법(號碼法), 음서법(音序法)에 개혁을 했다. 특히
「한어병음방안」 공포 뒤 병음자모로 서(序)를 삼은 음서법(音序法)은
널리 응용되고 있다.
　두 곳의 한자표준 차이는 대만이 고대전통을 중시해 유지하고 있으
며 중국은 현대화 요구에 부합해 현대응용에 치중하고 있다고 할 수
있다. 한마디로 대만은 고대에 근거하고 있고 중국은 현대에 근거하고
있다고 할 수 있다.

　중국어를 어떤 방향으로 쓰느냐는 문제가 70년대 대만어문학계의
주요한 논쟁거리로 등장했다. 중국의 문화전통은 오랫동안 위에서 아
래로, 오른쪽에서 왼쪽으로 쓰는 것이었다. 대만은 계속 이런 방식을
고수해 오고 있고 장개석 총통은 "중국어를 쓸 때는 일률적으로 위에
서 아래로, 오른쪽에서 왼쪽으로, 가로쓰기에는 오른쪽에서 왼쪽으로

써야 한다."8)라고 여러 차례 지시를 내렸다. 장개석 총통은 국어운동
의 각 방면을 지지했으나 유일하게 중국어 글쓰기에 대해서는 보수적
인 관점을 드러냈다. 장개석 총통의 지시에 따라 대만 교육부는 중국
어를 쓸 때는 위에서 아래로, 오른쪽에서 왼쪽으로 해야지 왼쪽에서
오른쪽으로 써서는 안 된다고 여러 차례 통지를 보냈다.

70년대에 와서 이러한 상황에 변화가 나타나기 시작했다. 1972년 입
법위원이었던 진홍(陳洪)은 행정원(行政院)에 "가로쓰기할 때 왼쪽에
서 오른쪽으로 바꿔 써야 한다"고 건의했다. 1975년 여름 대만당국은
해외학자들을 대만에 초청해 좌담회를 열었다. 회의 중에 어떤 학자가
"중국어문장은, 일률적으로 왼쪽에서 오른쪽으로 해야 한다"고 제안했
다. 이 건의는 대만당국을 당혹하게 했다. 대만의 한 신문에서 중국어
를 왼쪽에서 오른쪽으로 쓰는 것은 부당하다며, 이는 "중화문화의 독
창성을 유지하는 문화문제일 뿐만 아니라 중국 공산당과 문화투쟁을
진행하는 정치문제이기도 하기 때문"이라며 반박했다. 그러나 이러한
신문의 반박이 대만여론의 비판을 받았다. 대북(臺北) 중화일보(中華
日報)에 다음과 같은 문장이 실렸다.

> '중국 공산당의 신문이나 간행물이 가로쓰기니 우리가 반공(反共)하려
> 면 가로쓰기에 반대해야 한다.'고 말하는 것은 정말 웃기는 이야기이다.
> 내려쓰기도 중국글자이며 가로쓰기도 역시 중국글자로 중국문화를 훼손
> 하지 않는다. 중국인이 양복을 입고 단발을 하는 것도 서양문화를 직접
> 따른 것이다. 인쇄물의 가로쓰기 또한 서방에서 직접 모범을 취하는 것일
> 뿐이다.

연합보(聯合報)와 대화만보(大華晩報) 등에서는 출판물의 세로쓰기,

---

8) 「臺灣中文橫寫的論爭」, 香港 『新晩報』, 1978년 4월 22일.

글자의 오른쪽에서 왼쪽으로 쓰기를 비판하는 문장을 연일 실었다. 이러한 상황하에서 교육부장(敎育部長) 장언사(蔣彦士)는 입법위원의 건의에 답하는 자리에서 수년 전의 "중국어문장은 왼쪽에서 오른쪽으로 해서는 안 된다"는 금지령을 바꾸면서 "경성(硬性)으로 규정하거나 제창해서는 안 된다"며 탄성(彈性)으로 처리하자고 말했다. 장경국도 "중국어문장을 내려쓰기를 할 적에는 오른쪽에서 왼쪽으로, 가로쓰기할 적에는 왼쪽에서 오른쪽으로 하는 것이 마땅하다"고 자신의 견해를 밝혔다.[9]

이러한 논쟁은 몇 년 동안 계속됐다. 1978년 4월 대북 연합보의 한 특별기고는 이런 주장을 펴기도 했다.

현대의 시각으로 중국어 가로쓰기를 보면 만약 일률적으로 오른쪽에서 왼쪽으로 해야 한다면 대만은 세계과학문화의 고도(孤島)가 될 것이다. …… 스스로를 세상 사람들로부터 고립시키는가!

대북의 중앙대학(中央大學) 교수인 장명원(張銘遠)도 다음과 같이 말했다.

현재 대만 거리에는 좌우 일치되지 않는 간판이나 글이 대종을 이루고 있다. 이런 실제와 맞지 않는 것은 '本日大賣出'이라고 가로로 쓴 간판만 못하다.

대만대중들은 당국이 '시대의 조류에 역행하지 말고 중국어 가로쓰기는 일률적으로 왼쪽에서 오른쪽으로 써야 한다'고 확실히 명문화시켜 규정해 줄 것을 바랐다.[10]

---

9) 「中文橫寫問題的爭吵」, 香港 『大公報』, 1975년 12월 1일.

대만의 보수적인 상황과 대조를 이루게끔 중국의 중국어 출판물의 가로편집, 글자의 가로쓰기는 훨씬 일찍 결정되었다. 1955년 11월 교육부는 다음과 같은 통지를 보냈다.

　　각급 교육행정부문과 각급 학교의 공문, 출판물 등은 간화한자를 써야 한다. 아울러 가로쓰기를 해야 한다.

같은 해 12월 문화부도 전국출판계에 「한문서적이나 잡지 등에 가로편집 실시에 관한 규정」을 보냈다. 1956년 1월 국무원은 또 「국가기관 공문용지의 격식을 바꾸는 것에 관한 통지」를 보냈다. 국가기관의 공문은 일률적으로 왼쪽에서 오른쪽으로 하고 가로편집과 쓰기와 왼쪽에 장정할 것을 규정했다. 이러한 통지가 나오자 광명일보, 인민일보 등 전국 각종 신문이나 간행물, 서적, 공문서 등이 모두 1955년 1956년에 가로편집과 가로쓰기를 실시해 한자인쇄와 글쓰기방식에서 중대한 개혁을 실현했다. 중국어의 가로편집과 가로쓰기는 과학문화 발전의 필연적인 결과이자 시대의 조류이자 동시에 사회의 요구이다. 대만의 세로편집과 내려쓰기도 끝내는 가로편집과 가로쓰기로 대체될 것이다.

2. 국어보급운동

대만정부는 국가적인 차원에서 본격적으로 국어연구 문제를 다루고 있다. 행정전담기구로는 교육부 산하에 국어추행위원회(國語推行委員會)를 두어 전반적인 국어정책을 관장하도록 하고 있다. 국어연구기

---

10) 「臺灣中文橫寫的爭論」, 香港 『新晚報』, 1978년 4월 22일.

관으로 중앙연구원(中央硏究院) 산하에 역사언어연구소(歷史言語硏究所)가 방언을 포함한 중국어 전반을 심도 있게 정리 연구하고 있다. 국립편역관(國立編譯館)은 행정기관과 연구기관이 전담하고 있는 자료들을 체계적으로 정리, 편찬, 인쇄 등 국어보급에 필요한 업무를 맡고 있다.

대만정부는 또 국립대만사범대학에 국어연수센터를 설치하여 외국인들에게 중국어를 가르치고 있다. 국어일보사(國語日報社)를 설치해 학생들은 물론 일반 성인에게 국어학습을 받게 하고 있다. 국어일보는 판매부수 면에서는 일반신문에 미치지 못하지만 체제나 운영방법 등은 일반신문과 거의 같기 때문에 학생층에서 많은 독자를 확보하고 있다. 이 신문의 가장 큰 특징은 모든 한자에 주음부호를 함께 달았다는 점이다. 따라서 초등학교 어린이도 쉽게 읽을 수 있다. 기사내용도 교육 문화 활동을 주로 다루고 국어보급과 교육효과를 동시에 거둘 수 있다.

이 밖에 중국어문학회와 세계화문협진회(世界華文協進會)도 사단법인처럼 보이지만 실제로는 정부의 국어추진운동을 지원하고 있다. 각각 『중국어문(中國語文)』과 『화문세계(華文世界)』 등 간행물을 펴내 국어연구 및 보급에 적지 않게 기여하고 있다.

국어추행위원회의 역사는 일찍이 1935년 5월로 거슬러 올라간다. 당시 민국정부는 국어통일위원회(國語統一委員會)(1912년 7월 10일 교육부가 국어통일문제를 본격적으로 다루기 위해 만든 기구, 1916년 주음부호를 제정했으며 1920년 보통화에 대한 정의를 확정했던 기구이다.)의 업무를 강화하기 위한 기구개편의 일환으로 교육부 산하에 국어추행위원회를 설치했다. 추행위원회는 국어통일위원회가 관장하던 임무를 이어받는 한편 국어보급운동을 적극적으로 추진하게 되었다. 당시 책임위원은 오경항(吳敬恒), 위원으로는 임어당(林語堂), 호적

(胡適), 채원배(蔡元培), 조원임(趙元任) 등이 활약했다.

그러나 8년간의 중일전쟁 등 내우외환이 그치지 않아 뚜렷한 업적을 이루지 못했다. 2차대전이 끝나자 중국정부는 입법원의 결정으로 국어추행위원회를 활성화하기로 했다. 위원들은 당시 대만성의 대북에 국어추행위원회 민대지역사무처의 설치를 정부에 강력히 요청했다. 1948년 6월 사무처가 발족됐다. 국어추행위원회의 모체가 된 것이다. 당시의 주 임무는 다음과 같다.

① 정부의 어문교육과 관련된 전반적인 임무수행
② 복건성과 대만성에서 추진하고 있는 국어보급운동 및 국어순화운동과 관련된 임무
③ 복건성과 대만성 내의 방언조사
④ 지역 내 각급 학교 국어교육실시 등이다.

1949년 국민당정부가 대만으로 철수할 때 국어추행위원 일부가 대만으로 건너왔다. 1949년 12월 당시 교육부장이었던 항립무(杭立武)는 오경항(吳敬恒) 등 위원들에게 국어추행위원들에게 위원회의 운영을 재정비하도록 요청했다. 1959년부터 대만성 정부교육청국어추행위원회로 이행돼 대만의 국어추진운동이 본격적으로 시작됐다.

3. 중국 보통화 어휘와의 비교

대만 국어는 30, 40년대 북방관화(北方官話)의 기초 위에 세워져 중국 보통화의 내원(來源)과 같다. 따라서 그 어휘 특히 기본 어휘는 거

의 대부분이 보통화와 같다. 그러나 40년의 단절로 대만 국어어휘는 그 발전과정 중에 중국의 보통화의 어휘와 다른 차이를 드러내고 있다. 이런 차이는 주로 사형(詞形)과 사의(詞義) 방면에 나타났다. 여기서 사형은 사어용자(詞語用字)의 차이를 말하는 것이며(번체자와 간체자의 차이를 말하는 것은 아니다), 사의는 사어(詞語)의 의미뿐만 아니라 사어의 운용범위, 감정색채까지 말하기도 한다.

같은 뜻에 대해 대만과 중국은 다른 어소(語素)로 사어를 구성한다. 예를 들어 국가에 대한 개인의 권리를 중국은 '政治權利'라고 표현하고 대만은 '公權'이라고 표현한다. 장수한 사람을 중국은 '壽星'이라고 하며 대만은 '人瑞'라고 표현한다. 대만에서 쓰이는 이 두 낱말은 한대(漢代)에서부터 있었던 옛 낱말을 계승한 것이다. 좀더 구체적으로 살펴보자.

(1) 보통화와 뜻은 같으나 사형(詞形)이 완전히 다르다.

대만 국어	중국 보통화
觀光	旅游
感化院	工讀學校
交流道	入交橋
家庭計劃	計劃生育
太空人	宇航員

(2) 보통화와 뜻은 같으나 사형의 일부분이 다르다.

대만 국어어휘 중에 보통화와 뜻은 같으나 사형이 완전히 다른 낱말은 그리 많지 않다. 오히려 보통화와 뜻은 같으나 사형의 일부분이 다른 낱말이 훨씬 많다.

대만 국어	중국 보통화
內間	裏間
義憤塡胸	義憤塡膺
世態炎冷	世態炎凉
工寮	工房
勿寧	毋寧
三更半暝	三更半夜
簡履表	簡歷表
形姿	形態
錄影機	錄相機
雙胴客船	雙體客船
情勢	形勢
超音波	超聲波
人造皮	人造革
現況	現狀
訝異	驚異
飜撮	飜拍
鎭暴警察	防暴警察
塞車	堵車
迅快	迅速
齊理	整理
盡速	盡快
屈枉	寃枉
耶誕節	聖誕節
叫人電話	傳呼電話
幼稚園	幼兒院
義肢	假肢
接棒人	接班人
映像管	顯像管
殘障	殘疾
展示會	展覽會
報導文學	報告文學
交通尖峰	交通高峰
西元	公元

(3) 보통화와 뜻은 같으나 낱말순서가 상반된 것.

대만 국어	중국 보통화
模楷	楷模
塵灰	灰塵
質素	素質
閑空	空閑
猫熊	熊猫
板拖	拖板
躲藏	藏躲
找尋	尋找
竊盜	盜竊
咽鳴	鳴咽
恨憎	憎恨
離脫	脫離
慌恐	恐慌
良善	善良
怒憤	憤怒
軟柔	柔軟
靜安	安靜
削瘦	瘦削
烈濃	濃烈
漠冷	冷漠

이상에서 알 수 있듯이 대만 국어어휘와 중국 보통화어휘 사이에는 같은 뜻이지만 사형(詞形)이 다른 현상이 비교적 많다. 이러한 원인으로는 다음과 같다.

첫째, 대만의 국어나 중국 보통화의 어휘는 30, 40년대의 북방관화(北方官話)를 기초로 했다. 중국 보통화의 일부 어휘는 시간의 추이에 따라 형식상 부분적으로 바뀌거나 다른 어휘로 대체시켰다. 이에 반해 대만의 국어는 몇십 년간 바뀌지 않았다. 예를 들면 幼稚園과 幼兒院의 경우 1949년 전에는 幼稚園이 쓰였었다. 1949년 뒤에 중국은 幼兒院으로 이름을 바꾸었으나 대만은 여전히 옛 명칭을 그대로 쓰고 있다.

둘째, 사물을 보는 각도가 다르다. 예를 들면 택시를 중국 보통화에서는 出租汽車라 하고 대만의 국어에서는 計程車라 한다. 보통화는 그 일의 성격 出租에서 이름을 취한 것이고 국어는 일의 방식, 거리를 계산해서 요금을 받는 것에서 이름을 취한 것이다.

셋째, 다른 정치, 사회배경 때문에 어휘에 구별이 생기게 되었다. 北京이라는 명칭은 1949년 뒤에 北平에서 바뀐 것이다. 대만은 여전히 北平이란 호칭을 쓰고 있다. 北京, 北平 한 글자에 정치적인 의미가 담겨 있다. 중국의 朝鮮, 대만의 北韓, 중국의 南朝鮮, 대만의 韓國이라는 호칭의 차이도 정치배경을 지닌 것이다. 이런 예는 많다.

넷째, 외래어에 대한 번역방식이 다르다. information에 대해 중국은 信息이나 情報로 쓰고 있지만 대만은 資訊으로 번역했다. 資訊量, 資訊系統, 資訊中心 등등의 낱말이 있다.11)

(4) 대만 국어와 중국 보통화가 사형(詞形)은 같으나 뜻이 다른 낱말

40년의 간격이 대만 국어와 중국 보통화의 같은 낱말이라도 의미에서 변화가 발생, 다른 뜻을 지니게 되었다. 40년간 두 곳의 왕래가 거의 없자 어휘도 각자 따로 발전해 어휘상의 차이를 지니게 되었다. 어휘라는 것은 발전하는 것이다. 같은 어휘라도 완전히 격리된 두 사회집단에서는 발전방향이 다를 수밖에 없게 되고 따라서 다른 차이를 나타내게 되는 것은 필연적인 결과이다. 사회의 발전방향이 다르고 사회의 정치, 경제, 문화, 교육, 사회 풍속, 습관, 문화배경이 다른 상황하에서는 어휘가 자연 뜻의 차이를 반영하게 된다.

---

11) 「臺灣國語詞彙與大陸普通話詞彙的比較」『語言文字學』. 1992년 6월 73쪽.

낱 말	국어의 의미	보통화의 의미
工讀生	아르바이트 학생	소년원
書記	문서	黨책임자
商場	상업계	시장
强人	강도	실력자, 유력인사
例假	정기휴일, 공휴일	월경 또는 생리휴가
休閑	한가하게 지내다	경작지를 묵히다.
師資	교사자격	교사가 될 만한 인재
本科	(학교)주요학과목	(학교)본과
影集	장기간 방영된	영화 사진첩
健兒	건장한 남아	건아(남녀불문)
揚棄	포기	(철학용어)양기
機車	오토바이	기관차
情欲	욕망, 성욕	성욕

(5) 대만 국어 중의 외래어 번역

한 사회의 문화개방 정도는 그 언어 중의 외래어가 가미되는 정도에 직접 영향을 미친다. 70년대 말에 개방하기 시작한 중국에 비해 대만은 1949년 이후에 자본주의 사회제도를 실행해 서방자본주의 세계와 접했다. 이러한 개방 정도의 차이가 먼저 두 곳의 어휘에서 외래어를 받아들이는 양적 차이에 영향을 끼친다. 서방세계의 가치관념 등 방면에 대한 다른 시각으로 외래어의 색채가 다른 결과를 초래하기도 한다. 이 외에 대만은 음역사가 중국보다 많고 중국은 외래어를 의역하는 데 더 익숙해 있다. 외래인명에도 차이가 나타난다.

외래어	국 어	보통화
고르바초프	戈巴契夫	戈爾巴喬夫
레이건	雷根	裏根
에디슨	艾迪生	愛迪生
스탈린	史達林	斯大林
후세인	胡笙	侯賽因

중화민족의 역사를 살펴건대 통일을 유지하기가 어려울 정도로 많은 어려움을 겪었다. 언어문자의 동일성이 중요한 역할을 해왔다. 언어문자는 전 민족의 정신문화 재산에 속하는 것으로 통일된 어문은 통일대업의 가장 중요한 초석의 하나이다. 정자(正字), 어법규범, 병음표준화, 컴퓨터 중국어처리, 사전편찬 등 방면에서 하루빨리 중국과 대만의 전문가의 대화가 있어야 한다. 기타 학술, 문화대화의 뒤로 뒤떨어져서는 안 된다. 중국어한자는 전 민족의 문화유산이면서 과학연구의 대상이다. 쌍방은 민족대의와 과학정신을 근본으로 삼아야 한다.

4. 대만의 병음교육

1) 대만 사용의 병음방안

대만이 현재 사용하는 것은 2가지 병음방안이지만, 병음방안이 응용되는 범위는 다르다.

하나의 방안은 주음자모로 국어주음부호 제1식이라고 한다. 1918년 11월 국민당 정부의 교육부가 정식으로 공포한 것이며 대만에서는 지금까지 줄곧 쓰였다. 대륙에서는 중년층 이상이 비교적 낯익은 것으로 50년대 기건화속성식자법(祁建華速成識字法)에 쓰이기도 했다. 「한어병음방안」 공포 후 주음자모는 점차 사용되지 않았다. 대만의 현재 초등학교 교과서와 자전, 사전, 주음독음 등은 여전히 주음자모로 표기하고 있다.

두 번째 방안은 라틴자모식으로 대만에서는 지금 국어주음부호 제2식이라고 한다. 이 방안은 국어로마자의 기초에다 수정, 간화해서 만든 것이다. 1984년 5월 10일 이 방안의 초안을 공포했으며 1년간 시험 사용한 뒤 1986년 1월 28일 정식으로 공포됐다.

이 방안은 국어로마자에서 번잡했던 성조표시표기법을 없애는 대신 간편한 부호로 성조를 나타냈다. 성모나 운모도 적당히 고쳤다. 「한어병음방안」과 거의 차이가 없다.

주음부호 제2식	한어병음
성 모	성 모
b p m f d t n l g k h j ch sh tz ts s	b p m f ㅣ d t n l ㅣ g k h j q x z c s
운 모	운 모
a o e e i u iu er	a o e e i u u er
−r, −z(知, 資의 운모)	−i(知, 資의 운모)
ai ei ang ou an en ang eng ia ie iau iou ian in iang ing ua uo uai uei uan uen uang ung iue iuan iun iung	ai ei ao ou an en ang eng ia ie iao iou ian in iang ing ua uo uai uei uan uen uang ong ue uan un iong
성 조	성 조
陰 陽 上 去 輕	陰 陽 上 去 輕

주음부호 제2식은 정식으로 공포된 후 주로 대만의 외국인을 위한 중국어수업에 쓰였다. 외국인에게 중국어를 가르치는 몇 곳의 어문센터, 예를 들면 대만사범대학 국어중심, 국어일보 어문중심, 중화어문연구소 등이 소규모로 신설을 했다. 대만사범대학에서 국음(國音)이나 국어어음학(國語語音學)을 배우는 학생은 제1식 외에 제2식도 동시에 배운다.

실습 중에 방안에서 몇 가지 문제점이 나타났다. 예를 들면 -r, -z 를 써서 知, 資 2개 성모(聲母)의 설첨원음운모(舌尖元音韻母)를 각각 나타내면 필요 없이 신경이 쓰이며 -r, -z로 원음(元音)을 표시하는 것도 국제습관에 맞지 않다. 이에 따라 오국현(吳國賢) 등의 몇몇 전문가는 -y로 통일하는 것이 쉽고 합리적이라고 주장했다.

주음부호 제2식의 제정과 보급에 대해 대만학자와 중국어를 배우러 온 외국인들과의 견해가 맞지 않다. 어떤 이들은 제2식을 반드시 보급시켜 국내외에서 쓰이도록 해야 한다는 주장인 반면 다른 이들은 쓸데없는 일로 여겨 전혀 흥미를 갖고 있지 않다.

2) 교수법의 검토

대만초등학교의 국어교과는 1년 1학기에서 시작해 10주의 시간으로 주음자모수업을 하고 있다. 그런 후 주음자모로 한자를 표기하고 국어(보통화)를 배운다. 대만이 주음자모를 가르치면서 방법과 효과는 어떤지 알아본다.

1975년 「국민소학과정표준(國民小學課程標準)」(중국의 교학대강(教學大綱)과 비슷)의 규정에 따라 주음부호의 교육은 종합직접병음법(綜合直接拼音法)을 채택해야 했다. 소위 종합법(綜合法)은 완전한 어구에서 나오는 사(詞)와 음절을 성모, 운모를 분석한 뒤에 표기한다.

이 방법은 '선정체, 후분석(先整體, 後分析)'의 교수법이다. 소위 '직접법(直接法)'은 말할 때 음절을 곧장 읽어 내려가는 교수법에 해당한다. 병음으로 읽지 않고 단숨에 전체음절을 읽는 것이다. 종합법과 직접법을 결합하면 '종합직접병음교수법(綜合直接拼音教授法)'이 된다. 대만은 1975년 대강(大綱) 등에 이러한 교수법을 규정했다. 중국보다 앞섰다고 볼 수 있다.

그러나 실제 수업 중에는 적지 않은 유치원과 일부 초등학교 교사들이 분석간접병음법(分析間接拼音法)을 채택했다. 먼저 부품(37개 주음자모)을 배운 뒤 병음을 배우고 마지막에 낱말을 배운다. 병음방법으로는 먼저 성모를 나중에 운모를 읽는 방법을 채택했고 음절을 합쳐서 표기했다.

이런 교수법을 채택한 교사는 '총명한 학생들만이 종합직접병음교수법을 적당히 이용할 수 있을 뿐 보통이나 중하의 학생들은 분석간접병음교수법을 사용해야 한다.'고 여겼다. 이 문제를 보다 명확히 하기 위해 대만의 세계화문교육협회국어조(世界華文敎育協會國語組)는 1985년 9월 신학기가 시작됐을 때 대북현(臺北縣)과 대북시(臺北市) 교외에서 4곳의 중하 수준의 초등학교를 골라 모두 12개 반을 대상으로 2가지 교수방법의 비교실험을 했다.

실험 결과 국민소학과정의 표준(1975년)이 규정 채택한 종합직접병음교학법이 비교적 훌륭한 교수방법임을 증명했고 이러한 경험은 중국어병음교수법의 개혁에도 참고할 만한 가치가 있다.

3) 정사법(正詞法)의 연구

정사법은 대만에서 연서법(連書法)이라고 한다. 연서는 띄어쓰기이며 국어로마자의 명칭을 그대로 쓴 것이다. 대만의 과거 병음교학은 주로 주음자모를 채택했다. 따라서 연서법문제는 관심을 끌지 못했다. 주음부호 제2식이 공포된 후 연서법문제가 다시 한번 제기되었다. 라틴자모로 중국어를 쓸 때 가르칠 때도 그렇거니와 특히 외국인을 대상으로 한 강의는 낱말을 단위로 하는 것이 더욱 합리적이며 손쉽다.

대만은 현재 중국이 공포한 정사법규칙 같은 것은 없다. 가르칠 때 개인이 임의로 낱말을 나누며 이에 따른 표준이 없어 혼란이 일어났

다. 일부 학자들이 논문에서 제기한 건의와 예를 '중국어병음정사법
(漢語拼音正詞法)'의 기본규칙과 비교해 본다.[12]

(1) 양자(兩者)가 같은 예.

유 별	예	주음부호 제2식	정사법기본규칙
前綴	老師	laushr	laoshi
後綴	桌子	juotz	zhuozi
幷列合成詞	買賣	maimai	maimai
偏正合成詞	馬車	mache	mache
動態助詞	看了	kanle	kanle
方向動詞	放下	fangshia	fangxia
三音節	開眼界	Kai yanjie	Kai yanjie
四音節結構	三民主義	sanminjuyi	sanminzhuyi
地名	陽明山	Yangming Shan	Yangming Shan
稱號	李老师	Li laushr	Li laoshi
數词	一百	yibai	yibai

(2) 양자가 다른 예 병렬구조 黑白 hei baihei-bai

유 별	예	주음부호 제2식	정사법기본규칙
前綴	老師	laushr	laoshi
구조조사	我的	wode	wo de
三音詞	圖書館	tushu guan	tushuguan
人名	李白	Li Bai	LiBai

이상에서 사람의 성명(姓名)이 주음부호 제2식의 방안에서 명확한 규
정을 한 것 외에 나머지는 모두 정식표준이 아니며 띄어쓰기의 참고로
삼을 뿐이다. 대만과 중국이 거의 차이점이 없음을 발견할 수 있다.

---

12) 尹斌庸, 「臺灣的拼音敎學」, 『語文建設』, 1989년 제2기, 42쪽.

제 8 장

맺 음 말

필자는 50년대 이후 중국대륙에서 이루어지고 있는 언어정책을 문자개혁, 중국어 병음화 순으로 살펴보았다. 이상의 논의를 정리하면 다음과 같다.

(1) 중국은 49년 공산당 정권 성립 이후 3가지 목표를 세우고 꾸준히 추진해 왔다. 한자의 정리와 간화, 「한어병음방안」의 보급과 보통화의 보급이다.

이 중 문자개혁은 1차적으로는 성공적이었다. 1956년 발표한 「한자간화방안」은 간화자를 제정함으로써 한자를 배우기가 한결 편리하도록 했다. 그러나 간화하면서 필획을 줄이는 데만 급급한 나머지 원래의 표음문자가 줄어들거나 잃는 글자가 생겨났다. 한자의 간화로 형체가 비슷한 글자가 많아지면서 일반인들이 글자를 잘못 읽거나 쓰는 경향이 많아졌다.

이러한 착별자(錯別字)가 많이 생기는 것과 함께 번체자의 남용이 많아지고 있다. 경제발전에 따라 홍콩, 대만 등과의 교역영향에다 영화제목이나 광고 등에 번체자가 많이 나타나고 있다. 중앙의 지도자들이나 서예가 등 문화예술가들이 아직도 번체자로 휘호를 쓰는 등 향수를 잊지 못하고 있기 때문이다.

대중들이 일정한 법칙에 근거하지 않고 마구잡이로 글자를 만들어 쓰는 사례가 부쩍 늘어났다. 간화해야 한다는 원칙론에 사로잡힌 나머지 정부의 승인 없이 일반대중들이 멋대로 글자를 만들기 때문이었다. 한자간화의 무리한 추진에서 빚어진 현상을 이른바 삼란(三亂)현상이라고 부른다.

「제2차한자간화방안(초안)」의 후유증이 의외로 심각해지고 사회의 전반적인 언어문자 사용이 문란해지자 중국정부는 이를 바로잡기 위해 본격적으로 나섰다. 정부는 1985년 말 중국문자개혁위원회(中國文字改革委員會)를 국가언어문자공작위원회(國家語言文字工作委員會)로 이름을 바꾸고 국가언어문자공작위원회의 책임자를 국무원의 부장 급으로 승격시키는 한편 기구의 범위를 문자개혁에서 언어문자 전반을 통괄할 수 있도록 확대했다.

국가언어문자공작위원회는 1986년 1월 전국언어문자공작회의(全國語言文字工作會議)에서 정식으로 「제2차한자간화방안초안」의 폐지를 국무원에 건의했다. 국무원은 건의를 받아들여 그해 6월 「제2차한자간화방안초안」의 폐지를 공식 결정했다. 학계는 공작회의를 계기로 문자개혁반대론자들의 입지가 크게 강화됐다. 기존학계가 한자의 결점이나 공과를 강조하면서 문자개혁의 당위성을 주장해 온 데 비해 학계의 주류가 한자의 우월성이나 한자가 가지고 있는 특성을 강조, 한자를 재조명하기에 이르렀다.

이러한 배경에는 과학기술과 경제건설이 현대화과정에서 이룬 성과가 있다. 기존의 문자개혁이 정치혁명과 문화운동에 직결된 점과 다르다. 컴퓨터 등 첨단과학기술의 발전이 크게 영향을 미쳤다. 컴퓨터의 활용으로 한자가 안고 있는 결점을 고칠 수 있게 되었다. 따라서 '한자만세' '컴퓨터가 한자를 구해냈다.(計算機拯救了漢字)'라는 구호가 생겨날 정도였다.

1986년 12월 중국사회과학원 언어응용연구소(語言應用研究所) 주최로 열린 한자문제학술토론회(漢字問題學術討論會)는 이러한 흐름을 보여준 상징적인 모임이었다. 소장학자들을 중심으로 한 개혁반대론자들은 백 년 가까이 금기시되어 왔던 한자의 우수성을 강조하기 시작했다. 중국어가 고립어(孤立語)로서 표음문자(表音文字)로 바꿔기 어려운 이유를 설명하는 학자도 있었다. 중국인들은 구체적인 것을 좋아하는 습성이 있어 추상을 좋아하는 서구인들이 표음문자(表音文字)를 사용하는 것과 다르다는 민족습관을 이유로 들기도 했다. 결국 오랜 기간 진행해 온 문자개혁의 의미를 부정한 것이다.

여기에 곁들여 컴퓨터를 이용한 정보화 시대라는 시대상황이 중요한 변수로 떠올랐다. 반대론자들은 기존의 간화작업을 통해 한자의 필획을 어느 정도 줄이는 것이 무의미하다는 주장을 하기에 이르렀다. 컴퓨터를 활용할 경우 번체자와 간체자를 한꺼번에 외우는 번거로움 없이 번체자만으로도 얼마든지 정보의 효율성을 기대할 수 있다고 주장한 것이다.

86년을 계기로 중국의 어문정책은 사회에서 사용하는 언어문자의 잘못을 바로잡는 중국식 언어순화운동이 활발하게 이루어지고 있다. 학계의 움직임을 뒤쫓아 중국정부는 90년 북경아시안게임을 계기로 언어문자 사용을 바로잡는 기회로 활용했다.

그러나 중국정부의 어문규범화 노력에도 불구하고 언어의 현실은 전혀 만족할 만한 수준이 아니다. 국가언어문자공작위원회 유빈(柳斌) 주임은 1992년 전국교육공작회의(全國敎育工作會議, 1월 10일~12일)에서 어문현실에 대해 이렇게 지적했다.

> 문자의 혼란은 매우 심각하다. 영화, TV, 광고간판, 상품교역회, 대형 전시회, 운동회 등에서 번체자가 끊임없이 나타나고 있다.[1]

중국정부의 개혁개방 정책으로 대만, 홍콩, 일본 등 외국자본이 물밀듯이 몰려오면서 번체자의 남용 등 언어문자의 혼란상은 도리어 심

---

1) 柳斌, 「在1992年全國敎育工作會議上關於語言文字工作問題的發言」, 『語文建設』, 1992년 2기, 北京, 語文出版社, 2쪽.

해지고 있음을 알 수 있다.

결국 언어문자공작위원회는 번체자의 사용이 위험수위까지 올랐다고 판단해 강력한 법적 제재조치를 발동하기에 이르렀다. 중국의 관영 영자지 차이나데일리는 최근 이렇게 보도했다.

> 국가언어문자공작위원회는 지난 40여 년간 사용이 금지되어 온 번체자를 사용하는 사례가 많다고 지적, 간체자를 쓰지 않는 출판사에 대해서는 벌금을 물리거나 폐간조치까지 내릴 방침이다.2)

물론 이러한 언어문자의 변화를 언어정책을 추진하는 정부의 관점에서 혼란이라고 일방적으로 몰아붙이는 데는 문제가 없지 않다. 사회언어학은 언어가 끊임없이 사회와 접촉하면서 변화를 하는 것이라고 보고 있다. 이러한 관점에서는 정부의 규범화에 맞서는 자연 그대로의 언어현실에 주목하지 않을 수 없다. 중국사회의 언어현실이야말로 가치의 잘못을 가리기 전에 바로 현대 중국을 이해하는 척도가 될 수 있기 때문이다. 진원(陳元)은 "변이가 없으면 규범도 없다. 규범화가 없으면 변이를 찾을 수 없다."고 말해 언어현실의 중요성을 강조하고 있다.

(2) 보통화의 보급은 중국 언어정책의 궁극적인 목표이다. 중국정부가 50년대 이후 한자의 정리와 간화, 「한어병음방안」 제정, 보통화 보급추진을 3대 언어정책으로 삼아 추진하고 있지만 이 중 보통화 보급이 절대적인 목표이다. 12억 이상의 인구, 방대한 국토를 가지고 있는 중국으로서는 보통화 보급 이상의 언어정책 목표가 있을 수 없는 것이다.

---

2) China Daily 1993년 4월 12일.

적어도 50년대 중국의 보통화 보급은 제대로 이루어진 것처럼 보였
다. 대중들의 호응도 좋았고 공산당 특유의 기계적인 조직관리로 나름
대로 성과를 거두었기 때문이다. 그러나 1978년 공산당 제11기 중앙위
원회 제3차 전체회의가 개혁개방 정책을 표방한 이후 보통화 보급 운
동은 큰 벽에 부딪혔다.

유빈 국가언어문자공작위원회 주임이 92년 전국교육공작회의에서
밝힌 방언사용 실태는 이렇다.

> 근래 몇 년 사이 대외선전, 무역상담 등의 경우 광동어(廣東語)를 사
> 용하는 경향이 생겨나고 있다. 이것은 경제가 비교적 발달한 개발구에
> 서 더욱 뚜렷하다. 국가언어문자공작위원회의 조사결과 광동성(廣東省)
> 과 복건성(福建省)의 보통화 보급상황은 아주 어려웠으며 이들 지역은
> 방언을 사용하는 데 대해 일종의 우월감마저 가지고 있었다.

경제특구의 발전으로 경제력이 앞선 광동(廣東), 복건(福建) 등 남
방지역의 주민들이 보통화를 사용하는 데 거부감을 가지는 한편 광동
방언이나 복건방언을 말하는 데 도리어 자부심을 가지는 불규범 현상
이 크게 빚어지고 있기 때문이다. 경제발전이 눈부신 홍콩이 광동방언,
대만이 복건방언을 쓴다는 사실도 보통화 보급에 큰 걸림돌이었다.

(3) 한자를 폐지하고 병음문자를 만들려는 중국정부의 노력은 일단
삼란(三亂) 현상 등 어문 환경의 악화로 어려움을 겪고 있다. 1958년
공포된 「한어병음방안」은 중국이 목표로 삼은 병음문자는 아니지만
하나의 병음자모로서 중국어를 표기하는 국제표준으로 제자리를 잡았
다. 병음방안은 사전 색인이나 전보 등 쓰임새는 날로 늘어나고 있으
나 단순히 발음표기 수단에 지나지 않아 병음자모가 만들어질 때까지

과도적인 자모로서 한계를 안고 있다.

문자개혁이 시작된 지 94년 현재 1백2 년이 되었다. 중국은 바야흐로 전반적인 변화와 더불어 문자개혁에서도 번체자 중시의 새로운 경향으로 치닫고 있다. 결국 한자의 운명은 정보화 시대라는 시대상황의 변화에 따라 없어지기는커녕 새로운 역할을 맡으며 중화민족과 함께 나아갈 것으로 보인다. 다만 '한자만세'라고 부르는 것은 아직까지는 시기상조이다. 수많은 첨단기술이 있지만 한자는 아직도 도전대상이며 언어공학의 어음합성은 한어병음만을 입력할 수 있기 때문이다. 한자를 그대로 입력할 수는 없다. 다행히 한어병음이라는 도구가 있기에 망정이지 이것이 없다면 사람과 기계와의 대화는 이루어지기 어렵다. 그 밖에 통신설비는 한자코드를 사용할 수 있지만 여전히 효율성의 문제는 남아 있다. 결론적으로 말하면 한자의 운명은 과학기술에 달려 있다고 할 수 있다. 그러나 중화민족이 컴퓨터의 기술발전에 따라 사랑과 미움을 한 몸에 지닌 한자(漢字)를 완전히 없앨 수 있을지 두고 볼 일이다.

참 고 자 료

1. 中 文

謝世涯, 『新中國簡體字硏究』, 北京, 語文出版社, 1989全國語言文字工作會
    議秘書處편, 『新時期的語言文字工作』, 北京, 1987

郝 凝 孟小君共編, 『普通話』, 北京, 語文出版社, 1988, 제2판

于根元, 『新時期的推廣普通話工作』, 北京, 語文出版社, 1990

陳 元, 『社會言語學全第4講』, 北京, 語文出版社, 1988

周有光, 『新語文的建設』, 北京, 語文出版社, 1992

＿＿＿, 『漢字改革槪論』, 北京, 文字改革出版社, 1964

倪樂泉, 張一淸, 『注音識字, 提前讀寫硏究』, 北京, 語文出版社, 1992

桑 合, 『簡化, 繁體, 異體字綜合字表』, 上海, 敎育出版社, 1990

陳寶如, 『普通話語音』, 廣東人民出版社, 1991

龐月廣 主編, 『簡明語文辭典』, 北京, 對外貿易敎育出版社, 1988

張世祿 외, 『漢語知識講話2』, 上海敎育出版社, 1987

語文出版社編, 『語言文字規範手冊』, 北京, 1991

羅常培, 『語言與文化』, 北京, 語文出版社, 1989

朱一之 王正剛選編, 『現代漢語語法硏究的現狀和回顧』, 北京, 語文出版社, 1987

馮志純 主編, 『現代漢語』, 上策, 重京, 西南師範大學出版社, 1989

吳啓主 主編, 『現代漢語敎程』, 長沙, 湖南師範大學出版社, 1990

龔千炎, 『中國語法學史稿』, 北京, 語文出版社, 1987

柴世森, 『漢語語法答問』, 北京, 語文出版社, 1989

朱 星, 『漢語語法學的若干問題』, 石家莊, 河北人民出版社, 1979

趙元任, 『漢語口語語法』, 呂叔湘譯, 北京, 商務印書館, 1979

江 天, 『現代漢語語法通解』, 潘陽, 遼寧人民出版社, 1980

王 力, 『王力文集』, 第20卷, 濟南, 山東敎育出版社, 1991

＿＿＿, 『中國現代語法』, 北京, 商務印書館, 1985

申小龍, 『漢語句型硏究』, 海口, 海南人民出版社, 1989

黃伯榮 廖序東 主編, 『現代漢語』, 上策, 蘭州, 甘肅人民出版社, 1988

李臨定, 『現代漢語句型』, 北京, 商務印書館, 1986

呂叔湘, 『漢語語法分析問題』, 北京, 商務印書館, 1979

林祥 主編, 『現代漢語』, 北京, 語文出版社, 1991

陳望道, 『文法簡論』, 香港, 三聯書店香香分店, 1978

中華函授學校編, 『語文學習的基礎』, 香港, 商務印書館, 1980

唐 蘭, 『古文字學導論』, 香港, 太平書局

李孝定, 『漢字史話』, 臺北, 聯經出版事業公司, 1977

汪學文, 『中共文字改革與漢字前途』, 1977

黎錦熙, 『國語文法』, 臺灣, 商務印書館, 1978

2. 國 文

金敏洙, 『國語政策論』, 서울, 탑출판사, 1984, 재판

國語學會編, 『世界의 言語政策』, 서울, 태학사, 1993

鄭海常編, 『中國의 簡體字』, 서울, 출판사, 1991

周法高, 『中國言語學論總』, 이병관 역, 서울, 탑출판사, 1989

徐敏浩編, 『國內中國語文學研究論著目錄』, 서울, 정일출판사, 1991

朴鵬培, 『世界의 自國教育政策』, 서울, 개문사, 1989

立花丈平, 『新中國은 어디로 가고 있는가』, 예본편집부 역, 예본, 1988

韓國語文教育研究會編, 『한글과 漢字』, 서울, 一潮閣, 1985

장흥권, 『現代言語學』, 연길, 연변인민출판사, 1989

倉石武四郎, 『漢字의 運命』, 金鍾玉 譯, 정음사, 1974

3. 日 文

中國語學會, 『中國語學』, 東京, 1980

21세기 日中關係를 생각하는 모임, 『10億人의 近代化』, 정보기획출판, 1987

白川靜,『漢字의 世界』, 東京, 平凡社, 1983
輿水優,『中國語의 語法』, 東京, 光生館, 1985

4. 英 文

DeFrancis,『The Chinese Language』, University of Hawaii Press. 1984
Beii, Roger,『Sociolinguistics』, ST. Martins Press, 1976
Fishman, Joshua,『Language Problems of Developing Nations』, John
        Wiley&Sons, INC.
_____, Joshua,『Readings in The Sociology of Language』, Hague,
        Mouton, 1972

부 록

중화인민공화국 성립 이후 어문개혁연표

1949년 10월 10일	반관반민성격의 중국문자개혁협회성립. 주석에 오옥장, 그 외에 78명의 이사를 둠.
1950년 8월 9일	교육위원회 사회교육사, 간체자좌담회를 자열어 간체자의 원칙 초안을 마련.
1951년	중국문자개혁위원회주비회, 555개의 「제1차간체자표」를 엮음.
1952년 2월 5일	정무원 문교위원회, 중국문자개혁협회를 중국문자개혁연구위원회로 개편. 주임 마서륜, 부주임 오옥장, 위원에 나상배, 여금희, 정서림, 위건공 등 4명. 정부가 주도적으로 어문개혁에 나서는 계기가 됨.
1952년 3월 25일	중국문자개혁위원회 한자정리조 제2차 소조회의, 간체자 원칙 통과.
1952년 6월 5일	교육위원회, 「상용자표」 공포. 1등상용자 1010개, 차상용자 490개, 보충상용자 500개 수록.
1953년 10월	중국공산당중앙위원회, 중앙문자문제위원회 만듦. 주임 호교목.
1953년 11월	중앙문자문제위원회, 4가지 기본적인 문자개혁방법을 당중앙위원회에 건의. 4가지 방법은

1. 간화자보급 2. 이체자통일 3. 상용자확정, 비상용자는 발음표기 4. 한자를 극소화하며 (먼저 가장 많이 쓰면서도 쓰기가 쉽지 않은 허자) 병음자모로 바꿈.

1954년 12월 23일   중국문자개혁연구위원회가 중국문자개혁위원회로 바뀌면서 국무원의 직속기구가 됨. 오옥장 주임, 호유지 부주임, 엽뢰사가 비서장. 이 위원회의 임무는 문자개혁을 연구하는 것이 아니라 국가의 힘으로 문자개혁을 적극적으로 추진하는 것임.

1955년 1월   중국문자개혁위원회「한자간화방안(초안)」공포, 간화방안(초안)은「798개 한자간화표(초안)」「없애려는 4백 개 이체자표(초안)」「한자편방쓰기간화표(초안)」등 3가지 표로 이루어짐.

1955년 9월   중국문자개혁위원회, 국무원이 세운 한자간화방안심정위원회의 심사를 거쳐 5백12개 간화자와 56개 간화편방을 담은「한자간화방안수정초안」을 통과시킴.

1955년 10월 15일   북경에서 소집된 전국문자개혁회의, 중국문자개혁위원회가 제출한 수정초안을 검토한 끝에 515개 간화자와 54개 간화편방을 수록한「한자간화방안」을 통과시켰다.

중국문자개혁위원회, 병음방안위원회, 전국문자개혁회의에 6가지 병음방안 제출.

1955년 12월 22일   문화부, 문자개혁위원회,「제1차이체자정리표」

	공포. 이체자 810조로 조마다 2~6자를 담고 있으며 모두 1,865자. 정리 후에 1,055자를 버리기로 결정.
1956년 1월 28일	국무원, 「한자간화방안」을 정식으로 심사, 통과시킴. 간호방안은 515개 간화자와 54개 간화편방을 실었음.
1956년 2월	중국문자개혁위원회, 「한어병음방안초안」을 공식으로 제정.
1958년 2월 11일	제1기전국인민대표대회제5차회의, 한어병음방안을 정식으로 채택.
1959년 7월 15일	제4차간체자 92개(한자간화제2표의 제3차)가 정식 보급되기 시작했다. 이에 따라 한자간화제2표는 모두 257개가 보급을 시작했다.(1956년 6월 1일 95개, 58년 5월 15일 70개, 59년 7월 15일 92개)
1960년 4월 1일	상해철로국, 철로전보에서 한어병음약자부호를 시험운용.
1960년 7월 28일	광명일보의 『문자개혁』 특판복간.
1961년 10월	중국문자개혁위원회 기구축소. 인원을 2백여명에서 60명으로 줄였다. 인쇄공장은 상무인서관으로 넘겼다. 보통화어음연구반은 활동을 중단했다.
1961년 11월 1일	인민일보, 어려운 글자에 한어병음을 써서 발음을 표기하기 시작.
1962년 9월 6일	중국문자개혁위원회 제18차전체위원회의 한자

간화 문제를 토론. 「한자간화 방안」이 공포된 지
6년이 지나 대중의 환영과 지지를 받고 있지만
같은 음을 가진 단순한 글자로 바뀐 간화자와
자형이 비슷해 혼동을 일으키기 쉬운 간화자가
있어 사용하기 불편하다는 지적이 나왔다.

1963년 1월   보통화심음위원회, 『중국어문』 63년 1월호에
「보통화이독사3차심음총표초고」 발표.

1964년 2월 4일   국무원, 「한자간화방안」에서 이미 간화된 글
자가 편방으로 쓰일 경우 같은 방식으로 간화
되어야 한다고 규정.

1964년 4월   천안문에 걸려 있는 대형표어 '中華人民共和
國萬歲' '世界人民大團結萬歲'에 쓰인 번체자
가 간화자로 바뀌었다.

1964년 5월   중국문자개혁위원회가 엮은 「간화자총표」 출
간. 「간화자총표」는 3가지 표로 이루어져 모두
2,238개 간화자 수록. 그러나 실제로는 2,236자
임. 篓, 須 두 글자는 1표와 2표에 중복되었기
때문이다.

1964년 9월 8일   국무원, 섬서성 14개의 어려운 지명을 바꾸도
록 승인.

1965년 6월 12일   인명, 지명, 번역통일위원회 제1차회의 소집.

1966년 6월   광명일보의 『문자개혁』 특판 정간, 『문자개혁』
월간 정간.

1966년 12월 12일   중국문자개혁위원회 주임 오옥장 별세.

1969년 11월   중국문자개혁위원회 전원, 지방에서 노동(下放)

1970년 1971년	문화대혁명으로 문자개혁활동 중단.
1972년 3월	중국과학원에 문자개혁판공실 세움. 5·7간부학교에서 사상개조를 마치고 나온 7, 8명의 인원을 배치.
1973년 5월	모택동의 동의를 얻어 광명일보의 『문자개혁』특판 복간
1973년 5월 25일	화교여류학자 袁曉園의 요구로 그녀의 「한자현대화 이론과 방안」을 토론하는 좌담회 개최.
1973년 7월 17일	주은래 총리, 문화대혁명으로 간판을 내렸던 중국문자개혁위원회의 명칭사용을 회복하도록 지시.
1974년 6월	한어병음으로 된 『중화인민공화국지도』출판. 부록으로 한자, 한어병음, 영문지명을 대조한 색인을 붙였다.
1975년 9월 30일	국무원, 중국문자개혁위원회를 교육부가 관리하도록 결정.
1976년 6월	국가측량국, 중국문자개혁위원회, 『소수민족어지명한어병음자모음역전사법』수정출판.
1977년 12월 20일	인민일보, 광명일보, 해방군보, 성, 시, 자치구 1급신문은 중국문자개혁위원회가 지정하려고 하는 「제2차한자간화방안(초안)」을 발표했다. 초안은 간화자 853개를 수록했으며 제1표는 248개, 제2표가 605개이다.
1978년 3월 27일	중국문자개혁위원회 위원 여금희 별세.
1978년 9월 26일	국무원, 1979년 1월 1일부터 「한어병음방안」

	을 중국인명지명을 표기하는 로마자모표기법의 통일된 규범이라고 규정.
1979년 6월 13일	중국문자개혁위원회, 중국사회과학원에서 관리.
1979년 8월 10일	상해시 문자개혁위원회, 「문패, 가로표지에 한어병음으로 표기하는 것에 관한 통지」를 발표.
1980년 3월	국무원, 「중국문자개혁위원회를 충실히 강화하는 것에 관한 통지」를 발표. 10명의 위원을 보강. 동순재를 주임위원으로 임명.
1981년 7월	전국고등학교 문자개혁학회성립.
1984년 8월	국무원, 유도생을 주임위원으로 진원, 진장태, 왕균을 부주임위원으로 임명하는 등 중국문자개혁위원회의 지도부를 개편.
1985년 11월	중국문자개혁위원회, 국가언어문자공작위원회로 이름이 바뀜.
1986년 1월 6일	전국언어문자공작회의 소집.
1993년 4월 12일	국가언어문자공작위원회, 번체자로 책을 출간하는 출판사를 폐쇄할 수도 있다고 경고.
1993년 7월 19일	운남성 곤명에서 전국소수민족 보통화 경연대회 열림. 중화인민공화국 성립 이후 첫 번째 전국규모의 소수민족 보통화 경연대회.

색 인

· 저자 ·

홍인표 　•약　력•
(洪仁杓)　고려대 영문과 졸업
　　　　동대학원 중문학 박사

　　　　경북대, 영남대 강사 역임
　　　　현재 경향신문 베이징 특파원

•주요논저•
『중국이 본 한국전쟁』(역서)
외 다수

중국학 총서 13

중국의 언어정책

· 초판 인쇄	2008년 6월 30일
· 초판 발행	2008년 6월 30일
· 지 은 이	홍인표
· 펴 낸 이	채종준
· 펴 낸 곳	한국학술정보㈜
	경기도 파주시 교하읍 문발리 513-5
	파주출판문화정보산업단지
	전화 031) 908-3181(대표)·팩스 031) 908-3189
	홈페이지 http://www.kstudy.com
	e-mail(출판사업부) publish@kstudy.com
· 등 　 록	제일산-115호(2000. 6. 19)
· 가 　 격	30,000원

ISBN 　978-89-534-9605-7 93720 (Paper Book)
　　　　978-89-534-9606-4 98720 (e-Book)